Wagner, Ri

Gesammelte Schriften und Dichtungen

7. Band

Wagner, Richard

Gesammelte Schriften und Dichtungen

7. Band

Inktank publishing, 2018

www.inktank-publishing.com

ISBN/EAN: 9783750112599

Gesammelte

Schriften und Dichtungen

von

Richard Wagner.

Zweite Auflage.

Siebenter Band.

Leipzig.
Verlag von E. W. Fritzsch.
1888.

Inhaltsverzeichniß.

Seite

Tristan und Isolde.

(1857.)

Personen.

Tristan.
König Marke.
Isolde.
Kurwenal.
Melot.
Brangäne.
Ein Hirt.
Ein Steuermann.
Schiffsvolk. Ritter und Knappen.

Erster Aufzug.

(Zeltartiges Gemach auf dem Vorderdeck eines Seeschiffes, reich mit Teppichen behangen, beim Beginne nach dem Hintergrunde zu gänzlich geschlossen; zur Seite führt eine schmale Treppe in den Schiffsraum hinab.)

(Isolde auf einem Ruhebett, das Gesicht in die Kissen gedrückt. — Brangäne, einen Teppich zurückgeschlagen haltend, blickt zur Seite über Bord.)

Stimme eines jungen Seemannes
(aus der Höhe, wie vom Maste her, vernehmbar).

West-wärts
schweift der Blick;
ost-wärts
streicht das Schiff.
Frisch weht der Wind
der Heimath zu: —
mein irisch Kind,
wo weilest du?

Sind's deiner Seufzer Wehen,
die mir die Segel blähen? —
Wehe! Wehe, du Wind!
Weh'! Ach wehe, mein Kind!
Irische Maid,
du wilde, minnige Maid!

Isolde
(jäh auffahrend).

Wer wagt mich zu höhnen?
(Sie blickt verstört um sich.)
Brangäne, du? —
Sag', wo sind wir?

Brangäne
(an der Oeffnung).

Blaue Streifen
stiegen in Westen auf;
sanft und schnell
segelt das Schiff;
auf ruhiger See vor Abend
erreichen wir sicher das Land.

Isolde.

Welches Land?

Brangäne.

Kornwall's grünen Strand.

Isolde.

Nimmermehr!
Nicht heut', nicht morgen!

Brangäne
(läßt den Vorhang zufallen, und eilt bestürzt zu Isolde).

Was hör' ich? Herrin! Ha!

Isolde
(wild vor sich hin).

Entartet Geschlecht,
unwerth der Ahnen!
Wohin, Mutter,

vergab'st du die Macht,
über Meer und Sturm zu gebieten?
O zahme Kunst
der Zauberin,
die nur Balsamtränke noch brau't!
Erwache mir wieder,
kühne Gewalt,
herauf aus dem Busen,
wo du dich barg'st!
Hört meinen Willen,
zagende Winde!
Heran zu Kampf
und Wettergetös',
zu tobender Stürme
wüthendem Wirbel!
Treibt aus dem Schlaf
dieß träumende Meer,
weckt aus dem Grund
seine grollende Gier;
zeigt ihm die Beute,
die ich ihm biete;
zerschlag' es dieß trotzige Schiff,
des zerschellten Trümmer verschling's!
Und was auf ihm lebt,
den wehenden Athem,
den lass' ich euch Winden zum Lohn!

Brangäne
(im äußersten Schreck, um Isolde sich bemühend).

Weh'! O weh'!
Ach! Ach!
Des Übels, das ich geahnt! —
Isolde! Herrin!
Theures Herz!
Was barg'st du mir so lang'?
Nicht eine Thräne
weintest du Vater und Mutter;
kaum einen Gruß
den Bleibenden botest du:
von der Heimath scheidend

1*

kalt und stumm,
bleich und schweigend
auf der Fahrt,
ohne Nahrung,
ohne Schlaf,
wild verstört,
starr und elend, —
wie ertrug ich's,
so dich sehend
nichts dir mehr zu sein,
fremd vor dir zu steh'n?
O, nun melde
was dich müh't!
Sage, künde
was dich quält.
Herrin Isolde,
trauteste Holde!
Soll sie werth sich dir wähnen,
vertraue nun Brangänen!

Isolde.

Luft! Luft!
Mir erstickt das Herz.
Öffne! Öffne dort weit!

(Brangäne zieht eilig die Vorhänge in der Mitte auseinander.)

(Man blickt dem Schiff entlang bis zum Steuerbord, über den Bord hinaus auf das Meer und den Horizont. Um den Hauptmast in der Mitte ist Seevolk, mit Tauen beschäftigt, gelagert; über sie hinaus gewahrt man am Steuerbord Ritter und Knappen, ebenfalls gelagert; von ihnen etwas entfernt Tristan, mit verschränkten Armen stehend, und sinnend in das Meer blickend; zu Füßen ihm, nachlässig ausgestreckt, Kurwenal. — Vom Maste her, aus der Höhe, vernimmt man wieder den Gesang des jungen Seemannes.)

Isolde

(deren Blick sogleich Tristan fand, und starr auf ihn geheftet bleibt, dumpf für sich).

Mir erkoren, —
mir verloren, —
hehr und heil,
kühn und feig —:
Tod geweihtes Haupt!
Tod geweihtes Herz!

(Zu Brangäne, unheimlich lachend.)

Was hältst von dem Knechte?

Brangäne
(ihrem Blicke folgend).

Wen mein'st du?

Isolde.

Dort den Helden,
der meinem Blick
den seinen birgt,
in Scham und Scheue
abwärts schaut: —
sag', wie dünkt er dich?

Brangäne.

Frag'st du nach Tristan,
theure Frau,
dem Wunder aller Reiche,
dem hochgepries'nen Mann,
dem Helden ohne Gleiche,
des Ruhmes Hort und Bann?

Isolde
(sie verhöhnend).

Der zagend vor dem Streiche
sich flüchtet wo er kann,
weil eine Braut als Leiche
er seinem Herrn gewann! —
Dünkt es dich dunkel,
mein Gedicht?
Frag' ihn denn selbst,
den freien Mann,
ob mir zu nah'n er wagt?
Der Ehren Gruß
und zücht'ge Acht
vergißt der Herrin
der zage Held,
daß ihr Blick ihn nur nicht erreiche —
den Kühnen ohne Gleiche!
O, er weiß
wohl warum! —
Zu dem Stolzen geh',
meld' ihm der Herrin Wort:

meinem Dienst bereit
schleunig soll er mir nah'n.

Brangäne.

Soll ich ihn bitten,
dich zu grüßen?

Isolde.

Befehlen ließ'
dem Eigenholde
Furcht der Herrin
ich, Isolde.

(Auf Isolde's gebieterischen Wink entfert sich Brangäne, und schreitet dem Deck entlang dem Steuerbord zu, an den arbeitenden Seeleuten vorbei. Isolde, mit starrem Blicke ihr folgend, zieht sich rücklings nach dem Ruhebett zurück, wo sie während des Folgenden bleibt, das Auge unabgewandt nach dem Steuerbord gerichtet.)

Kurwenal

(der Brangäne kommen sieht, zupft, ohne sich zu erheben, Tristan am Gewande).

Hab' Acht, Tristan!
Botschaft von Isolde.

Tristan

(auffahrend).

Was ist? — Isolde? —

(Er faßt sich schnell, als Brangäne vor ihm anlangt und sich verneigt.)

Von meiner Herrin? —
Ihr gehorsam
was zu hören
meldet höfisch
mir die traute Magd?

Brangäne.

Mein Herre Tristan,
dich zu sehen
wünscht Isolde,
meine Frau.

Tristan.

Grämt sie die lange Fahrt,
die geht zu End';
eh' noch die Sonne sinkt,
sind wir am Land:

was meine Frau mir befehle,
treulich sei's erfüllt.

Brangäne.

So mög' Herr Tristan
zu ihr geh'n:
das ist der Herrin Will'.

Tristan.

Wo dort die grünen Fluren
dem Blick noch blau sich färben,
harrt mein König
meiner Frau:
zu ihm sie zu geleiten
bald nah' ich mich der Lichten;
keinem gönnt' ich
diese Gunst.

Brangäne.

Mein Herre Tristan,
höre wohl:
deine Dienste
will die Frau,
daß du zur Stell' ihr nahtest,
dort wo sie deiner harrt.

Tristan.

Auf jeder Stelle
wo ich steh',
getreulich dien' ich ihr,
der Frauen höchster Ehr'.
Ließ' ich das Steuer
jetzt zur Stund',
wie lenkt' ich sicher den Kiel
zu König Marke's Land?

Brangäne.

Tristan, mein Herre,
was höhn'st du mich?
Dünkt dich nicht deutlich
die thör'ge Magd,

hör' meiner Herrin Wort!
So hieß sie sollt' ich sagen: —
befehlen ließ'
dem Eigenholde
Furcht der Herrin
sie, Isolde.

Kurwenal
(aufspringend).

Darf ich die Antwort sagen?

Tristan.

Was wohl erwidertest du?

Kurwenal.

Das sage sie
der Frau Isold'. —
Wer Kornwall's Kron'
und England's Erb'
an Irland's Maid vermacht,
der kann der Magd
nicht eigen sein,
die selbst dem Ohm er schenkt.
Ein Herr der Welt
Tristan der Held!
Ich ruf's: du sag's, und grollten
mir tausend Frau Isolden.

(Da Tristan durch Gebärden ihm zu wehren sucht, und Brangäne entrüstet sich zum Weggehen wendet, singt Kurwenal der zögernd sich Entfernenden mit höchster Stärke nach:)

„Herr Morold zog
zu Meere her,
in Kornwall Zins zu haben;
ein Eiland schwimmt
auf ödem Meer,
da liegt er nun begraben:
sein Haupt doch hängt
im Iren-Land,
als Zins gezahlt
von Engeland.

Hei! unser Held Tristan!
Wie der Zins zahlen kann!“

(Kurwenal, von Tristan fortgescholten, ist in den Schiffsraum des Vorderdeckes hinabgestiegen. Brangäne, in Bestürzung zu Isolde zurückgekehrt, schließt hinter sich die Vorhänge, während die ganze Mannschaft von außen den Schluß von Kurwenal's Liede wiederholt.)

(Isolde erhebt sich mit verzweiflungsvoller Wuthgebärde.)

Brangäne
(ihr zu Füßen stürzend).

Weh'! Ach, wehe!
Dieß zu dulden!

Isolde
(dem furchtbarsten Ausbruche nahe, schnell sich zusammenfassend).

Doch nun von Tristan:
genau will ich's vernehmen.

Brangäne.

Ach, frage nicht!

Isolde.

Frei sag's ohne Furcht!

Brangäne.

Mit höf'schen Worten
wich er aus.

Isolde.

Doch als du deutlich mahntest?

Brangäne.

Da ich zur Stell'
ihn zu dir rief:
wo er auch steh',
so sagte er,
getreulich dien' er ihr,
der Frauen höchster Ehr';
ließ' er das Steuer
jetzt zur Stund',
wie lenkt' er sicher den Kiel
zu König Marke's Land?

Isolde
(schmerzlich bitter).
„Wie lenkt' er sicher den Kiel
zu König Marke's Land" —
den Zins ihm auszuzahlen,
den er aus Irland zog!

Brangäne.
Auf deine eig'nen Worte
als ich ihm die entbot,
ließ seinen Treuen Kurwenal —

Isolde.
Den hab' ich wohl vernommen;
kein Wort, das mir entging.
Erfuhr'st du meine Schmach,
nun höre, was sie mir schuf. —
  Wie lachend sie
  mir Lieder singen,
wohl könnt' auch ich erwidern: —
  von einem Kahn,
  der klein und arm
an Irland's Küste schwamm;
  darinnen krank
  ein siecher Mann
elend im Sterben lag.
  Isolde's Kunst
  ward ihm bekannt;
  mit Heil-Salben
  und Balsamsaft
der Wunde, die ihn plagte,
getreulich pflag sie da.
  Der „Tantris"
mit sorgender List sich nannte,
  als „Tristan"
Isold' ihn bald erkannte,
da in des Müß'gen Schwerte
eine Scharte sie gewahrte,
  darin genau
  sich fügt' ein Splitter,

den einst im Haupt
des Iren-Ritter,
zum Hohn ihr heimgesandt,
mit kund'ger Hand sie fand. —
Da schrie's mir auf
aus tiefstem Grund;
mit dem hellen Schwert
ich vor ihm stund,
an ihm, dem Über-Frechen,
Herrn Morold's Tod zu rächen.
Von seinem Bette
blickt' er her, —
nicht auf das Schwert,
nicht auf die Hand, —
er sah mir in die Augen.
Seines Elendes
jammerte mich;
das Schwert — das ließ ich fallen:
die Morold schlug, die Wunde,
sie heilt' ich, daß er gesunde,
und heim nach Hause kehre, —
mit dem Blick mich nicht mehr beschwere.

Brangäne.

O Wunder! Wo hatt' ich die Augen?
Der Gast, den einst
ich pflegen half —?

Isolde.

Sein Lob hörtest du eben: —
„Hei! Unser Held Tristan!" —
Der war jener traur'ge Mann. —
Er schwur mit tausend Eiden
mir ew'gen Dank und Treue.
Nun hör' wie ein Held
Eide hält! —
Den als Tantris
unerkannt ich entlassen,
als Tristan
kehrt' er kühn zurück:

auf stolzem Schiff
von hohem Bord,
Irland's Erbin
begehrt' er zur Eh'
für Kornwall's müden König,
für Marke, seinen Ohm.
Da Morold lebte,
wer hätt' es gewagt
uns je solche Schmach zu bieten?
Für der zinspflichtigen
Kornen Fürsten
um Irland's Krone zu werben?
O wehe mir!
Ich ja war's,
die heimlich selbst
die Schmach sich schuf!
Das rächende Schwert,
statt es zu schwingen,
machtlos ließ ich's fallen: —
nun dien' ich dem Vasallen.

Brangäne.

Da Friede, Sühn' und Freundschaft
von Allen ward beschworen,
wir freuten uns all' des Tag's;
wie ahnte mir da,
daß dir es Kummer schüf'?

Isolde.

O blinde Augen!
Blöde Herzen!
Zahmer Muth,
verzagtes Schweigen!
Wie anders prahlte
Tristan aus,
was ich verschlossen hielt!
Die schweigend ihm
das Leben gab,
vor Feindes Rache
schweigend ihn barg;

was stumm ihr Schutz
zum Heil ihm schuf,
mit ihr — gab er es preis.
Wie siegprangend,
heil und hehr,
laut und hell
wies er auf mich:
„das wär' ein Schatz,
mein Herr und Ohm;
wie dünkt' euch die zur Eh'?
Die schmucke Irin
hol' ich her;
mit Steg' und Wege
wohl bekannt,
ein Wink, ich flieg'
nach Irenland;
Isolde, die ist euer:
mir lacht das Abenteuer!" —
Fluch dir, Verruchter!
Fluch deinem Haupt!
Rache, Tod!
Tod uns Beiden!

Brangäne.
(mit ungestümer Zärtlichkeit sich auf Isolde stürzend).

O Süße! Traute!
Theure! Holde!
Gold'ne Herrin!
Lieb' Isolde!
Hör' mich! Komme!
Setz' dich her! —
(Sie zieht Isolde allmählich nach dem Ruhebett.)
Welcher Wahn?
Welch' eitles Zürnen?
Wie magst du dich bethören,
nicht hell zu seh'n noch hören?
Was je Herr Tristan
dir verdankte,
sag', konnt' er's höher lohnen,
als mit der herrlichsten der Kronen?

So dient' er treu
dem edlen Ohm,
dir gab er der Welt
begehrlichsten Lohn:
dem eig'nen Erbe,
ächt und edel,
entsagt' er zu deinen Füßen,
als Königin dich zu grüßen.

(Da Isolde sich abwendet, fährt sie immer traulicher fort.)

Und warb er Marke
dir zum Gemahl,
wie wolltest du die Wahl doch schelten,
muß er nicht werth dir gelten?
Von edler Art
und mildem Muth,
wer gliche dem Mann
an Macht und Glanz?
Dem ein hehrster Held
so treulich dient,
wer möchte sein Glück nicht theilen,
als Gattin bei ihm weilen?

Isolde
(starr vor sich hin blickend).

Ungeminnt
den hehrsten Mann
stets mir nah' zu sehen, —
wie könnt' ich die Qual bestehen!

Brangäne.

Was wähn'st du, Arge?
Ungeminnt? —

(Sie nähert sich ihr wieder schmeichelnd und kosend.)

Wo lebte der Mann,
der dich nicht liebte?
Der Isolde säh',
und in Isolden
selig nicht ganz verging'?
Doch, der dir erkoren,
wär' er so kalt,

zög' ihn von dir
ein Zauber ab,
den bösen wüßt' ich
bald zu binden;
ihn bannte der Minne Macht.
(Mit geheimnißvoller Zutraulichkeit ganz nahe zu Isolden.)
Kenn'st du der Mutter
Künste nicht?
Wähn'st du, die Alles
klug erwägt,
ohne Rath in fremdes Land
hätt' sie mit dir mich entsandt?

Isolde
(düster).

Der Mutter Rath
gemahnt mich recht;
willkommen preis' ich
ihre Kunst: —
Rache für den Verrath, —
Ruh' in der Noth dem Herzen! —
Den Schrein dort bring' mir her.

Brangäne.

Er birgt, was heil dir frommt.
(Sie holt eine kleine goldene Truhe herbei, öffnet sie, und deutet auf ihren Inhalt.)
So reihte sie die Mutter,
die mächt'gen Zaubertränke.
Für Weh' und Wunden
Balsam hier;
für böse Gifte
Gegen-Gift: —
den hehrsten Trank,
ich halt' ihn hier.

Isolde.

Du irr'st, ich kenn' ihn besser;
ein starkes Zeichen
schnitt ich ein: —
der Trank ist's, der mir frommt.
(Sie ergreift ein Fläschchen und zeigt es.)

Brangäne
(entsetzt zurückweichend).

Der Todestrank!

(Isolde hat sich vom Ruhebett erhoben, und vernimmt jetzt mit wachsendem Schrecken den Ruf des Schiffsvolkes:)

„He! ha! ho! he!
Am Untermast
die Segel ein!
He! ha! ho! he!"

Isolde.

Das deutet schnelle Fahrt.
Weh' mir! Nahe das Land!

(Durch die Vorhänge tritt mit Ungestüm Kurwenal herein.)

Kurwenal.

Auf, auf! Ihr Frauen!
Frisch und froh!
Rasch gerüstet!
Fertig, hurtig und flink! —
(Gemessener.)
Und Frau Isolden
sollt' ich sagen
von Held Tristan,
meinem Herrn: —
vom Mast der Freude Flagge,
sie wehe lustig in's Land;
in Marke's Königschlosse
mach' sie ihr Nahen bekannt.
Drum Frau Isolde
bät' er eilen,
für's Land sich zu bereiten,
daß er sie könnt' geleiten.

Isolde
(nachdem sie zuerst bei der Meldung in Schauer zusammengefahren, gefaßt und mit Würde).

Herrn Tristan bringe
meinen Gruß,
und meld' ihm was ich sage. —

Sollt' ich zur Seit' ihm gehen,
vor König Marke zu stehen,
nicht möcht' es nach Zucht
und Fug gescheh'n,
empfing' ich Sühne
nicht zuvor
für ungesühnte Schuld:
drum such' er meine Huld.

(Kurwenal macht eine trotzige Gebärde. Isolde fährt mit Steigerung fort.)

Du merke wohl
und meld' es gut! —
Nicht wollt' ich mich bereiten,
an's Land ihn zu begleiten;
nicht werd' ich zur Seit' ihm gehen,
vor König Marke zu stehen,
begehrte Vergessen
und Vergeben
nach Zucht und Fug
er nicht zuvor
für ungebüßte Schuld: —
die böt' ihm meine Huld.

Kurwenal.

Sicher wißt,
das sag' ich ihm:
nun harrt, wie er mich hört!

(Er geht schnell zurück.)

Isolde

(eilt auf Brangäne zu und umarmt sie heftig).

Nun leb' wohl, Brangäne!
Grüß' mir die Welt,
grüße mir Vater und Mutter!

Brangäne.

Was ist's? Was sinn'st du?
Wolltest du flieh'n?
Wohin sollt' ich dir folgen?

Isolde
(schnell gefaßt).

Hörtest du nicht?
Hier bleib' ich;
Tristan will ich erwarten. —
Treu befolg'
was ich befehl':
den Sühne-Trank
rüste schnell, —
du weißt, den ich dir wies.

Brangäne.

Und welchen Trank?

Isolde
(entnimmt dem Schreine das Fläschchen).

Diesen Trank!
In die gold'ne Schale
gieß' ihn aus;
gefüllt faßt sie ihn ganz.

Brangäne
(voll Grausen das Fläschchen empfangend).

Trau' ich dem Sinn?

Isolde.

Sei du mir treu!

Brangäne.

Der Trank — für wen?

Isolde.

Wer mich betrog.

Brangäne.

Tristan?

Isolde.

Trinke mir Sühne.

Brangäne
(zu Isolde's Füßen stürzend).

Entsetzen! Schone mich Arme!

Isolde
(heftig).

Schone du mich,
untreue Magd! —
Kenn'st du der Mutter
Künste nicht?
Wähn'st du, die Alles
klug erwägt,
ohne Rath in fremdes Land
hätt' sie mit dir mich entsandt?
Für Weh' und Wunden
gab sie Balsam;
für böse Gifte
Gegen-Gift:
für tiefstes Weh',
für höchstes Leid —
gab sie den Todes-Trank.
Der Tod nun sag' ihr Dank!

Brangäne
(kaum ihrer mächtig).

O tiefstes Weh'!

Isolde.

Gehorch'st du mir nun?

Brangäne.

O höchstes Leid!

Isolde.

Bist du mir treu?

Brangäne.

Der Trank?

Kurwenal
(die Vorhänge von außen zurückschlagend)

Herr Tristan.

Brangäne
(erhebt sich erschrocken und verwirrt).

2*

Isolde
(sucht mit furchtbarer Anstrengung sich zu fassen).

Herr Tristan trete nah.

(Kurwenal geht wieder zurück. Brangäne, kaum ihrer mächtig, wendet sich in den Hintergrund. Isolde, ihr ganzes Gefühl zur Entscheidung zusammenfassend, schreitet langsam, mit großer Haltung, dem Ruhebette zu, auf dessen Kopfende sich stützend sie den Blick fest dem Eingange zuwendet.)

(Tristan tritt ein, und bleibt ehrerbietig am Eingange stehen. — Isolde ist mit furchtbarer Aufregung in seinen Anblick versunken. — Banges Schweigen.)

Tristan.

Begehrt, Herrin,
was ihr wünscht.

Isolde.

Wüßtest du nicht
was ich begehre,
da doch die Furcht
mir's zu erfüllen
fern meinem Blick dich hielt?

Tristan.

Ehr-Furcht
hielt mich in Acht.

Isolde.

Der Ehre wenig
botest du mir:
mit off'nem Hohn
verwehrtest du
Gehorsam meinem Gebot.

Tristan.

Gehorsam einzig
hielt mich in Bann.

Isolde.

So dankt' ich Geringes
deinem Herrn,
rieth dir sein Dienst
Un-Sitte
gegen sein eigen Gemahl?

Tristan.

Sitte lehrt
wo ich gelebt:
zur Brautfahrt
der Brautwerber
meide fern die Braut.

Isolde.

Aus welcher Sorg'?

Tristan.

Fragt die Sitte!

Isolde.

Da du so sittsam,
mein Herr Tristan,
auch einer Sitte
sei nun gemahnt:
den Feind dir zu sühnen,
soll er als Freund dich rühmen.

Tristan.

Und welchen Feind?

Isolde.

Frag' deine Furcht!
Blut-Schuld
schwebt zwischen uns.

Tristan.

Die ward gesühnt.

Isolde.

Nicht zwischen uns.

Tristan.

Im off'nen Feld
vor allem Volk
ward Ur-Fehde geschworen.

Isolde.

Nicht da war's,
wo ich Tantris barg,
wo Tristan mir verfiel.

Da stand er herrlich,
hehr und heil;
doch was er schwur,
das schwur ich nicht: —
zu schweigen hatt' ich gelernt.
Da in stiller Kammer
krank er lag,
mit dem Schwerte stumm
ich vor ihm stund,
schwieg — da mein Mund,
bannt' — ich meine Hand,
doch was einst mit Hand
und Mund ich gelobt,
das schwur ich schweigend zu halten.
Nun will ich des Eides walten.

Tristan.

Was schwurt ihr, Frau?

Isolde.

Rache für Morold.

Tristan.

Müh't euch die?

Isolde.

Wag'st du mir Hohn? —
Angelobt war er mir,
der hehre Irenheld;
seine Waffen hatt' ich geweiht,
für mich zog er in Streit.
Da er gefallen,
fiel meine Ehr';
in des Herzens Schwere
schwur ich den Eid,
würd' ein Mann den Mord nicht sühnen,
wollt' ich Magd mich deß' erkühnen. —
Siech und matt
in meiner Macht,
warum ich dich da nicht schlug,
das sag' dir mit leichtem Fug: —

ich pflag des Wunden,
daß den heil Gesunden
rächend schlüge der Mann,
der Isolden ihn abgewann. —
Dein Loos nun selber
magst du dir sagen:
da die Männer sich all' ihm vertragen,
wer muß nun Tristan schlagen?

Tristan
(bleich und düster).

War Morold dir so werth,
nun wieder nimm das Schwert,
und führ' es sicher und fest,
daß du nicht dir's entfallen läss'st.
(Er reicht ihr sein Schwert hin.)

Isolde.

Wie sorgt' ich schlecht
um deinen Herrn;
was würde König
Marke sagen,
erschlüg' ich ihm
den besten Knecht,
der Kron' und Land ihm gewann,
den allertreu'sten Mann?
Dünkt dich so wenig
was er dir dankt,
bring'st du die Irin
ihm als Braut,
daß er nicht schölte,
schlüg' ich den Werber,
der Urfehde-Pfand
so treu ihm liefert zur Hand? —
Wahre dein Schwert!
Da einst ich's schwang,
als mir die Rache
im Busen rang,
als dein messender Blick
mein Bild sich stahl,

ob ich Herrn Marke
taug' als Gemahl:
das Schwert — da ließ ich's sinken.
Nun lass' uns Sühne trinken!

(Sie winkt Brangäne. Diese schaudert zusammen, schwankt und zögert in ihrer Bewegung. Isolde treibt sie durch gesteigerte Gebärde an. Als Brangäne zur Bereitung des Trankes sich anläßt, vernimmt man den Ruf des

Schiffsvolkes
(von außen).

Ho! he! ha! he!
Am Obermast
die Segel ein!
Ho! he! ha! he!

Tristan
(aus finsterem Brüten auffahrend).

Wo sind wir?

Isolde.

Hart am Ziel.
Tristan, gewinn' ich Sühne?
Was hast du mir zu sagen?

Tristan
(düster).

Des Schweigens Herrin
heißt mich schweigen:
fass' ich was sie verschwieg,
verschweig' ich was sie nicht faßt.

Isolde.

Dein Schweigen fass' ich,
weich'st du mir aus.
Weigerst du Sühne mir?

(Neue Schiffsrufe. Auf Isolde's ungeduldigen Wink reicht Brangäne ihr die gefüllte Trinkschale.)

Isolde
(mit dem Becher zu Tristan tretend, der ihr starr in die Augen blickt).

Du hör'st den Ruf?
Wir sind am Ziel:

in kurzer Frist
steh'n wir —
(mit leisem Hohne)
vor König Marke.
Geleitest du mich,
dünkt dich nicht lieb,
darfst du so ihm sagen?
„Mein Herr und Ohm,
sieh' die dir an!
Ein sanft'res Weib
gewänn'st du nie.
Ihren Angelobten
erschlug ich ihr einst,
sein Haupt sandt' ich ihr heim;
die Wunde, die
seine Wehr mir schuf,
die hat sie hold geheilt;
mein Leben lag
in ihrer Macht,
das schenkte mir
die milde Magd,
und ihres Landes
Schand' und Schmach,
die gab sie mit darein, —
dein Eh'gemahl zu sein.
So guter Gaben
holden Dank
schuf mir ein süßer
Sühne-Trank:
den bot mir ihre Huld,
zu büßen alle Schuld."

Schiffsruf
(außen).

Auf das Tau!
Anker ab!

Tristan
(wild auffahrend).

Los den Anker!

Das Steuer dem Strom!
Den Winden Segel und Mast!

(Er entreißt Isolden ungestüm die Trinkschale.)

Wohl kenn' ich Irland's
Königin,
und ihrer Künste
Wunderkraft:
den Balsam nützt' ich,
den sie bot;
den Becher nehm' ich nun,
daß ganz ich heut' genese!
Und achte auch
des Sühne-Eid's,
den ich zum Dank dir sage. —
Tristan's Ehre —
höchste Treu':
Tristan's Elend —
kühnster Trotz.
Trug des Herzens;
Traum der Ahnung:
ew'ger Trauer
einz'ger Trost,
Vergessens güt'ger Trank!
Dich trink' ich sonder Wank.

(Er setzt an und trinkt.)

Isolde.

Betrug auch hier?
Mein die Hälfte!

(Sie entwindet ihm den Becher.)

Verräther, ich trink' sie dir!

(Sie trinkt. Dann wirft sie die Schale fort. — Beide, von Schauer erfaßt, blicken sich mit höchster Aufregung, doch mit starrer Haltung, unverwandt in die Augen, in deren Ausdruck der Todestrotz bald der Liebesgluth weicht. — Zittern ergreift sie. Sie fassen sich krampfhaft an das Herz, — und führen die Hand wieder an die Stirn. — Dann suchen sie sich wieder mit dem Blicke, senken ihn verwirrt, und heften ihn von Neuem mit steigender Sehnsucht auf einander.)

Isolde
(mit bebender Stimme).

Tristan!

Tristan
(überströmend).

Isolde!

Isolde
(an seine Brust sinkend).

Treuloser Holder!

Tristan
(mit Gluth sie umfassend).

Seligste Frau!

(Sie verbleiben in stummer Umarmung.)
Aus der Ferne vernimmt man Trompeten und Posaunen, von außen auf dem Schiffe den Ruf der

Männer:

Heil! Heil!
König Marke!
König Marke Heil!

Brangäne
(die, mit abgewandtem Gesicht, voll Verwirrung und Schauder sich über den Bord gelehnt hatte, wendet sich jetzt dem Anblick des in Liebesumarmung versunkenen Paares zu, und stürzt händeringend, voll Verzweiflung, in den Vordergrund).

Wehe! Wehe!
Unabwendbar
ewige Noth
für kurzen Tod!
Thör'ger Treue
trugvolles Werk
blüht nun jammernd empor!

(Tristan und Isolde fahren verwirrt aus der Umarmung auf.)

Tristan.

Was träumte mir
von Tristan's Ehre?

Isolde.

Was träumte mir
von Isolde's Schmach?

Tristan.

Du mir verloren?

Isolde.

Du mich verstoßen?

Tristan.

Trügenden Zaubers
tückische List!

Isolde.

Thörigen Zürnens
eitles Dräu'n!

Tristan.

Isolde!

Isolde.

Tristan!
Trautester Mann!

Tristan.

Süßeste Maid!

Beide.

Wie sich die Herzen
wogend erheben!
Wie alle Sinne
wonnig erbeben!
Sehnender Minne
schwellendes Blühen,
schmachtender Liebe
seliges Glühen!
Jach in der Brust
jauchzende Lust!
Isolde! Tristan!
Tristan! Isolde!
Welten-entronnen
du mir gewonnen!
Du mir einzig bewußt,
höchste Liebes-Lust!

(Die Vorhänge werden weit auseinander gerissen. Das ganze Schiff ist von Rittern und Schiffsleuten erfüllt, die jubelnd über Bord winken, dem Ufer zu, das man, mit einer hohen Felsenburg gekrönt, nahe erblickt.)

Brangäne
(zu den Frauen, die auf ihren Wink aus dem Schiffsraum heraufsteigen).

Schnell den Mantel,
den Königsschmuck!
(Zwischen Tristan und Isolde stürzend.)
Unsel'ge! Auf!
Hört wo wir sind.
(Sie legt Isolden, die es nicht gewahrt, den Mantel um.)
(Trompeten und Posaunen, vom Lande her, immer deutlicher.)

Alle Männer.

Heil! Heil!
König Marke!
König Marke Heil!

Kurwenal
(lebhaft herantretend).

Heil Tristan!
Glücklicher Held! —
Mit reichem Hofgesinde
dort auf Nachen
naht Herr Marke.
Hei! wie die Fahrt ihn freut,
daß er die Braut sich freit!

Tristan
(in Verwirrung aufblickend).

Wer naht?

Kurwenal.

Der König.

Tristan.

Welcher König?

Die Männer.

Heil! König Marke!

Tristan.

Marke? Was will er?
(Er starrt wie sinnlos nach dem Lande.)

Isolde
(in Verwirrung, zu Brangäne).

Was ist? Brangäne!
Ha! Welcher Ruf?

Brangäne.

Isolde! Herrin!
Fassung nur heut'!

Isolde.

Wo bin ich? Leb' ich?
Ha, welcher Trank?

Brangäne
(verzweiflungsvoll).

Der Liebestrank.

Isolde
(starrt entsetzt auf Tristan).

Tristan!

Tristan.

Isolde!

Isolde.

Muß ich leben?
(Sie stürzt ohnmächtig an seine Brust.)

Brangäne
(zu den Frauen).

Helft der Herrin!

Tristan.

O Wonne voller Tücke!
O Trug-geweihtes Glücke!

Die Männer.

Heil dem König!
Kornwall Heil!

(Leute sind über Bord gestiegen, andere haben eine Brücke ausgelegt, und die Haltung Aller deutet auf die soeben bevorstehende Ankunft der Erwarteten, als der Vorhang schnell fällt.)

Zweiter Aufzug.

(Garten mit hohen Bäumen vor dem Gemache Isolde's, zu welchem, seitwärts gelegen, Stufen hinaufführen. Helle, anmuthige Sommernacht. An der geöffneten Thüre ist eine brennende Fackel aufgesteckt.)

(Jagdgetön. Brangäne, auf den Stufen am Gemache, späht dem immer entfernter vernehmbaren Jagdtrosse nach. Zu ihr tritt aus dem Gemache, feurig bewegt, Isolde.)

Isolde.

Hör'st du sie noch?
Mir schwand schon fern der Klang.

Brangäne.

Noch sind sie nah':
deutlich tönt's da her.

Isolde
(lauschend).

Sorgende Furcht
beirrt dein Ohr;
dich täuscht des Laubes
säuselnd Getön',
das lachend schüttelt der Wind.

Brangäne.

Dich täuscht deines Wunsches
Ungestüm,
zu vernehmen was du wähn'st: —
ich höre der Hörner Schall.

Isolde
(wieder lauschend).

Nicht Hörnerschall
tönt so hold;
des Quelles sanft
rieselnde Welle
rauscht so wonnig da her:
wie hört' ich sie,
tos'ten noch Hörner?
Im Schweigen der Nacht
nur lacht mir der Quell:

der meiner harrt
in schwelgender Nacht,
als ob Hörner noch nah' dir schallten,
willst du ihn fern mir halten?

Brangäne.

Der deiner harrt —
o hör' mein Warnen! —
dess' harren Späher zur Nacht.
Weil du erblindet,
wähn'st du den Blick
der Welt erblödet für euch? —
Da dort an Schiffes Bord
von Tristan's bebender Hand
die bleiche Braut
kaum ihrer mächtig,
König Marke empfing, —
als Alles verwirrt
auf die Wankende sah,
der güt'ge König,
mild besorgt,
die Mühen der langen Fahrt,
die du littest, laut beklagt':
ein Einz'ger war's —
ich achtet' es wohl —
der nur Tristan faßt' in's Auge;
mit böslicher List,
lauerndem Blick
sucht' er in seiner Miene
zu finden, was ihm diene.
Tückisch lauschend
treff' ich ihn oft:
der heimlich euch umgarnt,
vor Melot seid gewarnt.

Isolde.

Mein'st du Herrn Melot?
O wie du dich trüg'st!
Ist er nicht Tristan's
treu'ster Freund?

Muß mein Trauter mich meiden,
Dann weilt er bei Melot allein.

Brangäne.

Was mir ihn verdächtig,
macht dir ihn theuer.
Von Tristan zu Marke
ist Melot's Weg;
dort sä't er üble Saat.
Die heut' im Rath
dieß nächtliche Jagen
so eilig schnell beschlossen,
einem edlern Wild,
als dein Wähnen meint,
gilt ihre Jägers-List.

Isolde.

Dem Freunde zu lieb
erfand diese List
aus Mit-Leid
Melot der Freund:
nun willst du den Treuen schelten?
Besser als du
sorgt er für mich;
ihm öffnet er,
was du mir sperr'st:
o spar' mir des Zögerns Noth!
Das Zeichen, Brangäne!
o gieb das Zeichen!
Lösche des Lichtes
letzten Schein!
Daß ganz sie sich neige,
winke der Nacht!
Schon goß sie ihr Schweigen
durch Hain und Haus;
schon füllt sie das Herz
mit wonnigem Graus:
o lösche das Licht nun aus!
Lösche den scheuchenden Schein!
Lass' meinen Liebsten ein!

Brangäne.

O lass' die warnende Zünde!
Die Gefahr lass' sie dir zeigen! —
O wehe! Wehe!
Ach mir Armen!
Des unsel'gen Trank's!
Daß ich untreu
einmal nur
der Herrin Willen trog!
Gehorcht' ich taub und blind,
dein — Werk
war dann der Tod:
doch deine Schmach,
deine schmählichste Noth,
mein — Werk
muß ich Schuld'ge sie wissen!

Isolde.

Dein — Werk?
O thör'ge Magd!
Frau Minne kenntest du nicht?
nicht ihrer Wunder Macht?
Des kühnsten Muthes
Königin,
des Welten-Werdens
Walterin,
Leben und Tod
sind ihr unterthan,
die sie webt aus Lust und Leid,
in Liebe wandelnd den Neid.
Des Todes Werk,
nahm ich's vermessen zur Hand,
Frau Minne hat
meiner Macht es entwandt:
die Todgeweihte
nahm sie in Pfand,
faßte das Werk
in ihre Hand;
wie sie es wendet,

wie sie es endet,
was sie mir kühret,
wohin mich führet,
ihr ward ich zu eigen: —
nun lass' mich gehorsam zeigen!

Brangäne.

Und mußte der Minne
tückischer Trank
des Sinnes Licht dir verlöschen;
darfst du nicht sehen,
wenn ich dich warne:
nur heute hör',
o hör' mein Flehen!
Der Gefahr leuchtendes Licht —
nur heute! heut'! —
die Fackel dort lösche nicht!

Isolde

(auf die Fackel zueilend und sie erfassend).

Die im Busen mir
die Gluth entfacht,
die mir das Herze
brennen macht,
die mir als Tag
der Seele lacht,
Frau Minne will,
es werde Nacht,
daß hell sie dorten leuchte,
wo sie dein Licht verscheuchte. —
Zur Warte du!
Dort wache treu.
Die Leuchte —
wär's meines Lebens Licht, —
lachend
sie zu löschen zag' ich nicht.

(Sie hat die Fackel herabgenommen und verlöscht sie am Boden. Brangäne wendet sich bestürzt ab, um auf einer äußeren Treppe die Zinne zu ersteigen, wo sie langsam verschwindet.)

3*

(Isolde blickt erwartungsvoll in einen Baumgang. Sie winkt. Ihre entzückte Gebärde deutet an, daß sie den von fern herannahenden Freund gewahr geworden. Ungeduldige, höchste Spannung. — Tristan stürzt herein; sie fliegt ihm mit einem Freudenschrei entgegen. Glühende Umarmung.)

Tristan.

Isolde! Geliebte!

Isolde.

Tristan! Geliebter!

Beide.

Bist du mein?
Hab' ich dich wieder?
Darf ich dich fassen?
Kann ich mir trauen?
Endlich! Endlich!
An meiner Brust!
Fühl' ich dich wirklich?
Bist du es selbst?
Dieß deine Augen?
Dieß dein Mund?
Hier deine Hand?
Hier dein Herz?
Bin ich's? Bist du's?
Halt' ich dich fest?
Ist es kein Trug?
Ist es kein Traum?
O Wonne der Seele!
O süße, hehrste,
kühnste, schönste,
seligste Lust!
Ohne Gleiche!
Überreiche!
Überselig!
Ewig! Ewig!
Ungeahnte,
nie gekannte,
überschwänglich
hoch erhab'ne!
Freude-Jauchzen!
Lust-Entzücken!

Himmel-höchstes
Welt-Entrücken!
Mein Tristan!
Mein Isolde!
Tristan!
Isolde!
Mein und dein!
Immer ein!
Ewig, ewig ein!

Isolde.

Wie lange fern!
Wie fern so lang'!

Tristan.

Wie weit so nah'!
So nah' wie weit!

Isolde.

O Freundesfeindin,
böse Ferne!
O träger Zeiten
zögernde Länge!

Tristan.

O Weit' und Nähe,
hart entzweite!
Holde Nähe,
öde Weite!

Isolde.

Im Dunkel du,
im Lichte ich!

Tristan.

Das Licht! Das Licht!
O dieses Licht!
Wie lang' verlosch es nicht!
Die Sonne sank,
der Tag verging;
doch seinen Neid

erstickt' er nicht:
sein scheuchend Zeichen
zündet er an,
und steckt's an der Liebsten Thüre,
daß nicht ich zu ihr führe.

Isolde.

Doch der Liebsten Hand
löschte das Licht.
Wess' die Magd sich wehrte,
scheut' ich mich nicht;
in Frau Minne's Macht und Schutz,
bot ich dem Tage Trutz.

Tristan.

Dem Tag! Dem Tag!
Dem tückischen Tage,
dem härtesten Feinde
Haß und Klage!
Wie du das Licht,
o könnt' ich die Leuchte,
der Liebe Leiden zu rächen,
dem frechen Tage verlöschen!
Giebt's eine Noth,
giebt's eine Pein,
die er nicht weckt
mit seinem Schein?
Selbst in der Nacht
dämmernder Pracht
hegt ihn Liebchen am Haus,
streckt mir drohend ihn aus.

Isolde.

Hegt' ihn die Liebste
am eig'nen Haus,
im eig'nen Herzen
hell und kraus
hegt' ihn trotzig
einst mein Trauter,
Tristan, der mich betrog.

Tristan und Isolde.

War's nicht der Tag,
der aus ihm log,
als er nach Irland
werbend zog,
für Marke mich zu frei'n,
dem Tod die Treue zu weih'n?

Tristan.

Der Tag! Der Tag,
der dich umgliß,
dahin, wo sie
der Sonne glich,
in hehrster Ehren
Glanz und Licht
Isolde mir entrückt'!
Was mir das Auge
so entzückt',
mein Herze tief
zur Erde drückt':
in lichten Tages Schein,
wie war Isolde mein?

Isolde.

War sie nicht dein,
die dich erkor,
was log der böse
Tag dir vor,
daß, die für dich beschieden,
die Traute du verriethest?

Tristan.

Was dich umgliß
mit hehrer Pracht,
der Ehre Glanz,
des Ruhmes Macht,
an sie mein Herz zu hangen,
hielt mich der Wahn gefangen.
Die mit des Schimmers
hellstem Schein
mir Haupt und Scheitel

licht beschien,
der Welten-Ehren
Tages-Sonne,
mit ihrer Strahlen
eitler Wonne,
durch Haupt und Scheitel
drang mir ein,
bis in des Herzens
tiefsten Schrein.
Was dort in keuscher Nacht
dunkel verschlossen wacht',
was ohne Wiss' und Wahn
ich dämmernd dort empfah'n,
ein Bild, das meine Augen
zu schau'n sich nicht getrauten, —
von des Tages Schein betroffen
lag mir's da schimmernd offen.
Was mir so rühmlich
schien und hehr,
das rühmt' ich hell
vor allem Heer:
vor allem Volke
pries ich laut
der Erde schönste
Königs-Braut.
Dem Neid, den mir
der Tag erweckt,
dem Eifer, den
mein Glücke schreckt',
der Misgunst, die mir Ehren
und Ruhm begann zu schweren,
denen bot ich Trotz,
und treu beschloß,
um Ehr' und Ruhm zu wahren,
nach Irland ich zu fahren.

Isolde.

O eitler Tages-Knecht! —
Getäuscht von ihm,

der dich getäuscht,
wie mußt' ich liebend
um dich leiden,
den, in des Tages
falschem Prangen,
von seines Gleißens
Trug umfangen,
dort, wo ihn Liebe
heiß umfaßte,
im tiefsten Herzen
hell ich haßte! —
Ach, in des Herzens Grunde
wie schmerzte tief die Wunde!
Den dort ich heimlich barg,
wie dünkt' er mich so arg,
wenn in des Tages Scheine
der treu gehegte Eine
der Liebe Blicken schwand,
als Feind nur vor mir stand.
Das als Verräther
dich mir wies,
dem Licht des Tages
wollt' ich entflieh'n,
dorthin in die Nacht
dich mit mir zieh'n,
wo der Täuschung Ende
mein Herz mir verhieß,
wo des Trug's geahnter
Wahn zerrinne:
dort dir zu trinken
ew'ge Minne,
mit mir — dich im Verein
wollt' ich dem Tode weih'n.

Tristan.

In deiner Hand
den süßen Tod,
als ich ihn erkannt
den sie mir bot;

als mir die Ahnung
hehr und gewiß
zeigte, was mir
die Sühne verhieß:
da erdämmerte mild
erhab'ner Macht
im Busen mir die Nacht;
mein Tag war da vollbracht.

Isolde.

Doch ach! Dich täuschte
der falsche Trank,
daß dir von Neuem
die Nacht versank;
dem einzig am Tode lag,
den gab er wieder dem Tag.

Tristan.

O Heil dem Tranke!
Heil seinem Saft!
Heil seines Zaubers
hehrer Kraft!
Durch des Todes Thor,
wo er mir floß,
weit und offen
er mir erschloß,
darin sonst ich nur träumend gewacht,
das Wonnereich der Nacht.
Von dem Bild in des Herzens
bergendem Schrein
scheucht' er des Tages
täuschenden Schein,
daß nacht-sichtig mein Auge
wahr es zu sehen tauge.

Isolde.

Doch es rächte sich
der verscheuchte Tag;
mit deinen Sünden
Rath's er pflag:

was dir gezeigt
die dämmernde Nacht,
an des Tag-Gestirnes
Königs-Macht
mußtest du's übergeben,
um einsam
in öder Pracht
schimmernd dort zu leben. —
Wie ertrug ich's nur?
Wie ertrag' ich's noch?

Tristan.

O! nun waren wir
Nacht-geweihte:
der tückische Tag,
der Neid-bereite,
trennen konnt' uns sein Trug,
doch nicht mehr täuschen sein Lug.
Seine eitle Pracht,
seinen prahlenden Schein
verlacht, wem die Nacht
den Blick geweih't:
seines flackernden Lichtes
flüchtige Blitze
blenden nicht mehr
uns're Blicke.
Wer des Todes Nacht
liebend erschau't,
wem sie ihr tief
Geheimniß vertraut,
des Tages Lügen,
Ruhm und Ehr',
Macht und Gewinn,
so schimmernd hehr,
wie eitler Staub der Sonnen
sind sie vor dem zersponnen.
Selbst um der Treu'
und Freundschaft Wahn
dem treu'sten Freunde

ist's gethan,
der in der Liebe
Nacht geschaut,
dem sie ihr tief
Geheimniß vertraut.
In des Tages eitlem Wähnen
bleibt ihm ein einzig Sehnen,
das Sehnen hin
zur heil'gen Nacht,
wo ur-ewig,
einzig wahr
Liebes-Wonne ihm lacht.

Beide
(zu immer innigerer Umarmung auf einer Blumenbank sich niederlassend).

O sink' hernieder,
Nacht der Liebe,
gieb Vergessen,
daß ich lebe;
nimm mich auf
in deinen Schooß,
löse von
der Welt mich los!
Verloschen nun
die letzte Leuchte;
was wir dachten,
was uns däuchte,
all' Gedenken,
all' Gemahnen,
heil'ger Dämm'rung
hehres Ahnen
löscht des Wähnens Graus
Welt-erlösend aus.
Barg im Busen
uns sich die Sonne,
leuchten lachend
Sterne der Wonne.
Von deinem Zauber
sanft umsponnen,
vor deinen Augen

süß zerronnen,
Herz an Herz dir,
Mund an Mund,
Eines Athems
einiger Bund; —
bricht mein Blick sich
wonn'-erblindet,
erbleicht die Welt
mit ihrem Blenden:
die mir der Tag
trügend erhellt,
zu täuschendem Wahn
entgegengestellt,
selbst — dann
bin ich die Welt,
liebe-heiligstes Leben,
wonne-hehrstes Weben,
nie-wieder-Erwachens
wahnlos
hold bewußter Wunsch.

(Mit zurückgesenkten Häuptern lange schweigende Umarmung Beider.)

Brangäne
(unsichtbar, von der Höhe der Zinne).

Einsam wachend
in der Nacht,
wem der Traum
der Liebe lacht,
hab' der Einen
Ruf in Acht,
die den Schläfern
Schlimmes ahnt,
bange zum
Erwachen mahnt.
Habet Acht!
Habet Acht!
Bald entweicht die Nacht.

Isolde
(leise).

Lausch', Geliebter!

Tristan
(ebenso).

Lass' mich sterben!

Isolde.

Neid'sche Wache!

Tristan.

Nie erwachen!

Isolde.

Doch der Tag
muß Tristan wecken?

Tristan.

Lass' den Tag
dem Tode weichen!

Isolde.

Tag und Tod
mit gleichen Streichen
sollten uns're
Lieb' erreichen?

Tristan.

Uns're Liebe?
Tristan's Liebe?
Dein' und mein',
Isolde's Liebe?
Welches Todes Streichen
könnte je sie weichen?
Stünd' er vor mir,
der mächt'ge Tod,
wie er mir Leib
und Leben bedroht', —
die ich der Liebe
so willig lasse! —
wie wär' seinen Streichen
die Liebe selbst zu erreichen?
Stürb' ich nun ihr,
der so gern ich sterbe,

wie könnte die Liebe
mit mir sterben!
Die ewig lebende
mit mir enden?
Doch, stürbe nie seine Liebe,
wie stürbe dann Tristan
seiner Liebe?

Isolde.

Doch uns're Liebe,
heißt sie nicht Tristan
und — Isolde?
Dieß süße Wörtlein: und,
was es bindet,
der Liebe Bund,
wenn Tristan stürb',
zerstört' es nicht der Tod?

Tristan.

Was stürbe dem Tod,
als was uns stört,
was Tristan wehrt
Isolde immer zu lieben,
ewig nur ihr zu leben?

Isolde.

Doch das Wörtlein: und,
wär' es zerstört,
wie anders als
mit Isolde's eig'nem Leben
wär' Tristan der Tod gegeben?

Tristan.

So starben wir,
um ungetrennt,
ewig einig,
ohne End',
ohn' Erwachen,
ohne Bangen,
namenlos
in Lieb' umfangen,

ganz uns selbst gegeben
der Liebe nur zu leben.

Isolde.

So stürben wir,
um ungetrennt —

Tristan.

Ewig einig —

Isolde.

Ohne End' —

Tristan.

Ohn' Erwachen —

Isolde.

Ohne Bangen —

Tristan.

Namenlos
in Lieb' umfangen —

Isolde.

Ganz uns selbst gegeben,
der Liebe nur zu leben?

Brangäne
(wie vorher).

Habet Acht!
Habet Acht!
Schon weicht dem Tag die Nacht.

Tristan.

Soll ich lauschen?

Isolde.

Lass' mich sterben!

Tristan.

Muß ich wachen?

Isolde.

Nie erwachen!

Tristan.

Soll der Tag
noch Tristan wecken?

Isolde.

Lass' den Tag
dem Tode weichen!

Tristan.

Soll der Tod
mit seinen Streichen
ewig uns
den Tag verscheuchen?

Isolde.

Der uns vereint,
den ich dir bot,
lass' ihm uns weih'n,
dem süßen Tod!
Mußte er uns
das eine Thor,
an dem wir standen, verschließen;
zu der rechten Thür',
die uns Minne erkor,
hat sie den Weg nun gewiesen.

Tristan.

Des Tages Dräuen
trotzten wir so?

Isolde.

Seinem Trug ewig zu flieh'n.

Tristan.

Sein dämmernder Schein
verscheuchte uns nie?

Isolde.

Ewig währ' uns die Nacht!

Beide.

O süße Nacht!

Tristan und Isolde.

Ew'ge Nacht!
Hehr erhab'ne,
Liebes-Nacht!
Wen du umfangen,
wem du gelacht,
wie — wär' ohne Bangen
aus dir er je erwacht?
Nun banne das Bangen,
holder Tod,
sehnend verlangter
Liebes-Tod!
In deinen Armen,
dir geweiht,
ur-heilig Erwarmen,
von Erwachens Noth befreit.
Wie es fassen?
Wie sie lassen,
diese Wonne,
fern der Sonne,
fern der Tage
Trennungs-Klage?
Ohne Wähnen
sanftes Sehnen,
ohne Bangen
süß Verlangen;
ohne Wehen
hehr Vergehen,
ohne Schmachten
hold Umnachten;
ohne Scheiden,
ohne Meiden,
traut allein,
ewig heim,
in ungemess'nen Räumen
übersel'ges Träumen.
Du Isolde,
Tristan ich,
nicht mehr Tristan,
nicht Isolde;

ohne Nennen,
ohne Trennen,
neu Erkennen,
neu Entbrennen;
endlos ewig
ein-bewußt:
heiß erglühter Brust
höchste Liebes-Lust!

(Man hört einen Schrei Brangäne's, zugleich Waffengeklirr. — Kurwenal stürzt, mit gezücktem Schwerte zurückweichend, herein.)

Kurwenal.

Rette dich, Tristan!

(Unmittelbar folgen ihm, heftig und rasch, Marke, Melot und mehrere Hofleute, die den Liebenden gegenüber zur Seite anhalten, und in verschiedener Bewegung die Augen auf sie heften. Brangäne kommt zugleich von der Zinne herab, und stürzt auf Isolde zu. Diese von unwillkürlicher Scham ergriffen, lehnt sich mit abgewandtem Gesichte auf die Blumenbank. Tristan, in ebenfalls unwillkürlicher Bewegung, streckt mit dem einen Arme den Mantel breit aus, so daß er Isolde vor den Blicken der Ankommenden verdeckt. In dieser Stellung verbleibt er längere Zeit, unbeweglich den starren Blick auf die Männer gerichtet. — Morgendämmerung.)

Tristan
(nach längerem Schweigen).

Der öde Tag —
zum letzten Mal!

Melot
(zu Marke, der in sprachloser Erschütterung steht).

Das sollst du, Herr, mir sagen,
ob ich ihn recht verklagt?
Das dir zum Pfand ich gab,
ob ich mein Haupt gewahrt?
Ich zeigt' ihn dir
in off'ner That:
Namen und Ehr'
hab' ich getreu
vor Schande dir bewahrt.

Marke
(mit zitternder Stimme).

Thatest du's wirklich?
Wähn'st du das? —

4*

Sieh' ihn dort,
den Treu'sten aller Treuen;
blick' auf ihn,
den freundlichsten der Freunde:
seiner Treue
frei'ste That
traf mein Herz
mit feindlichstem Verrath.
Trog mich Tristan,
sollt' ich hoffen,
was sein Trügen
mir getroffen,
sei durch Melot's Rath
redlich mir bewahrt?

Tristan
(krampfhaft heftig).

Tags-Gespenster!
Morgen-Träume —
täuschend und wüst —
entschwebt, entweicht!

Marke
(mit tiefer Ergriffenheit).

Mir — dieß?
Dieß —, Tristan, — mir? —
Wohin nun Treue,
da Tristan mich betrog?
Wohin nun Ehr'
und ächte Art,
da aller Ehren Hort,
da Tristan sie verlor?
Die Tristan sich
zum Schild erkor,
wohin ist Tugend
nun entfloh'n,
da meinen Freund sie flieht?
da Tristan mich verrieth?

(Schweigen. — Tristan senkt langsam den Blick zu Boden; in seinen Mienen ist, während Marke fortfährt, zunehmende Trauer zu lesen.)

Wozu die Dienste
ohne Zahl,
der Ehren Ruhm,
der Größe Macht,
die Marken du gewann'st,
mußt' Ehr' und Ruhm,
Größe und Macht,
mußte die Dienste
ohne Zahl
dir Marke's Schmach bezahlen?
Dünkte zu wenig
dich sein Dank,
daß was du erworben,
Ruhm und Reich,
er zu Erb' und Eigen dir gab?
Dem kinderlos einst
schwand sein Weib,
so liebt' er dich,
daß nie auf's Neu'
sich Marke wollt' vermählen.
Da alles Volk
zu Hof und Land
mit Bitt' und Dräuen
in ihn drang,
die Königin dem Reiche,
die Gattin sich zu kiesen;
da selber du
den Ohm beschwor'st,
des Hofes Wunsch,
des Landes Willen
gütlich zu erfüllen:
in Wehr gegen Hof und Land,
in Wehr selbst gegen dich,
mit Güt' und List
weigert' er sich,
bis, Tristan, du ihm drohtest
für immer zu meiden
Hof und Land,
würdest du selber

nicht entsandt,
dem König die Braut zu frei'n.
Da ließ er's denn so sein. —
Dieß wunderhehre Weib,
das mir dein Muth erwarb,
wer durft' es sehen,
wer es kennen,
wer mit Stolze
sein es nennen,
ohne selig sich zu preisen?
Der mein Wille
nie zu nahen wagte,
der mein Wunsch
Ehrfurcht-scheu entsagte,
die so herrlich
hold erhaben
mir die Seele
mußte laben,
trotz — Feind und Gefahr,
die fürstliche Braut
brachtest du mir dar.
Nun da durch solchen
Besitz mein Herz
du fühlsamer schuf'st
als sonst dem Schmerz,
dort wo am weichsten
zart und offen,
würd' es getroffen,
nie zu hoffen,
daß je ich könne gesunden, —
warum so sehrend
Un-seliger,
dort — nun mich verwunden?
Dort mit der Waffe
quälendem Gift,
das Sinn und Hirn
mir sengend versehrt;
das mir dem Freund
die Treue verwehrt,

mein off'nes Herz
erfüllt mit Verdacht,
daß ich nun heimlich
in dunkler Nacht
den Freund lauschend beschleiche,
meiner Ehren End' erreiche?
Die kein Himmel erlöst,
warum — mir diese Hölle?
Die kein Elend sühnt,
warum — mir diese Schmach?
Den unerforschlich
furchtbar tief
geheimnißvollen Grund,
wer macht der Welt ihn kund?

Tristan
(das Auge mitleidig zu Marke erhebend).

O König, das —
kann ich dir nicht sagen;
und was du frag'st,
das kannst du nie erfahren. —

(Er wendet sich seitwärts zu Isolde, welche die Augen sehnsüchtig zu ihm aufgeschlagen hat.)

Wohin nun Tristan scheidet,
willst du, Isold', ihm folgen?
Dem Land, das Tristan meint,
der Sonne Licht nicht scheint:
es ist das dunkel
nächt'ge Land,
daraus die Mutter
einst mich sandt',
als, den im Tode
sie empfangen,
im Tod' sie ließ
zum Licht gelangen.
Was, da sie mich gebar,
ihr Liebesberge war,
das Wunderreich der Nacht,
aus der ich einst erwacht, —
das bietet dir Tristan,

dahin geht er voran.
Ob sie ihm folge
treu und hold,
das sag' ihm nun Isold'.

Isolde.

Da für ein fremdes Land
der Freund sie einstens warb,
dem Unholden
treu und hold,
mußt' Isolde folgen.
Nun führ'st du in dein Eigen,
dein Erbe mir zu zeigen;
wie flöh' ich wohl das Land,
das alle Welt umspannt?
Wo Tristan's Haus und Heim,
da kehr' Isolde ein:
auf dem sie folge
treu und hold,
den Weg nun zeig' Isold'!

(Tristan küßt sie sanft auf die Stirn.)

Melot
(wüthend auffahrend).

Verräther! Ha!
Zur Rache, König!
Duldest du diese Schmach?

Tristan
(zieht sein Schwert und wendet sich schnell um).

Wer wagt sein Leben an das meine?

(Er heftet den Blick auf Melot.)

Mein Freund war der;
er minnte mich hoch und theuer:
um Ehr' und Ruhm
mir war er besorgt wie Keiner.
Zum Übermuth
trieb er mein Herz:
die Schaar führt' er,
die mich gedrängt,

Ehr' und Ruhm mir zu mehren,
dem König dich zu vermählen. —
Dein Blick, Isolde,
blendet auch ihn:
aus Eifer verrieth
mich der Freund
dem König, den ich verrieth. —
Wehr' dich, Melot!

(Er dringt auf ihn ein; als Melot ihm das Schwert entgegenstreckt, läßt Tristan das seinige fallen und sinkt verwundet in Kurwenal's Arme. Isolde stürzt sich an seine Brust. Marke hält Melot zurück. — Der Vorhang fällt schnell.)

Dritter Aufzug.

(Burggarten. Zur einen Seite hohe Burggebäude, zur anderen eine niedrige Mauerbrüstung, von einer Warte unterbrochen; im Hintergrunde das Burgthor. Die Lage ist auf felsiger Höhe anzunehmen; durch Öffnungen blickt man auf einen weiten Meereshorizont. Das Ganze macht einen Eindruck der Herrenlosigkeit, übel gepflegt, hie und da schadhaft und bewachsen.)

(Im Vordergrunde, an der inneren Seite, liegt, unter dem Schatten einer großen Linde, Tristan, auf einem Ruhebette schlafend, wie leblos ausgestreckt. Zu Häupten ihm sitzt Kurwenal, in Schmerz über ihn hingebeugt, und sorgsam seinem Athem lauschend. — Von der Außenseite her hört man, beim Aufziehen des Vorhanges, einen Hirtenreigen, sehnsüchtig und traurig auf einer Schalmei geblasen. Endlich erscheint der Hirt selbst über der Mauerbrüstung mit dem Oberleibe, und blickt theilnehmend herein.)

Hirt
(leise).

Kurwenal! He! —
Sag', Kurwenal! —
Hör' dort, Freund!

(Da Kurwenal das Haupt nach ihm wendet.)

Wacht er noch nicht?

Kurwenal
(schüttelt traurig mit dem Kopf).

Erwachte er,
wär's doch nur
um für immer zu verscheiden,
erschien zuvor
die Ärztin nicht,
die einz'ge, die uns hilft.

Sah'st du noch nichts?
Kein Schiff noch auf der See? —

Hirt.

Eine and're Weise
hörtest du dann,
so lustig wie ich sie kann.
Nun sag' auch ehrlich,
alter Freund:
was hat's mit uns'rem Herrn?

Kurwenal

Lass' die Frage; —
du kannst's doch nie erfahren. —
Eifrig späh',
und sieh'st du das Schiff,
dann spiele lustig und hell.

Hirt

(sich wendend und mit der Hand über'm Auge spähend).

Öd' und leer das Meer! —

(Er setzt die Schalmei an und verschwindet blasend: etwas ferner hört man längere Zeit den Reigen.)

Tristan

(nach langem Schweigen, ohne Bewegung, dumpf).

Die alte Weise —
was weckt sie mich?

(Die Augen aufschlagend und das Haupt wendend.)

Wo — bin ich?

Kurwenal

(ist erschrocken aufgefahren, lauscht und beobachtet).

Ha! — die Stimme!
Seine Stimme!
Tristan! Herr!
Mein Held! Mein Tristan!

Tristan.

Wer — ruft mich?

Kurwenal.

Endlich! Endlich!

Leben! O Leben —
süßes Leben —
meinem Tristan neu gegeben!

Tristan
(ein wenig auf dem Lager sich erhebend).

Kurwenal — du?
Wo — war ich? —
Wo — bin ich?

Kurwenal.

Kareol, Herr:
Kenn'st du die Burg
der Väter nicht?

Tristan.

Meiner Väter?

Kurwenal.

Schau' dich nur um!

Tristan.

Was erklang mir?

Kurwenal.

Des Hirten Weise,
die hörtest du wieder;
am Hügel ab
hütet er deine Herde.

Tristan.

Meine Herde?

Kurwenal.

Herr, das mein' ich!
Dein das Haus,
Hof und Burg.
Das Volk, getreu
dem trauten Herrn,
so gut es konnt',
hat's Haus und Herd gepflegt,
das einst mein Held

zu Erb' und Eigen
an Leut' und Volk verschenkt,
als Alles er verließ,
in ferne Land' zu zieh'n.

Tristan.

In welches Land?

Kurwenal.

Hei! nach Kornwall;
kühn und wonnig
was sich da Glückes,
Glanz und Ehren
Tristan hehr ertrotzt!

Tristan.

Bin ich in Kornwall?

Kurwenal.

Nicht doch: in Kareol.

Tristan.

Wie kam ich her?

Kurwenal.

Hei nun, wie du kam'st?
Zu Roß rittest du nicht;
ein Schifflein führte dich her:
doch zu dem Schifflein
hier auf den Schultern
trug ich dich: die sind breit,
die brachten dich dort zum Strand. —
Nun bist du daheim zu Land,
im ächten Land,
im Heimath-Land,
auf eig'ner Weid' und Wonne,
im Schein der alten Sonne,
darin von Tod und Wunden
du selig sollst gesunden.

Tristan
(nach einem kleinen Schweigen).

Dünkt dich das, —

ich weiß es anders,
doch kann ich's dir nicht sagen.
Wo ich erwacht,
weilt' ich nicht;
doch wo ich weilte,
das kann ich dir nicht sagen.
Die Sonne sah ich nicht,
nicht sah ich Land noch Leute:
doch was ich sah,
das kann ich dir nicht sagen.
Ich war —
wo ich von je gewesen,
wohin auf je ich gehe:
im weiten Reich
der Welten Nacht.
Nur ein Wissen
dort uns eigen:
göttlich ew'ges
Ur-Vergessen, —
wie schwand mir seine Ahnung?
Sehnsücht'ge Mahnung,
nenn' ich dich,
die neu dem Licht
des Tag's mich zugetrieben?
Was einzig mir geblieben,
ein heiß-inbrünstig Lieben,
aus Todes-Wonne-Grauen
jagt mich's, das Licht zu schauen,
das trügend hell und golden
noch dir, Isolden, scheint!

Kurwenal

(birgt, von Grausen gepackt, sein Haupt).

Tristan

(allmählig sich immer mehr aufrichtend).

Isolde noch
im Reich der Sonne!
Im Tagesschimmer
noch Isolde!

Welches Sehnen,
welches Bangen,
sie zu sehen
welch' Verlangen!
Krachend hört' ich
hinter mir
schon des Todes
Thor sich schließen:
weit nun steht es
wieder offen;
der Sonne Strahlen
sprengt' es auf:
mit hell erschloss'nen Augen
muß ich der Nacht enttauchen, —
sie zu suchen,
sie zu sehen,
sie zu finden,
in der einzig
zu vergehen,
zu entschwinden
Tristan ist vergönnt.
Weh', nun wächst
bleich und bang
mir des Tages
wilder Drang!
Grell und täuschend
sein Gestirn
weckt zu Trug
und Wahn mein Hirn!
Verfluchter Tag
mit deinem Schein!
Wach'st du ewig
meiner Pein?
Brennt sie ewig,
diese Leuchte,
die selbst Nachts
von ihr mich scheuchte!
Ach, Isolde!
Süße! Holde!

Wann — endlich,
wann, ach wann
löschest du die Zünde,
daß sie mein Glück mir künde?
Das Licht, wann löscht es aus?
Wann wird es Nacht im Haus?

Kurwenal
(heftig ergriffen).

Der einst ich trotzt',
aus Treu' zu dir,
mit dir nach ihr
nun muß ich mich sehnen!
Glaub' meinem Wort,
du sollst sie sehen,
hier — und heut' —
den Trost kann ich dir geben,
ist sie nur selbst noch am Leben.

Tristan.

Noch losch das Licht nicht aus,
noch ward's nicht Nacht im Haus.
Isolde lebt und wacht,
sie rief mich aus der Nacht.

Kurwenal.

Lebt sie denn,
so lass' dir Hoffnung lachen. —
Muß Kurwenal dumm dir gelten,
heut' sollst du ihn nicht schelten.
Wie todt lag'st du
seit dem Tag,
da Melot, der Verruchte,
dir eine Wunde schlug.
Die böse Wunde,
wie sie heilen?
Mir thör'gem Manne
dünkt' es da,
wer einst dir Morold's
Wunde schloß,

der heilte leicht die Plagen
von Melot's Wehr geschlagen.
Die beste Ärztin
bald ich fand;
nach Kornwall hab' ich
ausgesandt:
ein treuer Mann
wohl über's Meer
bringt dir Isolden her.

Tristan.

Isolde kommt!
Isolde naht! —
O Treue! hehre,
holde Treue!
Mein Kurwenal,
du trauter Freund,
du Treuer ohne Wanken,
wie soll dir Tristan danken?
Mein Schild, mein Schirm
in Kampf und Streit;
zu Lust und Leid
mir stets bereit:
wen ich gehaßt,
den haßtest du;
wen ich geminnt,
den minntest du.
Dem guten Marke,
dient' ich ihm hold,
wie war'st du ihm treuer als Gold!
Mußt' ich verrathen
den edlen Herrn,
wie betrog'st du ihn da so gern!
Dir nicht eigen,
einzig mein,
mit-leidest du,
wenn ich leide: —
nur — was ich leide,
das — kannst du nicht leiden!

Dieß furchtbare Sehnen,
das mich sehrt;
dieß schmachtende Brennen,
das mich zehrt:
wollt' ich dir's nennen,
könntest du's kennen, —
nicht hier würdest du weilen;
zur Warte müßtest du eilen,
mit allen Sinnen
sehnend von hinnen
nach dorten trachten und spähen,
wo ihre Segel sich blähen;
wo vor den Winden,
mich zu finden,
von der Liebe Drang befeuert,
Isolde zu mir steuert! —
Es nah't, es nah't
mit muthiger Hast!
Sie weh't, sie weh't,
die Flagge am Mast.
Das Schiff, das Schiff!
Dort streicht es am Riff!
Sieh'st du es nicht?
Kurwenal, sieh'st du es nicht?

(Da Kurwenal, um Tristan nicht zu verlassen, zögert und Tristan in schweigender Spannung nach ihm blickt, ertönt, wie zu Anfang, näher, dann ferner, die klagende Weise des Hirten.)

Kurwenal
(niedergeschlagen).

Noch ist kein Schiff zu seh'n!

Tristan
(hat mit abnehmender Aufregung gelauscht, und beginnt dann mit wachsender Schwermuth):

Muß ich dich so versteh'n,
du alte, ernste Weise,
mit deiner Klage Klang? —
Durch Abendwehen
drang sie bang,
als einst dem Kind
des Vaters Tod verkündet:
durch Morgengrauen

bang und bänger,
als der Sohn
der Mutter Loos vernahm.
Da er mich zeugt' und starb,
sie sterbend mich gebar,
die alte Weise
sehnsuchts-bang
zu ihnen wohl
auch klagend drang,
die einst mich frug,
und jetzt mich frägt,
zu welchem Loos erkoren
ich damals wohl geboren?
Zu welchem Loos? —
Die alte Weise
sagt mir's wieder: —
mich sehnen — und sterben,
sterben — und mich sehnen!
Nein! ach nein!
So heißt sie nicht:
Sehnen! Sehnen —
im Sterben mich zu sehnen,
vor Sehnsucht nicht zu sterben! —
Die nicht erstirbt,
sehnend nun ruft
nach Sterbens Ruh'
sie der fernen Ärztin zu. —
Sterbend lag ich
stumm im Kahn,
der Wunde Gift
dem Herzen nah':
Sehnsucht klagend
klang die Weise;
den Segel blähte der Wind
hin zu Irland's Kind.
Die Wunde, die
sie heilend schloß,
riß mit dem Schwert
sie wieder los;

das Schwert dann aber
ließ sie sinken,
den Gifttrank gab sie
mir zu trinken;
wie ich da hoffte
ganz zu genesen,
da ward der sehrend'ste
Zauber erlesen,
daß nie ich sollte sterben,
mich ew'ger Qual vererben.
Der Trank! Der Trank!
Der furchtbare Trank!
Wie vom Herzen zum Hirn
er wüthend mir drang!
Kein Heil nun kann,
kein süßer Tod
je mich befrei'n
von der Sehnsucht Noth.
Nirgends, ach nirgends
find' ich Ruh';
mich wirft die Nacht
dem Tage zu,
um ewig an meinen Leiden
der Sonne Auge zu weiden.
O dieser Sonne
sengender Strahl,
wie brennt mir das Herz
seine glühende Qual!
Für dieser Hitze
heißes Verschmachten
ach! keines Schattens
kühlend Umnachten!
Für dieser Schmerzen
schreckliche Pein,
welcher Balsam sollte
mir Lind'rung verleih'n?
Den furchtbaren Trank,
der der Qual mich vertraut,
ich selbst, ich selbst —

5*

ich hab' ihn gebrau't!
Aus Vaters-Noth
und Mutter-Weh',
aus Liebesthränen
eh' und je,
aus Lachen und Weinen,
Wonnen und Wunden,
hab' ich des Trankes
Gifte gefunden!
Den ich gebrau't,
der mir geflossen,
den Wonne-schlürfend
je ich genossen, —
verflucht sei, furchtbarer Trank!
Verflucht, wer dich gebrau't!
(Er sinkt ohnmächtig zurück.)

Kurwenal
(der vergebens Tristan zu mäßigen suchte, schreit entsetzt laut auf).

Mein Herre! Tristan! —
Schrecklicher Zauber! —
O Minne-Trug!
O Liebes-Zwang!
Der Welt holdester Wahn,
wie ist's um dich gethan! —
Hier liegt er nun,
der wonnige Mann,
der wie Keiner geliebt und geminnt:
nun seht, was von ihm
sie Dankes gewann,
was je sich Minne gewinnt!
Bist du nun todt?
Leb'st du noch?
Hat dich der Fluch entführt? —
O Wonne! Nein!
Er regt sich! Er lebt! —
Wie sanft er die Lippen rührt!

Tristan
(langsam wieder zu sich kommend).

Das Schiff — sieh'st du's noch nicht?

Kurwenal.

Das Schiff? Gewiß,
das nah't noch heut';
es kann nicht lang' mehr säumen.

Tristan.

Und d'rauf Isolde,
wie sie winkt —
wie sie hold
mir Sühne trinkt?
Sieh'st du sie?
Sieh'st du sie noch nicht?
Wie sie selig,
hehr und milde
wandelt durch
des Meer's Gefilde?
Auf wonniger Blumen
sanften Wogen
kommt sie licht
an's Land gezogen:
sie lächelt mir Trost
und süße Ruh';
sie führt mir letzte
Labung zu.
Isolde! Ach, Isolde,
wie hold, wie schön bist du! —
Und Kurwenal, wie?
Du säh'st sie nicht?
Hinauf zur Warte,
du blöder Wicht,
was so hell und licht ich sehe,
daß das dir nicht entgehe.
Hör'st du mich nicht?
Zur Warte schnell!
Eilig zur Warte!
Bist du zur Stell'?
Das Schiff, das Schiff!
Isolden's Schiff —
du mußt es sehen!

mußt es sehen!
Das Schiff — säh'st du's noch nicht?

(Während Kurwenal noch zögernd mit Tristan ringt, läßt der Hirt von außen einen lustigen Reigen vernehmen.)

Kurwenal
(freudig aufspringend und der Warte zu eilend).

O Wonne! Freude!
Ha! Das Schiff!
Von Norden seh' ich's nah'n.

Tristan
(mit wachsender Begeisterung).

Wußt' ich's nicht?
Sagt' ich es nicht?
Daß sie noch lebt,
noch Leben mir webt?
Die mir Isolde
einzig enthält,
wie wär' Isolde
mir aus der Welt?

Kurwenal
(von der Warte zurückrufend).

Hahei! Hahei!
Wie es muthig steuert!
Wie stark das Segel sich bläht!
Wie es jagt! Wie es fliegt!

Tristan.

Die Flagge? Die Flagge?

Kurwenal.

Der Freude Flagge
am Wimpel lustig und hell.

Tristan
(auf dem Lager hoch sich aufrichtend).

Heiaha! Der Freude!
Hell am Tage
zu mir Isolde,
Isolde zu mir! —
Sieh'st du sie selbst?

Kurwenal.

Jetzt schwand das Schiff
hinter dem Fels.

Tristan.

Hinter dem Riff?
Bringt es Gefahr?
Dort wüthet die Brandung,
scheitern die Schiffe. —
Das Steuer, wer führt's?

Kurwenal.

Der sicherste Seemann.

Tristan.

Verrieth' er mich?
Wär' er Melot's Genoß?

Kurwenal.

Trau' ihm wie mir!

Tristan.

Verräther auch du! —
Un-seliger!
Sieh'st du sie wieder?

Kurwenal.

Noch nicht.

Tristan.

Verloren!

Kurwenal.

Haha! Heiahaha!
Vorbei! Vorbei!
Glücklich vorbei!
Im sich'ren Strom
steuert zum Hafen das Schiff.

Tristan.

Heiaha! Kurwenal!
Treuester Freund!

All' mein Hab' und Gut
erb'st du noch heut'.

Kurwenal.

Sie nahen im Flug.

Tristan.

Sieh'st du sie endlich?
Sieh'st du Isolde?

Kurwenal.

Sie ist's! Sie winkt!

Tristan.

O seligstes Weib!

Kurwenal.

Im Hafen der Kiel! —
Isolde — ha!
mit einem Sprung
springt sie vom Bord zum Strand.

Tristan.

Herab von der Warte!
Müßiger Gaffer!
Hinab! Hinab
an den Strand!
Hilf ihr! Hilf meiner Frau!

Kurwenal.

Sie trag' ich herauf:
trau' meinen Armen!
Doch du, Tristan,
bleib' mir treulich am Bett!
(Er eilt durch das Thor hinab.)

Tristan.

Ha, diese Sonne!
Ha, dieser Tag!
Ha, dieser Wonne
sonnigster Tag!
Jagendes Blut,

jauchzender Muth!
Lust ohne Maaßen,
freudiges Rasen:
auf des Lagers Bann
wie sie ertragen?
Wohlauf und daran,
wo die Herzen schlagen!
Tristan, der Held,
in jubelnder Kraft
hat sich vom Tod
emporgerafft!
Mit blutender Wunde
bekämpft' ich einst Morolden:
mit blutender Wunde
erjag' ich mir heut' Isolden.
Hahei! Mein Blut,
lustig nun fließe!
Die mir die Wunde
auf ewig schließe,
sie naht wie ein Held,
sie naht mir zum Heil:
vergehe die Welt
meiner jauchzenden Eil'!

(Er hat sich ganz aufgerafft, und springt jetzt vom Lager.)

Isolde
(von außen rufend).

Tristan! Tristan! Geliebter!

Tristan
(in der furchtbarsten Aufregung).

Wie hör' ich das Licht?
Die Leuchte — ha!
Die Leuchte verlischt!
Zu ihr! Zu ihr!

(Er stürzt taumelnd der hereineilenden Isolde entgegen. In der Mitte der Bühne begegnen sie sich.)

Isolde.

Tristan! Ha!

Tristan

(in Isolde's Arme sinkend).

Isolde! —

(Den Blick zu ihr aufgeheftet, sinkt er leblos in ihren Armen langsam zu Boden.)

Isolde

(nach einem Schrei).

Ich bin's, ich bin's —
süßester Freund!
Auf! noch einmal!
Hör' meinen Ruf!
Achtest du nicht?
Isolde ruft:
Isolde kam,
mit Tristan treu zu sterben. —
Bleib'st du mir stumm?
Nur eine Stunde, —
nur eine Stunde
bleibe mir wach!
So bange Tage
wachte sie sehnend,
um eine Stunde
mit dir noch zu wachen.
Betrügt Isolden,
betrügt sie Tristan
um dieses einz'ge
ewig-kurze
letzte Welten-Glück? —
Die Wunde — wo?
Lass' sie mich heilen,
daß wonnig und hehr
die Nacht wir theilen.
Nicht an der Wunde,
an der Wunde stirb mir nicht!
Uns beiden vereint
erlösche das Lebenslicht! —
Gebrochen der Blick! —
Still das Herz! —
Treuloser Tristan,
mir diesen Schmerz?

Nicht eines Athems
flücht'ges Weh'n?
Muß sie nun jammernd
vor dir steh'n,
die sich wonnig dir zu vermählen
muthig kam über Meer?
Zu spät! Zu spät!
Trotziger Mann!
Straf'st du mich so
mit härtestem Bann?
Ganz ohne Huld
meiner Leidens-Schuld?
Nicht meine Klagen
darf ich dir sagen?
Nur einmal, ach!
Nur einmal noch! —
Tristan — ha!
horch — er wacht!
Geliebter —
— Nacht!

(Sie sinkt ohnmächtig über der Leiche zusammen.)

(Kurwenal war sogleich hinter Isolde zurückgekommen; sprachlos in furchtbarer Erschütterung hat er dem Auftritte beigewohnt, und bewegungslos auf Tristan hingestarrt.)

(Aus der Tiefe hört man jetzt dumpfes Getümmel und Waffengeklirr. — Der Hirt kommt über die Mauer gestiegen, hastig und leise zu Kurwenal sich wendend.)

Hirt.

Kurwenal! Hör'!
Ein zweites Schiff.

(Kurwenal fährt auf und blickt über die Brüstung, während der Hirt aus der Ferne erschüttert auf Tristan und Isolde sieht.)

Kurwenal
(in Wuth ausbrechend).

Tod und Hölle!
Alles zur Hand!
Marke und Melot
hab' ich erkannt. —
Waffen und Steine!
Hilf mir! An's Thor!

(Er springt mit dem Hirt an das Thor, das Beide in der Hast zu verrammeln suchen.)

Der Steuermann
(stürzt herein).

Marke mir nach
mit Mann und Volk!
Vergeb'ne Wehr!
Bewältigt sind wir.

Kurwenal.

Stell' dich, und hilf! —
So lang' ich lebe,
lugt mir Keiner herein!

Brangäne's Stimme
(außen, von unten her).

Isolde, Herrin!

Kurwenal.

Brangäne's Ruf?
(Hinabrufend.)
Was such'st du hier?

Brangäne.

Schließ' nicht, Kurwenal!
Wo ist Isolde?

Kurwenal.

Verräth'rin auch du?
Weh' dir, Verruchte!

Melot's Stimme
(von außen).

Zurück, du Thor!
Stemm' dich dort nicht!

Kurwenal.

Heiaha dem Tag,
da ich dich treffe!
Stirb, schändlicher Wicht!

(Melot, mit gewaffneten Männern, erscheint unter dem Thor. Kurwenal stürzt sich auf ihn und streckt ihn zu Boden.)

Melot
(sterbend).

Wehe mir! — Tristan!

Brangäne
(immer noch außen).

Kurwenal! Wüthender!
Hör', du betrüg'st dich.

Kurwenal.

Treulose Magd! —
D'rauf! Mir nach!
Werft sie zurück!
(Sie kämpfen.)

Marke
(von außen).

Halte, Rasender!
Bist du von Sinnen?

Kurwenal.

Hier wüthet der Tod.
Nichts and'res, König,
ist hier zu holen:
willst du ihn kiesen, so komm'!
(Er dringt auf ihn ein.)

Marke.

Zurück, Wahnsinniger!

Brangäne
(hat sich seitwärts über die Mauer geschwungen und eilt in den Vordergrund).

Isolde! Herrin!
Glück und Heil! —
Was seh' ich, ha!
Leb'st du? Isolde!

(Sie stürzt auf Isolde und müht sich um sie. — Während dem hat Marke mit seinem Gefolge Kurwenal mit dessen Helfern zurückgetrieben, und dringt herein. Kurwenal, schwer verwundet, schwankt vor ihm her nach dem Vordergrunde.)

Marke.

O Trug und Wahn!
Tristan, wo bist du?

Kurwenal.

Da liegt er — da —
hier, wo ich liege —!
(Er sinkt bei Tristan's Füßen zusammen.)

Marke.

Tristan! Tristan!
Isolde! Weh'!

Kurwenal
(nach Tristan's Hand fassend).

Tristan! Trauter!
Schilt mich nicht,
daß der Treue auch mit kommt!
(Er stirbt.)

Marke.

Todt denn Alles!
Alles todt?
Mein Held! Mein Tristan!
Trautester Freund!
Auch heute noch
mußt du den Freund verrathen?
Heut', wo er kommt
dir höchste Treu' zu bewähren?
Erwach'! Erwach'!
Erwache meinem Jammer,
du treulos treuester Freund!

Brangäne
(die in ihren Armen Isolde wieder zu sich gebracht).

Sie wacht! Sie lebt!
Isolde, hör'!
Hör' mich, süßeste Frau!
Glückliche Kunde
lass' mich dir melden:
vertrautest du nicht Brangänen?
Ihre blinde Schuld
hat sie gesühnt;
als du verschwunden,
schnell fand sie den König:
des Trankes Geheimniß
erfuhr der kaum,
als mit sorgender Eil'
in See er stach,
dich zu erreichen,

dir zu entsagen,
dich zuzuführen dem Freund.

Marke.

Warum, Isolde,
warum mir das?
Da hell mir ward enthüllt,
was zuvor ich nicht fassen konnt',
wie selig, daß ich den Freund
frei von Schuld da fand!
Dem holden Mann,
dich zu vermählen,
mit vollen Segeln
flog ich dir nach:
doch Unglückes
Ungestüm,
wie erreicht es, wer Frieden bringt?
Die Ärnte mehrt' ich dem Tod:
der Wahn häufte die Noth!

Brangäne.

Hör'st du uns nicht?
Isolde! Traute!
Vernimmst du die Treue nicht?

Isolde

(die theilnahmlos vor sich hingeblickt, ohne zu vernehmen, heftet das Auge endlich auf Tristan).

Mild und leise
wie er lächelt,
wie das Auge
hold er öffnet:
seht ihr, Freunde,
säh't ihr's nicht?
Immer lichter
wie er leuchtet,
wie er minnig
immer mächt'ger,
Stern-umstrahlet
hoch sich hebt:

seht ihr, Freunde,
säh't ihr's nicht?
Wie das Herz ihm
muthig schwillt,
voll und hehr
im Busen quillt;
wie den Lippen
wonnig mild
süßer Athem
sanft entweht: —
Freunde, seht —
fühlt und seht ihr's nicht? —
Höre ich nur
diese Weise,
die so wunder-
voll und leise,
Wonne klagend
Alles sagend,
mild versöhnend
aus ihm tönend,
auf sich schwingt,
in mich dringt,
hold erhallend
um mich klingt?
Heller schallend,
mich umwallend,
sind es Wellen
sanfter Lüfte?
Sind es Wogen
wonniger Düfte?
Wie sie schwellen,
mich umrauschen,
soll ich athmen,
soll ich lauschen?
Soll ich schlürfen,
untertauchen,
süß in Düften
mich verhauchen?
In des Wonnemeeres

wogendem Schwall,
in der Duft-Wellen
tönendem Schall,
in des Welt-Athems
wehendem All —
ertrinken —
versinken —
unbewußt —
höchste Lust!

(Wie verklärt sinkt sie sanft in Brangäne's Armen auf Tristan's Leiche. — Große Rührung und Entrücktheit unter den Umstehenden. Marke segnet die Leichen. — Der Vorhang fällt langsam.)

Ein Brief an Hector Berlioz.

Paris. — Februar 1860.

Lieber Berlioz!

Als ein gemeinsames Schicksal vor fünf Jahren in London uns in nähere Berührung brachte, rühmte ich mich eines Vortheiles über Sie, des Vortheiles, im Stande zu sein Ihre Werke vollkommen zu verstehen und zu würdigen, während die meinigen in einem sehr wesentlichen Punkte Ihnen immer fremd und unverständlich bleiben würden. Ich hatte dabei hauptsächlich den instrumentalen Charakter Ihrer Werke im Sinne, und, durch die Erfahrung belehrt, wie vollendet Orchesterstücke unter günstigen Umständen zur Aufführung zu bringen sind, während dramatische Musikwerke, sobald sie den herkömmlichen Rahmen des eigentlichen frivolen Operngenre's verlassen, im besten Fall nur sehr fern annähernd von unseren Opern-Personalen wiedergegeben werden können, ließ ich das Haupthinderniß, welches Ihnen für das Verständniß meiner Intentionen entgegensteht, nämlich Ihre Unkenntniß der deutschen Sprache, mit der meine dramatischen Konzeptionen so innig zusammenhängen, fast noch aus dem Auge. Mein Schicksal zwingt mich nun, den Versuch zu machen, mich dieses Vortheiles zu begeben; seit eilf Jahren bleibe ich von der Möglichkeit ausgeschlossen, mir meine eigenen Werke vorzuführen, und es graut mir davor, noch länger der vielleicht einzige Deutsche bleiben zu sollen, der meinen „Lohengrin" nicht gehört hat. Nicht Ehrgeiz noch Ausbreitungssucht werden es daher sein, die mich auf das Unternehmen leiten, die Gastfreundschaft Frankreichs auch für meine dramatischen Arbeiten nachzusuchen; ich werde versuchen, durch gute Übersetzungen meine Werke hier aufführbar zu machen, und, wenn man der unerhörten Lage des Autors, der auf so mühevollen Umwegen zum Anhören seiner eigenen Schöpfungen zu gelangen sich quält, Sympathie und Gunst gewährt, so darf ich es wohl für möglich halten, eines Tages auch Ihnen, lieber Berlioz, mich ganz und vollkommen bekannt zu machen.

Durch Ihren letzten, meinen Konzerten gewidmeten Artikel, der so viel des Schmeichelhaften und Anerkennenden für mich enthielt, haben Sie mir aber noch einen anderen Vortheil überlassen, dessen ich mich jetzt bedienen will, um in Kürze Sie und das Publikum, vor welches Sie die Frage einer „musique de l'avenir" ganz ernstlich brachten, über dieses wunderliche Ding aufzuklären. Da auch Sie der Meinung zu sein scheinen, es handele sich hier um eine „Schule", die sich jenen Titel gäbe und deren Meister ich sei, so erkenne ich, daß auch Sie zu Denen gehören, welche wirklich nicht bezweifeln zu dürfen glauben, ich habe es mir einfallen lassen, irgendwie und irgend einmal Thesen aufzustellen, welche Sie in zwei Reihen gliedern, von denen die erste, zu deren Annahme Sie sich bereit erklären, sich durch längst und zu jeder Zeit anerkannte Giltigkeit auszeichnet, während die zweite, gegen die Sie protestiren zu müssen glauben, vollkommenen Unsinn enthält. Sehr bestimmt drücken Sie sich nicht darüber aus, ob Sie mir nur die thörichte Eitelkeit, etwas längst Anerkanntes für etwas Neues ausgeben zu wollen, oder die Hirnverrücktheit, etwas durchaus Unsinniges aufrecht halten zu wollen, zuzusprechen gesonnen sind. Bei Ihren freundschaftlichen Gesinnungen für mich kann ich nicht anders glauben, als daß es Ihnen lieb sein muß, prompt aus diesem Zweifel gerissen zu werden. Erfahren Sie daher, daß nicht ich der Erfinder der „musique de l'avenir" bin, sondern ein deutscher Musik-Rezensent, Herr Professor Bischoff in Köln, Freund Ferdinand Hiller's, der Ihnen wiederum als Freund Rossini's bekannt geworden sein wird. Veranlassung aber zur Erfindung jenes tollen Wortes scheint ihm ein ebenso blödes als böswilliges Misverständniß einer schriftstellerischen Arbeit gegeben zu haben, die ich vor zehn Jahren unter dem Titel „das Kunstwerk der Zu-

6*

kunst" veröffentlichte. Ich verfaßte diese Schrift zu einer Zeit, wo erschütternde Lebensvorfälle mich für länger von der Ausübung meiner Kunst entfernt hatten, wo nach vielen und reichen Erfahrungen mein Geist sich sammelte zu einer gründlicheren Untersuchung von Problemen der Kunst und des Lebens, welche bis dahin mich räthselvoll eingenommen hatten. Ich hatte die Revolution erlebt und erkannt, mit welch' unglaublicher Verachtung unsere öffentliche Kunst und deren Institute von ihr angesehen wurden, so daß bei vollkommenem Siege namentlich der sozialen Revolution eine gänzliche Zerstörung jener Institute in Aussicht zu stehen schien. Ich untersuchte die Gründe dieser Verachtung, und mußte zu meinem Erstaunen beinahe die ganz gleichen erkennen, die Sie, lieber Berlioz, z. B. bestimmen, bei jeder Gelegenheit mit Eifer und Bitterkeit über den Geist jener öffentlichen Kunstinstitute sich zu ergießen; nämlich das Bewußtsein davon, daß die Institute, also hauptsächlich das Theater, und namentlich das Operntheater, in ihrem Verhalten zum Publikum Tendenzen verfolgen, die mit denen der wahren Kunst und des ächten Künstlers nicht das Mindeste gemein haben, dagegen diese nur zum Vorwande nehmen, um mit einigem guten Anscheine im Grunde nur den frivolsten Neigungen des Publikums großer Städte zu dienen. Ich frug mich nun weiter, welches die Stellung der Kunst zur Öffentlichkeit sein müßte, um dieser eine unentweihbare Ehrfurcht für sich einzuflößen, und, um die Lösung dieser Frage nicht ganz nur in die Luft zu konstruiren, nahm ich mir die Stellung zum Anhalte, die einst die Kunst zum öffentlichen Leben der Griechen einnahm. Hier traf ich denn auch sofort auf das Kunstwerk, welches allen Zeiten als das vollendetste gelten muß, nämlich das Drama, weil hierin die höchste und tiefste künstlerische Absicht sich am deutlichsten und allgemein-verständlichsten kundgeben kann. Wie wir heute noch staunen, daß einst 30,000 Griechen mit höchster Theilnahme der Aufführung von Tragödien, wie den Aeschyleischen, beiwohnen konnten, so frug ich mich auch, welches die Mittel zur Hervorbringung jener außerordentlichen Wirkungen waren, und ich erkannte, daß sie eben in der Vereinigung aller Künste zu dem einzig wahren, großen Kunstwerke lagen. Dieß brachte mich auf die Untersuchung des Verhaltens der einzelnen Künste zu einander, und nachdem ich mir das der Plastik zum wirklich dargestellten Drama erklärt hatte, prüfte ich die Beziehungen der Musik zur Poesie näher, und hier fand ich Aufklärungen, die mich über Vieles, was mich bis dahin beunruhigt hatte, hell in's Reine brachten. Ich erkannte nämlich, daß genau da, wo die Gränzen der einen Kunst sich unübersteiglich einfänden, mit unzweifelhafter Bestimmtheit die Wirksamkeit der anderen Kunst beginne: daß somit durch eine innige Vereinigung beider Künste das jeder einzelnen Unausdrückbare mit überzeugendster Klarheit ausgedrückt werde; wogegen das Bemühen, durch die Mittel der einen Kunstart allein das nur Beiden Mögliche auszudrücken, zur Ausartung, zur Verirrung in das rein Unverständliche, zum Verderbniß der einzelnen Kunst selbst führen müsse. Somit war mein Ziel, die Möglichkeit eines Kunstwerkes zu zeigen, in welchem das Höchste und Tiefste, was der Menschengeist zu fassen im Stande ist, auf die dem einfachsten Rezeptionsvermögen rein menschlicher Mitgefühle verständlichste Weise mitgetheilt werden könnte, und zwar so bestimmt und überzeugend, daß es keiner reflektirenden Kritik bedürfen sollte, um dieses Verständniß deutlich in sich aufzunehmen. Dieses Werk nannte ich: „Das Kunstwerk der Zukunft".

Ermessen Sie, lieber Berlioz, wie es mir nun vorkommen muß, wenn ich nach zehn Jahren nicht nur aus der Feder obskurer Skribenten, aus dem Haufen halb oder ganz unsinniger Witzbolde, aus dem Geschwätz der ewig nur nachschwatzenden blinden Masse, sondern selbst von einem so ernsten Manne, einem so ungemein begabten Künstler, einem so redlichen Kritiker, einem mir so innig werthen Freunde, dieses albernste aller Misverständnisse einer, wenn irrigen, doch jedenfalls tief gehenden Idee, mit der Phrase einer „musique de l'avenir" mir zugeworfen sehe, und zwar unter Annahmen, die mich, sobald ich irgendwie bei der Abfassung der von Ihnen angezogenen Thesen betheiligt wäre, geradesweges unter die albernsten Menschen selbst einreihen müßten. Glauben Sie mir nun, da mein Buch Ihnen doch wohl fremd bleiben wird, daß darin speziell von der Musik und ihrem grammatischen Theile, ob man darin Unsinn oder Thorheit schreiben solle, gar nicht nur die Rede gewesen ist; bei der Größe meines Vorhabens, und da ich nicht Theoretiker von Fach bin, mußte ich dieß füglich Anderen überlassen. Ich selbst aber bereue herzlich, meine damals aufgezeichneten Ideen veröffentlicht zu haben, denn, wenn selbst der Künstler wiederum vom Künstler so schwer verstanden wird, wie mir dieß neuerdings wieder vorgekommen ist, wenn selbst der gebildetste Kritiker oft so stark im Vorurtheil des halb gebildeten Dilettanten befangen ist, daß er im vorgeführten Kunstwerke Dinge hört und sieht, die faktisch darin gar nicht vorkommen, und dagegen das darin Wesentliche gar nicht herausfindet, — wie soll dann endlich der Kunstphilosoph vom Publikum anders verstanden werden, als ungefähr so, wie meine Schrift vom Professor Bischoff in Köln verstanden worden ist? —

Doch nun mehr als genug hiervon. Meines letzten Vortheiles über Sie, in der Frage der „Musik der Zukunft" Bescheid zu wissen, habe ich mich jetzt hiermit begeben. Hoffen wir auf die Zeit, wo wir uns, als Künstler ganz gleich begünstigt, gegenseitig mittheilen können; gönnen Sie meinen Dramen ein Asyl auf Frankreichs gastlichem Boden, und glauben Sie an die herzliche Sehnsucht, mit der ich der ersten und hoffentlich durchaus gelingenden Aufführung der „Trojaner" entgegensehe.

„Zukunftsmusik".

An einen französischen Freund
(Fr. Villot)
als

Vorwort zu einer Prosa-Übersetzung meiner Operndichtungen.

Geehrter Freund!

Sie wünschten durch mich selbst eine klare Bezeichnung derjenigen Ideen zu erhalten, die ich vor nun bereits einer Reihe von Jahren in einer Folge von Kunstschriften in Deutschland veröffentlichte und welche Aufsehen sowie Anstoß genug erregten, um auch in Frankreich mir einen neugierig gespannten Empfang zu bereiten. Sie hielten dieß zugleich in meinem eigenen Interesse für wichtig, da Sie freundlich annehmen zu dürfen glauten, daß durch eine besonnene Darlegung meiner Gedanken viel Irrthum und Vorurtheil sich zerstreuen, und somit mancher befangene Kritiker sich in leichtere Lage versetzt fühlen würde, um bei der bevorstehenden Aufführung eines meiner dramatischen Musikwerke in Paris nur das dargestellte Kunstwerk selbst, nicht aber zugleich auch eine bedenklich erscheinende Theorie beurtheilen zu dürfen.

Gestehe ich nun, daß es mir äußerst schwer angekommen

sein würde, Ihrer wohlmeinenden Aufforderung zu entsprechen, wenn sie nicht durch den mir ausgedrückten Wunsch, zugleich eine Übersetzung meiner Operndichtungen dem Publikum vorzulegen, mir den Weg angedeutet hätten, auf welchem einzig ich Ihrer Aufforderung entsprechen zu können glaube. Es hätte mich nämlich unmöglich dünken müssen, abermals das Labyrinth theoretischer Spekulation in rein abstrakter Form durchwandern zu sollen; und an der großen Abneigung, die mich gegenwärtig selbst nur von einer Wiederdurchlesung meiner theoretischen Schriften abhält, darf ich erkennen, daß ich mich damals, als ich jene Arbeiten verfaßte, in einem durchaus abnormen Zustande befand, wie er sich in dem Leben eines Künstlers wohl einmal einstellen, nicht gut aber wiederholen kann. Erlauben Sie mir zu allernächst, diesen Zustand in seinen charakteristischen Hauptzügen Ihnen so zu bezeichnen, wie ich ihn gegenwärtig zu erkennen vermag. Wenn Sie mir hierzu einigen Raum gewähren, so darf ich hoffen, von der Schilderung einer subjektiven Stimmung ausgehend, Ihnen den konkreten Gehalt künstlerischer Theorien darzulegen, welche in rein abstrakter Form zu wiederholen mir jetzt eben unmöglich und dem Zweck meiner Mittheilung nicht minder hinderlich sein würde.

Dürfen wir die ganze Natur im großen Überblick als einen Entwickelungsgang vom Unbewußtsein zum Bewußtsein bezeichnen, und stellt sich namentlich im menschlichen Individuum dieser Prozeß am auffallendsten dar, so ist die Beobachtung desselben im Leben des Künstlers gewiß schon deßhalb eine der interessantesten, weil eben in ihm und seinen Schöpfungen die Welt selbst sich darstellt und zum Bewußtsein kommt. Auch im Künstler ist aber der darstellende Trieb seiner Natur nach durchaus unbewußt, instinktiv, und selbst da, wo er der Besonnenheit bedarf, um das Gebild seiner Intuition mit Hilfe der ihm vertrauten Technik zum objektiven Kunstwerk zu gestalten, wird für die entscheidende Wahl seiner Ausdrucksmittel ihn nicht eigentlich die Reflexion, sondern immer mehr ein instinktiver Trieb, der eben den Charakter seiner besondern Begabung ausmacht, bestimmen. Die Nöthigung zu anhaltender Reflexion wird bei ihm erst da eintreten, wo er auf eine große Behinderung in der Anwendung der ihm nöthigen Ausdrucksmittel stößt, also da, wo ihm die Mittel der Darstellung seiner künstlerischen Absicht anhaltend erschwert oder gar verwehrt sind. In dem letztgemeinten Falle wird sich in steigendem Verhältnisse derjenige Künstler befinden, der zur Darstellung seiner Absicht nicht nur des leblosen Werkzeuges, sondern einer Vereinigung lebendiger künstlerischer Kräfte bedarf. Einer solchen Vereinigung im ausgesprochensten Sinne bedarf der dramatische Dichter, um sein Gedicht zum verständlichsten Ausdruck zu bringen; er ist hierfür an das Theater gewiesen, welches, als Inbegriff der darstellenden Kunst, mit den ihm eigenthümlichen Gesetzen selbst einen bestimmten Kunstzweig ausmacht. Zu diesem Theater tritt der dramatische Dichter zunächst als zu einem fertigen Kunstelement heran; mit ihm, mit seinem eigenthümlichen Wesen, hat er sich zu verschmelzen, um seine künstlerische Absicht verwirklicht zu sehen. Sind die Tendenzen des Dichters mit denen des Theaters vollkommen übereinstimmend, so kann von dem von mir genannten Konflikt nicht die Rede sein, und einzig der Charakter jener Übereinstimmung ist zu erwägen, um über den Werth des dadurch zu Tage geförderten Kunstwerkes zu bestimmen. Sind dagegen jene Tendenzen von Grund aus vollkommen divergirend, so muß die Noth des Künstlers leicht zu begreifen sein, der sich gezwungen sieht, zum Ausdruck seiner künstlerischen Absicht sich eines Kunstorganes zu bedienen, welches ursprünglich einer anderen Absicht angehört als der seinigen.

Das nothgedrungene Innewerden, daß ich mich in einer solchen Lage befand, zwang mich in einer bestimmten Periode meines Lebens zum Innehalten auf der Bahn des mehr oder minder bewußtlosen künstlerischen Produzirens, um in andauernder Reflexion mir diese problematische Lage durch Erforschung ihrer Gründe zum Bewußtsein zu bringen. Ich darf annehmen, daß das vorliegende Problem noch nie einem Künstler so stark sich aufgedrängt hat als gerade mir, weil die hierbei in das Spiel getretenen künstlerischen Elemente sich gewiß noch nie so mannigfaltig und eigenthümlich berührten als hier, wo einerseits Poesie und Musik, andererseits die moderne lyrische Scene, das bedenklichste nnd zweideutigste öffentliche Kunstinstitut unserer Zeit, das Operntheater, in Vereinigung treten sollten.

Lassen Sie mich zuvörderst Ihnen einen in meinen Augen sehr wichtigen Unterschied bezeichnen, welcher in der Stellung der Opernautoren in Frankreich und Italien und derjenigen in

Deutschland zum Operntheater stattfindet; dieser ist so bedeutend, daß Sie aus der Charakteristik dieses Unterschiedes leicht begreifen werden, wie das gemeinte Problem gerade nur einem deutschen Autor so ersichtlich hat aufstoßen können.

In Italien, wo das Operngenre sich zuerst ausbildete, wurde dem Musiker von je keine andere Aufgabe gestellt, als für einzelne bestimmte Sänger, bei welchen das dramatische Talent ganz in zweite Linie trat, eine Anzahl von Arien zu schreiben, die diesen Virtuosen einfach Gelegenheit geben sollten, ihre ganz spezifische Gesangsfertigkeit zur Geltung zu bringen. Gedicht und Scene lieferten zu dieser Ausstellung der Virtuosenkunst nur den Vorwand für Zeit und Raum; mit der Sängerin wechselte die Tänzerin ab, welche ganz dasselbe tanzte, was jene sang, und der Komponist hatte keine andere Aufgabe, als Variationen des einen bestimmten Arientypus zu liefern. Hier war demnach volle Übereinstimmung, und zwar bis in das kleinste Detail, weil namentlich auch der Komponist für ganz bestimmte Sänger komponirte und die Individualität dieser jenem den Charakter der zu liefernden Arienvariation anzeigte. Die italienische Oper wurde so zu einem Kunstgenre ganz für sich, das, wie es mit dem wahren Drama Nichts zu thun hatte, auch der Musik eigentlich fremd blieb; denn von dem Aufkommen der Oper in Italien datirt für den Kunstkenner zugleich der Verfall der italienischen Musik; eine Behauptung, die Demjenigen einleuchten wird, der sich einen vollen Begriff von der Erhabenheit, dem Reichthum und der unaussprechlich ausdrucksvollen Tiefe der italienischen Kirchenmusik der früheren Jahrhunderte verschafft hat, und z. B. nach einer Anhörung des „Stabat mater" von Palestrina unmöglich die Meinung aufrecht erhalten können wird, daß die italienische Oper eine legitime Tochter dieser wundervollen Mutter sei. — Dieß hier im Vorbeigehen erwähnt, lassen Sie uns für unseren nächsten Zweck nur das Eine festhalten, daß in Italien bis auf unsere Tage vollkommene Übereinstimmung zwischen den Tendenzen des Operntheaters und denen des Komponisten herrscht.

Auch in Frankreich hat sich dieses Verhältniß nicht geändert, nur steigerte sich hier die Aufgabe sowohl für den Sänger wie für den Komponisten; denn mit ungleich größerer Bedeutung als in Italien trat hier der dramatische Dichter zur Mitwirkung ein. Dem Charakter der Nation und einer unmittelbar vorangehenden bedeutenden Entwickelung der dramatischen Poesie und Darstellungskunst angemessen stellten sich die Forderungen dieser Kunst auch maaßgebend für die Oper ein. Im Institut der „Großen Oper“ bildete sich ein fester Styl aus, der, in seinen Grundzügen den Regeln des Théâtre français entlehnt, die vollen Konventionen und Erfordernisse einer dramatischen Darstellung in sich schloß. Ohne für jetzt ihn näher charakterisiren zu wollen, halten wir hier nur das Eine fest, daß es ein bestimmtes Mustertheater gab, an welchem dieser Styl gleichmäßig gesetzgebend für Darsteller und Autor sich ausbildete; daß der Autor den genau begrenzten Rahmen vorfand, den er mit Handlung und Musik zu erfüllen hatte, mit bestimmten, sicher geschulten Sängern und Darstellern im Auge, mit denen er sich für seine Absicht in voller Übereinstimmung befand.

Nach Deutschland gelangte die Oper als vollkommen fertiges ausländisches Produkt, dem Charakter der Nation von Grund aus fremd. Zunächst beriefen deutsche Fürsten italienische Operngesellschaften mit ihren Komponisten an ihre Höfe; deutsche Komponisten mußten nach Italien ziehen, um dort das Opernkomponiren zu erlernen. Später griffen die Theater dazu, namentlich auch französische Opern dem Publikum in Übersetzungen vorzuführen. Versuche zu deutschen Opern bestanden in nichts Anderem als in der Nachahmung der fremden Opern, eben nur in deutscher Sprache. Ein Central-Mustertheater hierfür bildete sich nie. In vollster Anarchie bestand Alles neben einander, italienischer und französischer Styl, und deutsche Nachahmung beider; hierzu Versuche, aus dem ursprünglichen, nie höher entwickelten deutschen Singspiel ein selbständiges, populäres Genre zu gewinnen, meist immer wieder zurückgedrängt durch die Macht des formell Fertigeren, wie es vom Auslande kam.

Ein ersichtlichster Übelstand, der sich unter so verwirrenden Einflüssen ausbildete, war die vollkommene Styllosigkeit der Operndarstellung. In Städten, deren geringere Bevölkerung nur ein kleines, selten wechselndes Theaterpublikum bot, wurden, um das Repertoire durch Mannigfaltigkeit anziehend zu erhalten, im schnellsten Nebeneinander italienische, französische, beiden nachgeahmte oder aus dem niedrigsten Singspiel hervorgegangene deutsche Opern, tragischen und komischen Inhaltes, von ein und denselben Sängern gesungen, vorgeführt. Was für die vorzüglichsten italienischen Gesangsvirtuosen, mit besonderer Berücksichtigung ihrer individuellen Fähigkeiten, berechnet war, wurde von Sängern ohne Schule, ohne Kehlfertigkeit in einer Sprache, die der italienischen im Charakter vollständig entgegengesetzt ist, in meist lächerlicher Entstellung heruntergesungen. Hierzu französische Opern, auf pathetische Deklamation scharf pointirter rhetorischer Phrasen berechnet, in Übersetzungen vorgeführt, welche von litterarischen Handlangern in Eile für den niedrigsten Preis verfertigt waren, meistens ohne alle Beachtung des deklamatorischen Zusammenhanges mit der Musik, mit der haarsträubendsten prosodischen Fehlerhaftigkeit; ein Umstand, der allein jede Ausbildung eines gesunden Styles für den Vortrag verwehrte, Sänger und Publikum gegen den Text gleichgiltig machte. Hieraus sich ergebende Unfertigkeit nach allen Seiten; nirgends ein tonangebendes, nach vernünftigen Tendenzen geleitetes Muster-Operntheater; mangelhafte oder gänzlich fehlende Ausbildung selbst nur der vorhandenen Stimmorgane; überall künstlerische Anarchie.

Sie fühlen, daß für den wahren, ernsten Musiker dieß Operntheater eigentlich gar nicht vorhanden war. Bestimmte ihn Neigung oder Erziehung, sich dem Theater zuzuwenden, so mußte er vorziehen, in Italien für die italienische, in Frankreich für die französische Oper zu schreiben, und während Mozart und Gluck italienische und französische Opern komponirten, bildete sich in Deutschland die eigentlich nationale Musik auf ganz anderen Grundlagen als dem des Operngenre's aus. Ganz abgewandt von der Oper, von dem Musikzweige aus, von dem die Italiener mit der Entstehung der Oper sich losrissen, entwickelte in Deutschland sich die eigentliche Musik von Bach bis Beethoven zu der Höhe ihres wundervollen Reichthums, welcher die deutsche Musik zu ihrer anerkannten allgemeinen Bedeutung geführt hat.

Für den deutschen Musiker, der von dem ihm eigenen Felde der Instrumental- und Choralmusik aus auf die dramatische Musik blickte, fand sich im Operngenre somit keine fertige imponirende Form vor, welche durch ihre relative Vollendung in der Weise ihm als Muster hätte dienen können, wie er dieß andererseits in den ihm eigenen Musikgattungen vorfand. Während im Oratorium, und namentlich in der Symphonie, ihm eine edle, vollendete Form vorlag, bot ihm die Oper ein zusammenhangsloses Gewirr kleiner, unentwickelter Formen, auf welchen eine ihm unbegreifliche, alle Freiheit der Entwickelung beeinträchtigende Konvention haftete. Um recht zu fassen, was ich meine, vergleichen Sie die breit und reich entwickelten Formen einer Symphonie Beethoven's mit den Musikstücken seiner Oper „Fidelio"; Sie fühlen sogleich, wie der Meister sich hier beengt und behindert fühlte und zu der eigentlichen Entfaltung seiner Macht fast gar nie gelangen konnte, weßhalb er, wie um sich doch einmal in seiner ganzen Fülle zu ergehen, mit gleichsam verzweiflungsvoller Wucht sich auf die Ouvertüre warf, in ihr ein Musikstück von bis dahin unbekannter Breite und Bedeutung entwerfend. Mismuthig zog er sich von diesem einzigen Versuche einer Oper zurück, ohne jedoch dem Wunsche zu entsagen, ein Gedicht finden zu können, welches ihm die volle Entfaltung seiner musikalischen Macht ermöglichen dürfte. Ihm schwebte eben das *Ideal* vor.

In Wahrheit mußte im deutschen Musiker für dieses ihm problematisch dünkende, immer ihn reizende und immer wieder ihn abstoßende, in der *Realität* seiner ihm vorgeführten Form ihm durchaus unbefriedigend dünkende Kunstgenre, die Oper, nothwendig eine *ideale* Richtung entstehen; und hierin liegt die eigenthümliche Bedeutung der deutschen Kunstbestrebungen, nicht nur in diesem, sondern in fast jedem Kunstgebiete. Erlauben Sie mir, diese Bedeutung etwas näher zu charakterisiren.

Unstreitig sind die romanischen Nationen Europa's zeitig zu einem großen Vorzug vor den germanischen gelangt, nämlich in der Ausbildung der *Form*. Während Italien, Spanien und Frankreich für das Leben wie für die Kunst diejenige gefällige und ihrem Wesen entsprechende Form sich bildeten, welche für alle Äußerung des Lebens und der Kunst schnell eine allgemein giltige, gesetzmäßige Anwendung erhielt, blieb Deutschland nach dieser Seite hin in einem unleugbar anarchischen Zustande, der dadurch, daß man jener fertigen Form der Ausländer selbst sich zu bedienen suchte, kaum verdeckt, sondern nur vermehrt werden konnte. Der offenbare Nachtheil, in welchen hierdurch die deutsche Nation für Alles, was Form betrifft (und wie weit erstreckt sich dieses!), gerieth, hielt sehr natürlich auch die Entwickelung deutscher Kunst und Litteratur so lange zurück, daß erst seit der zweiten Hälfte des vorigen Jahrhunderts in Deutschland sich eine ähnliche Bewegung erzeugte, wie die romanischen Nationen sie seit dem Beginn des Zeitalters der Rennaissance erlebt hatten. Diese deutsche Bewegung konnte zunächst fast nur den Charakter einer Reaktion gegen die ausländische, entstellte und daher auch entstellende romanische Form annehmen; da dieß aber nicht zu Gunsten einer etwa nur unterdrückten, sondern in Wahrheit gar nicht vorhandenen deutschen Form geschehen konnte, so drängte die Bewegung entschieden zum Auffinden einer idealen, rein menschlichen, einer Nationalität nicht ausschließlich angehörenden Form hin. Die ganz eigenthümliche, neue und in der Kunstgeschichte nie dagewesene Wirksamkeit der beiden größten deutschen Dichter, Goethe und Schiller, zeichnet sich dadurch aus, daß zum ersten Male ihnen dieses Problem einer idealen, rein menschlichen Kunstform in ihrer umfassendsten Bedeutung Aufgabe des Forschens wurde, und fast ist das Aufsuchen dieser Form der wesentlichste Hauptinhalt auch ihres Schaffens gewesen. Rebellisch gegen den Zwang der Form, die noch den romanischen Nationen als Gesetz galt, gelangten sie dazu, diese Form objektiv zu betrachten, mit ihren Vorzügen auch ihrer Nachtheile inne zu werden, von ihr aus auf den Ursprung aller europäischen Kunstform, derjenigen der Griechen, zurückzugehen, in nöthiger Freiheit das volle Verständniß der antiken Form sich zu erschließen und von hier aus auf eine ideale Kunstform auszugehen, welche, als rein menschliche, vom Zwange der engeren nationalen Sitte befreit, diese Sitte selbst zu einer rein menschlichen, nur den ewigsten Gesetzen gehorchenden ausbilden sollte.

Der Nachtheil, in welchem sich bis hierher der Deutsche dem Romanen gegenüber befand, schlüge demnach so zu einem Vortheil um. Während z. B. der Franzose, einer vollständig ausgebildeten, in allen Theilen kongruent sich abschließenden Form vollkommen befriedigt und ihren unabänderlich dünkenden Gesetzen willig gehorsam gegenüberstehend, sich selbst nur zur steten Reproduktion dieser Form, somit (in einem höheren Sinne) zu einer gewissen Stagnation seiner inneren Produktivität angehalten fühlt, würde der Deutsche, mit voller Anerkennung der Vortheile einer solchen Stellung, dennoch auch ihre bedeutenden Nachtheile erkennen; das Unfreie in ihr würde ihm nicht entgehen und die Aussicht auf eine ideale Kunstform sich eröffnen, in welcher das ewig Giltige einer jeden Kunstform, befreit von den Fesseln des Zufälligen und Unwahren, sich ihm darstellte. Die unermeßlich wichtige Bedeutung dieser Kunstform müßte dann darin bestehen, daß sie, des beschränkenden Momentes der engeren Nationalität entbehrend, eine allgemein verständliche, jeder Nation zugängliche wäre. Steht dieser Eigenschaft in Bezug auf die Litteratur die Verschiedenheit der europäischen Sprachen hindernd entgegen, so müßte in der Musik, dieser allen Menschen gleich verständlichen Sprache, die große, ausgleichende Macht gegeben sein, welche, die Sprache der Begriffe in die der Gefühle auflösend, das Geheimste der künstlerischen Anschauung zur allgemeinen Mittheilung brächte, namentlich wenn diese Mittheilung durch den plastischen Ausdruck der dramatischen Darstellung zu derjenigen Deutlichkeit erhoben würde, die bisher die Malerei für sich allein als ihre eigenthümliche Wirksamkeit ansprechen durfte.

Sie sehen hier im Fluge den Plan desjenigen Kunstwerkes vorgezeichnet, das sich mir als Ideal immer deutlicher darstellte und welches in theoretischen Zügen näher zu bezeichnen ich mich einst gedrängt fühlte, zu einer Zeit, wo mich ein allmählich immer stärker angewachsener Widerwille vor demjenigen Kunstgenre, das mit dem von mir gemeinten Ideale die abschreckende Ähnlichkeit des Affen mit dem Menschen hat, dermaßen einnahm, daß ich weit fort, in die vollständigste Zurückgezogenheit vor ihm zu fliehen mich getrieben fühlte.

Um diese Periode Ihnen verständlich zu machen, lassen Sie mich, ohne mit biographischen Details Sie zu ermüden, Ihnen vor Allem nur den eigenthümlichen Widerstreit bezeichnen, in welchen zu unserer Zeit ein deutscher Musiker sich versetzt fühlte, der, mit der Symphonie Beethoven's im Herzen, zum Befassen mit der modernen Oper, wie ich sie Ihnen als in Deutschland wirksam bezeichnet habe, sich gedrängt sieht.

Trotz einer ernst-wissenschaftlichen Erziehung war ich von frühester Jugend an in steter naher Berührung mit dem Theater. Diese erste Jugend fiel in die letzten Lebensjahre Karl Maria von Weber's, welcher in der gleichen Stadt, Dresden, periodisch seine Opern aufführte. Meine ersten Eindrücke von der Musik erhielt ich von diesem Meister, dessen Weisen mich mit schwärmerischem Ernst erfüllten, dessen Persönlichkeit mich enthusiastisch fascinirte. Sein Tod im fernen Lande erfüllte mein kindliches

Herz mit Grauen. Von Beethoven erfuhr ich zuerst, als man mir auch von seinem Tode erzählte, der nicht lange nach Weber's Hinscheiben erfolgte; dann lernte ich auch seine Musik kennen, gleichsam angezogen von der räthselhaften Nachricht seines Sterbens. Von so ernsten Eindrücken angeregt, bildete sich in mir immer stärker der Hang zur Musik aus. Erst später jedoch, nachdem meine anderweitigen Studien mich namentlich in das klassische Alterthum eingeführt und in mir den Trieb zu dichterischen Versuchen erweckt hatten, gelangte ich dazu, die Musik gründlicher zu studiren. Zu einem von mir verfaßten Trauerspiele wollte ich eine Musik schreiben. Rossini soll einst seinen Lehrmeister gefragt haben, ob er zum Opernkomponiren die Erlernung des Kontrapunktes nöthig habe? Da dieser, mit dem Hinblick auf die moderne italienische Oper, die Frage verneinte, stand der Schüler gern ab. Nachdem mein Lehrer mich die schwierigsten kontrapunktistischen Künste gelehrt hatte, sagte er mir: „Wahrscheinlich werden Sie nie in den Fall kommen, eine Fuge zu schreiben; allein daß Sie sie schreiben können, wird Ihnen technische Selbständigkeit geben und alles Übrige Ihnen leicht machen". So geschult, betrat ich die praktische Laufbahn eines Musikdirektors beim Theater, und begann von mir verfaßte Operntexte zu komponiren.

Diese kleine biographische Notiz genüge Ihnen. Nach dem, was ich Ihnen vom Zustand der Oper in Deutschland gesagt, werden Sie leicht weiter auf meinen Entwickelungsgang schließen können. Das ganz eigenthümliche, nagende Wehgefühl, das mich beim Dirigiren unserer gewöhnlichen Opern befiel, wurde oft wieder durch ein ganz unsägliches, enthusiastisches Wohlgefühl unterbrochen, wenn hier und da, bei Aufführungen edlerer Werke, mir die ganz unvergleichliche Wirkung dramatischer Musikkombinationen, eben im Momente der Darstellung, wie zum innerlichsten Bewußtsein kam, eine Wirkung von solcher Tiefe, Innigkeit und zugleich unmittelbarster Lebhaftigkeit, wie keine andere Kunst sie hervorzubringen vermag. Daß solche Eindrücke, welche blitzartig mir ungeahnte Möglichkeiten erhellten, immer wieder sich mir bieten konnten, das war es, was immer wieder mich an das Theater fesselte, so heftig auch andererseits der typisch gewordene Geist unserer Opernaufführungen mich mit erfüllte. Unter derartigen Eindrücken von besonders lebhafter Natur entsinne ich mich der Anhörung einer Oper Spontini's in Berlin, unter des Meisters eigener Leitung; ganz gehoben und veredelt fühlte ich mich eine Zeit lang, als ich einer kleinen Operngesellschaft Méhul's herrlichen „Joseph“ einstudirte. Als ich vor etwa zwanzig Jahren mich für längere Zeit nach Paris gewandt, konnten die Aufführungen der Großen Oper durch die Vollendung der musikalischen und plastischen Mise en scène nicht verfehlen, einen höchst blendenden und anfeuernden Eindruck auf mich hervorzubringen. Im höchsten Grade bestimmend hatten aber schon in früherer Jugend die Kunstleistungen einer dramatischen Sängerin von — für mich — ganz unübertroffenem Werthe, der Schröder-Devrient, gewirkt. Auch Paris, vielleicht Sie selbst, lernten diese große Künstlerin zu ihrer Zeit kennen. Das ganz unvergleichliche dramatische Talent dieser Frau, die ganz unnachahmliche Harmonie und die individuelle Charakteristik ihrer Darstellungen, die ich wirklich mit leibhaftigen Augen und Ohren wahrnahm, erfüllten mich mit einem für meine ganze künstlerische Richtung entscheidenden Zauber. Die Möglichkeit solcher Leistungen hatte sich mir erschlossen, und, sie im Auge, bildete sich in mir eine gesetzmäßige Anforderung nicht nur für die musikalisch-dramatische Darstellung, sondern auch für die dichterisch-musikalische Konzeption eines Kunstwerkes aus, dem ich kaum noch den Namen „Oper“ geben mochte. Ich war betrübt, diese Künstlerin genöthigt zu sehen, um Stoff für ihr Darstellungstalent zu gewinnen, sich die unbedeutendsten Produktionen auf dem Felde der Opernkomposition anzueignen, und war ich wiederum erstaunt darüber, welche Innigkeit und welch' hinreißende Schönheit sie in die Darstellung des Romeo in Bellini's schwachem Werke zu legen wußte, so sagte ich mir zugleich, welch' unvergleichliches Kunstwerk dasjenige sein müßte, das in allen seinen Theilen des Darstellungstalentes einer solchen Künstlerin und überhaupt eines Vereines von ihr gleichen Künstlern vollkommen würdig wäre.

Je höher nun unter solchen Eindrücken sich in mir die Idee von dem im Operngenre zu Leistenden spannte, und je mehr ich die Ausführung dieser Idee mir namentlich dadurch als wirklich zu ermöglichen vorstellte, daß der ganze reiche Strom, zu welchem Beethoven die deutsche Musik hatte anschwellen lassen, in das Bett dieses musikalischen Drama's geleitet würde, um so niederschlagender und abstoßender mußte der tägliche Verkehr mit dem eigentlichen Opernwesen, das so unendlich fern von dem erkannten inneren Ideale ablag, auf mich wirken. Erlassen Sie mir die Schilderung des endlich bis zur Unerträglichkeit wachsenden inneren Mismuthes, der die Seele des Künstlers erfüllte, welcher, die Möglichkeiten der Verwirklichung eines unvergleichlich vollkommenen Kunstwerkes immer deutlicher gewahrend, zugleich sich in den undurchbrechlichen Kreis einer täglichen Beschäftigung mit dem Kunstgenre gebannt sah, das in seiner gewöhnlichen, handwerksmäßigen Ausübung ihm gerade nur das volle Gegentheil von dem ihn erfüllenden Ideale zeigte. Alle meine Versuche, auf Reform im Operninstitute selbst hinzuwirken, meine Vorschläge, durch eine fest ausgesprochene Tendenz diesem Institute selbst die Richtung zur Verwirklichung meiner idealeren Wünsche zu geben, indem das nur höchst selten sich zeigende Vortreffliche zum Maaßstabe für alle Leistungen gemacht würde, — alle diese Bemühungen scheiterten. Mit deutlichster Bestimmtheit mußte ich endlich einsehen lernen, worauf es in der Kultur des modernen Theaters, und namentlich in der Oper, abgesehen ist, und diese unleugbare Erkenntniß war es, die mich mit Ekel und Verzweiflung in dem Maaße erfüllte, daß ich, jeden Reformversuch aufgebend, mich gänzlich vom Befassen mit jenem frivolen Institute zurückzog.

Ich hatte die dringendste und intimste Veranlassung erhalten, die unabänderliche Beschaffenheit des modernen Theaters mir aus seiner sozialen Stellung selbst zu erklären zu suchen. Es war nicht zu leugnen, daß es ein thörichtes Trachten sei, ein Institut, welches in seiner öffentlichen Wirksamkeit fast ausschließlich auf Zerstreuung und Unterhaltung einer aus Langeweile genußsüchtigen Bevölkerung bestimmt und außerdem auf Geldgewinn zur Erschwingung der Kosten der hierfür berechneten Schaustellungen angewiesen ist, zu dem geradesweges entgegengesetzten Zwecke zu verwenden, nämlich eine Bevölkerung ihren gemeinen Tagesinteressen zu entreißen, um sie zur Andacht und zum Erfassen des Höchsten und Innigsten, was der menschliche Geist faßt, zu stimmen. Ich hatte Zeit, über die Gründe jener Stellung des Theaters zu unserer Öffentlichkeit nachzudenken und dagegen die Grundlagen derjenigen sozialen Verhältnisse zu erwägen, die aus sich das von mir gemeinte Theater mit eben der Nothwendigkeit bedingen würden, wie jenes aus unseren modernen Verhältnissen hervorgeht. Wie ich für den Charakter meines dramatisch-musikalischen Ideales in den seltenen einzelnen Leistungen genialer Künstler einen realen Anhalt gewonnen hatte, gewährte mir die Geschichte auch für das von mir gedachte ideale Verhältniß des Theaters zur Öffentlichkeit ein typisches Modell. Ich fand es im Theater des alten Athen, dort, wo das Theater seine Räume nur an besonderen heiligen Festtagen öffnete, wo mit dem Genusse der Kunst zugleich eine religiöse Feier begangen ward, an welcher die ausgezeichnetsten Männer des Staates sich selbst als Dichter und Darsteller betheiligten, um gleich Priestern vor der versammelten Bevölkerung der Stadt und des Landes zu erscheinen, welche mit so hoher Erwartung von der Erhabenheit des vorzuführenden Kunstwerkes erfüllt war, daß ein Aischylos, ein Sophokles die tiefsinnigsten aller Dichtungen, sicher ihres Verständnisses, dem Volke vorführen konnten.

Die Gründe des Verfalles dieses unvergleichlichen Kunstwerkes, nach denen ich voll Trauer mich fragen mußte, stellten sich mir alsbald dar. Zunächst fesselten meine Aufmerksamkeit die sozialen Ursachen dieses Verfalles, und ich glaubte sie in den Gründen des Verfalles des antiken Staates selbst zu finden. Demzufolge suchte ich auf die sozialen Grundlagen derjenigen staatlichen Gestaltung des menschlichen Geschlechtes zu schließen, welche, die Fehler des antiken Staates verbessernd, einen Zustand begründen könnte, in welchem das Verhältniß der Kunst zum öffentlichen Leben, wie es einst in Athen bestand, sich in wo möglich noch edlerer und jedenfalls dauernderer Weise wiederherstellen müßte. Die hierauf bezüglichen Gedanken legte ich in einem Schriftchen: „Die Kunst und die Revolution“ betitelt, nieder; meinen ursprünglichen Wunsch, es in einer Folge von Artikeln in einer französischen politischen Zeitschrift zu veröffentlichen, gab ich auf, als man mir versicherte, die damalige Periode (es war im Jahre 1849) sei nicht geeignet, die Aufmerksamkeit des Pariser Publikums für einen solchen Gegenstand zu gewinnen. Gegenwärtig bin ich es, der es für zu weit führend halten würde, Sie mit dem Inhalte jenes Libells näher bekannt zu machen, und gewiß danken Sie mir es, daß ich Sie mit dem Versuche hierzu verschone. Genug, daß ich Ihnen mit dem Obigen

7*

andeutete, bis in welche anscheinend so abliegenden Meditationen ich mich erging, um meinem künstlerischen Ideale einen Boden in einer wiederum doch wohl nur idealen Realität zu gewinnen.

Anhaltender fesselte mich sodann die Erforschung des Charakters jener beklagten Auflösung des großen griechischen Kunstwerkes. Hier gewahrte ich zunächst die auffallende Erscheinung der Auflösung und Trennung der zuvor im vollendeten Drama vereinigten einzelnen Kunstzweige. Aus dem allmächtigen Vereine, in welchem sie, gemeinschaftlich zu einem Zwecke wirkend, es ermöglicht hatten, dem gesammten Volke die erhabensten und tiefsten Absichten der Menschheit allgemein verständlich zu erschließen, lösten die einzelnen Kunstbestandtheile sich los, um fortan nicht mehr die begeisternden Lehrer der Öffentlichkeit, sondern der tröstliche Zeitvertreib des speziellen Kunstliebhabers zu werden, so daß, während der Volksmenge Gladiatorenkämpfe und Thiergefechte zur öffentlichen Belustigung vorgeführt wurden, der Gebildetere sich in der Einsamkeit mit Litteratur und Malerei beschäftigte. Wichtig war es mir nun vor Allem, daß ich erkennen zu müssen glaubte, wie die einzelnen, getrennt fortgebildeten Kunstarten, so sehr auch von großen Genie's ihre Ausdrucksfähigkeit schließlich entwickelt und gesteigert wurde, dennoch, ohne in Widernatürlichkeit und entschiedene Fehlerhaftigkeit zu verfallen, nie darauf abzielen konnten, in irgendwelcher Weise jenes allvermögende Kunstwerk zu ersetzen, welches eben nur ihrer Vereinigung hervorzubringen möglich war. Mit den Aussagen der bedeutendsten Kunstkritiker, mit den Untersuchungen z. B. eines Lessing über die Gränzen der Malerei und der Dichtkunst an der Hand, glaubte ich zu der Einsicht zu gelangen, daß jeder einzelne Kunstzweig nach einer Ausdehnung seines Vermögens hin sich entwickelt, die ihn schließlich an die Gränze desselben führt, und daß er diese Gränze, ohne die Gefahr, sich in das Unverständliche und absolut Phantastische, ja Absurde zu verlieren, nicht überschreiten kann. An diesem Punkte glaubte ich in ihm deutlich das Verlangen zu erkennen, der anderen, von diesem Punkte aus einzig vermögenden, verwandten Kunstart die Hand zu bieten; und mußte es mich, im Hinblick auf mein Ideal, lebhaft interessiren, diese Tendenzen in jeder besonderen Kunstart zu verfolgen, so glaubte ich schließlich im Verhältniß der Poesie zur Musik diese Tendenz am deutlichsten und (namentlich in Gegenwart der ungemeinen Bedeutung der neueren Musik) am auffallendsten nachweisen zu können. Indem ich mir auf diese Weise dasjenige Kunstwerk vorzustellen suchte, in welchem alle einzelnen Kunstarten, zu ihrer eigenen höchsten Vervollkommnung, sich zu vereinigen hätten, traf ich von selbst auf den bewußten Anblick desjenigen Ideals, das unbewußt sich allmählich in mir gebildet und dem verlangenden Künstler vorgeschwebt hatte. Da ich, namentlich in Erinnerung der von mir erkannten, durchaus fehlerhaften Stellung des Theaters zur Öffentlichkeit, die Ermöglichung einer vollendeten Erscheinung dieses idealen Kunstwerkes nicht in die Gegenwart setzen konnte, bezeichnete ich mein Ideal als „das Kunstwerk der Zukunft“. Unter diesem Titel veröffentlichte ich eine bereits ausführlichere Schrift, in welcher ich die soeben bezeichneten Gedanken näher darlegte, und diesem Titel verdanken wir (im Vorbeigehen sei es erwähnt) die Erfindung des Gespenstes einer „Musik der Zukunft“, welches auf so populäre Weise auch in französischen Kunstberichten seinen Spuk treibt und von dem Sie leicht nun errathen werden, aus welchem Misverständniß und zu welchem Zwecke es erfunden worden ist.

Auch mit der näheren Vorführung der Details dieser Schrift verschone ich Sie, verehrter Freund! Ich messe ihr selbst keinen anderen Werth bei, als den sie für Diejenigen haben kann, denen es nicht uninteressant dünken muß, zu erfahren, wie und in welcher Ausdrucksweise einst ein produzirender Künstler bemüht war, vor Allem sich selbst Aufschlüsse über Probleme zu gewinnen, die sonst nur den Kritiker von Fach zu beschäftigen pflegen, diesem aber kaum in der eigenthümlichen Weise sich aufdringen können als jenem. Ebenso will ich Ihnen von einer dritten, ausgearbeiteteren Kunstschrift, welche ich bald nach der letztgenannten unter dem Titel: „Oper und Drama“ veröffentlichte, nur einen allgemeinen Grundriß seines Inhaltes geben, da ich nicht anders glauben kann, als daß die darin sehr bis in das feinste Detail gehenden Darlegungen meines Hauptgedankens mehr für mich selbst Interesse haben konnten, als sie jetzt und in Zukunft für Andere es haben können. Es waren intime Meditationen, die ich, vom ungemein lebhaften Interesse an dem Gegenstande gestachelt, zum Theil in polemischem Charakter vortrug. Dieser Gegenstand war eine nähere Erforschung des Verhältnisses der Dichtkunst und der Musik zu einander, dießmal im ganz bestimmten Hinblick auf das dramatische Kunstwerk.

Hier glaubte ich vor Allem die irrige Meinung Derjenigen zu widerlegen zu haben, welche in dem eigentlichen Operngenre das Ideal, wenn nicht erreicht, doch unmittelbar vorbereitet wähnten. Schon in Italien, mehr aber in Frankreich und Deutschland, hat dieses Problem die bedeutendsten Geister der Litteratur beschäftigt. Der Kampf der Gluckisten und Piccinisten in Paris war nichts Anderes als ein, seiner Natur nach unentscheidbarer, Kontrovers darüber, ob das Ideal des Drama's in der Oper zu erreichen sei; Diejenigen, welche diese These bejahend aufrecht erhalten zu dürfen glaubten, wurden trotz ihrer anscheinenden Siege durch die Gegner im bedenklichen Schach gehalten, sobald diese in der Oper die Musik in der Weise prädominirend bezeichneten, daß dieser allein und nicht der Poesie ihre Erfolge beizumessen seien. Voltaire, der theoretisch der ersteren Ansicht geneigt war, sah dem konkreten Falle gegenüber sich doch wieder zu dem niederschlagenden Ausspruche genöthigt: „Ce qui est trop sot pour être dit, on le chante". In Deutschland, wo, von Lessing zuerst angeregt, zwischen Schiller und Goethe das gleiche Problem, und zwar mit entschiedener Neigung zur günstigsten Erwartung von der Oper, diskutirt wurde, bestätigte der Letztere, Goethe, im schlagendsten Widerspruch zu seiner theoretischen Meinung, ganz unwillkürlich den Ausspruch Voltaire's; er selbst verfaßte nämlich verschiedene Operntexte, und, um sich auf das Niveau des Genre's zu stellen, hielt er es für gut, in Erfindung wie Ausführung sich so trivial wie möglich zu halten, so daß wir nur mit Bedauern diese höchst seichten Stücke unter die Zahl seiner Dichtungen aufgenommen sehen können.

Daß diese günstige Meinung von geistreichen Köpfen so oft wieder aufgenommen werden, nie aber sich erfüllen konnte, zeigte mir einerseits die anscheinend nahe liegende Möglichkeit, durch eine vollgiltige Vereinigung der Poesie und Musik im Drama das Höchste zu erreichen, andererseits aber eben die fundamentale Fehlerhaftigkeit des eigentlichen Operngenre's, eine Fehlerhaftigkeit, die der Natur der Sache nach nicht dem Musiker zuerst zum Bewußtsein kommen konnte, und sonst auch dem litterarischen Dichter nothwendig entgehen mußte. Der Dichter, der eben nicht selbst Musiker war, traf in der Oper ein festgezimmertes Gerüst musikalischer Formen an, welches ihm von vornherein ganz bestimmte Gesetze für die Erfindung und Ausführung der zu liefernden dramatischen Unterlage gab. An diesen Formen konnte nicht er, sondern nur der Musiker Etwas ändern; welcher Art ihr Gehalt war, das deckte der zu Hilfe gerufene Dichter, ohne es zu wollen, aber dadurch auf, daß er in Erfindung des Süjets und der Verse sich zu einer auffallenden Herabstimmung seines poetischen Vermögens, bis zur offenbaren, und von Voltaire deßhalb gegeiselten, Trivialität veranlaßt sah. In Wahrheit wird es nicht nöthig sein, die Mislichkeit und Flachheit, ja Lächerlichkeit des Genre's des Opernlibretto's aufzudecken; selbst in Frankreich bestanden die besten Versuche dieser Art mehr darin, diesen Übelstand eher zu verdecken, als ihn zu heben. Das eigentliche Gerüst der Oper blieb somit dem Dichter stets ein unantastbarer, fremder Gegenstand, zu dem er sich fremd und nur gehorchend verhielt, und es haben sich deßhalb, mit seltenen und ungünstigen Ausnahmen, wahrhaft große Dichter nie mit der Oper zu thun gemacht.

Es fragt sich jetzt nur, wie es dem Musiker möglich gewesen sein sollte, der Oper die ideale Bedeutung zu geben, wenn der Dichter, in seiner praktischen Berührung mit ihr, nicht einmal die Anforderungen, die wir an jedes vernünftige Schauspiel machen, aufrecht erhalten konnte? Dem Musiker, der, stets nur in der Ausbildung eben jener rein musikalischen Formen begriffen, nichts Anderes als ein Feld zur Ausübung seines spezifischen musikalischen Talentes vor sich sah? Das Widerspruchsvolle und Verkehrte in den Erwartungen, die man hierin von dem Musiker hegte, glaube ich in dem ersten Theile meiner letztgenannten Schrift: „Oper und Drama" genau dargelegt zu haben. Indem ich meine höchste Bewunderung des Schönen und Hinreißenden, was große Meister in diesem Gebiete leisteten, ausdrückte, hatte ich, wenn ich die Schwächen ihrer Leistungen aufdeckte, nicht nöthig, ihren anerkannten Kunstruhm zu schmälern, weil ich den Grund dieser Schwächen eben in der Fehlerhaftigkeit des Genre's selbst nachweisen konnte. Worauf es mir nach dieser immerhin unerfreulichen Darstellung eigentlich ankam, war aber, den Beweis davon zu liefern, daß die vielen geistreichen Köpfen vorgeschwebte ideale Vollendung der Oper zu allernächst nur in einer gänzlichen Veränderung des Charakters der Theilnahme des Dichters an dem Kunstwerke bedingt sein könnte.

Um die für ihre Wirksamkeit so entscheidend gedachte Theilnahme des Dichters mir als eine freiwillige und von diesem selbst ersehnte darzustellen, beachtete ich vor Allem die oben bereits berührten, wiederholt und bedeutungsvoll ausgesprochenen Hoffnungen und Wünsche großer Dichter, in der Oper ein ideales Kunstgenre erreicht zu sehen. Ich suchte den Sinn dieser Neigung mir zu erklären und glaubte ihn in dem natürlichen Verlangen des Dichters zu finden, welcher für die Konzeption wie für die Form ihn bestimmt, das Material des abstrakten Begriffes, die Sprache, in einer Weise zu verwenden, daß es auf das Gefühl selbst wirke. Wie diese Tendenz bereits in der Erfindung des dichterischen Stoffes selbst vorherrschend ist und erst dasjenige Lebensbild der Menschheit ein poetisches genannt wird, in welchem alle nur der abstrakten Vernunft erklärlichen Motive verschwinden, um sich dagegen als Motive des rein menschlichen Gefühles darzustellen, so ist sie unverkennbar auch einzig maaßgebend für die Form und den Ausdruck der dichterischen Darstellung; in seiner Sprache sucht der Dichter der abstrakten, konventionellen Bedeutung der Worte ihre ursprünglich sinnliche unterzustellen, und durch rhythmische Anordnung, sowie endlich durch den fast schon musikalischen Schmuck des Reimes im Verse, sich einer Wirkung seiner Phrase zu versichern, die das Gefühl wie durch Zauber gefangen nehmen und bestimmen soll. In dieser seinem eigensten Wesen nothwendigen Tendenz des Dichters sehen wir ihn endlich an der Gränze seines Kunstzweiges anlangen, auf welcher die Musik unmittelbar bereits berührt wird, und als das gelungenste Werk des Dichters müßte uns daher dasjenige gelten, welches in seiner letzten Vollendung gänzlich Musik würde.

Als den idealen Stoff des Dichters glaubte ich daher den „Mythos“ bezeichnen zu müssen, dieses ursprünglich namenlos entstandene Gedicht des Volkes, das wir zu allen Zeiten von den großen Dichtern der vollendeten Kulturperioden immer wieder neu behandelt antreffen; denn bei ihm verschwindet die konventionelle, nur der abstrakten Vernunft erklärliche Form der menschlichen Verhältnisse fast vollständig, um dafür nur das ewig Verständliche, rein Menschliche, aber eben in der unnachahmlichen, konkreten Form zu zeigen, welche jedem ächten Mythos seine so schnell erkenntliche individuelle Gestalt verleiht. Den hierher gehörigen Untersuchungen widmete ich den zweiten Theil meines Buches und führte meine Darstellung bis zu der Frage, welche die vollendetste Darstellungsform dieses idealen dichterischen Stoffes sein müsse?

In einem dritten Theile nun versenkte ich mich in die Untersuchung der hier berührten technischen Möglichkeiten der Form und gewann, als Ergebniß dieser Untersuchung, daß nur die ungemein reiche, früheren Jahrhunderten gänzlich unbekannte Entwickelung, welche die Musik in unseren Zeiten erlangt hat, die Aufdeckung jener Möglichkeiten herbeiführen konnte.

Ich fühle die Wichtigkeit dieser Behauptung zu stark, um nicht bedauern zu müssen, hier nicht den Ort ersehen zu dürfen, an welchem eine umfassende Begründung dieser These mir erlaubt sein könnte. In dem genannten dritten Theile glaube ich diese Begründung, wenigstens für meine Überzeugung genügend, niedergelegt zu haben, und wenn ich daher hier unternehme, in wenigen Zügen Ihnen meine Ansicht über diesen Gegenstand mitzutheilen, so ersuche ich Sie, auf Treu' und Glauben annehmen zu wollen, daß, was Ihnen paradox erscheinen sollte, an jenem Orte wenigstens näher belegt sich vorfindet.

Unleugbar haben seit der Wiedergeburt der schönen Künste unter den christlichen Völkern Europa's zwei Kunstarten eine ganz neue und so vollendete Entwickelung erhalten, wie sie im klassischen Alterthume sie noch nicht gefunden hatten; ich meine die Malerei und die Musik. Die wundervolle ideale Bedeutung, welche die Malerei bereits im ersten Jahrhunderte der Rennaissance gewann, steht so außer allem Zweifel, und das Charakteristische dieser Kunstbedeutung ist so wohl ergründet worden, daß wir hier eben nur auf die Neuheit dieser Erscheinung im Gebiete der allgemeinen Kunstgeschichte sowie darauf hinweisen wollten, daß diese Erscheinung der neueren Kunst ganz eigenthümlich angehört. In einem noch höheren und — ich glaube — noch bedeutungsvolleren Grade haben wir dasselbe von der modernen Musik zu behaupten. Die dem Alterthume gänzlich unbekannte Harmonie, ihre undenklich reiche Erweiterung und

Anwendung durch Polyphonie sind die Erfindung und das eigenthümlichste Werk der neueren Jahrhunderte.

Bei den Griechen kennen wir die Musik nur als Begleiterin des Tanzes; die Bewegung des Tanzes gab ihr, wie dem vom Sänger zur Tanzweise gesungenen Gedichte, die Gesetze des Rhythmus, welche Vers und Melodie so entschieden bestimmten, daß die griechische Musik (unter welcher die Poesie fast immer mit verstanden war) nur als der in Tönen und Worten sich aussprechende Tanz angesehen werden kann. Diese im Volke lebenden, ursprünglich der heidnischen Götterfeier angehörenden Tanzweisen waren es, welche, den Inbegriff aller antiken Musik ausmachend, von den frühesten christlichen Gemeinden zur Feier auch ihres allmählich sich ausbildenden Gottesdienstes verwendet wurden. Diese ernste Feier, welche den Tanz als weltlich und gottlos völlig ausschloß, ließ natürlich auch das Wesentliche der antiken Melodie, den ungemein lebhaften und wechselvollen Rhythmus, ausfallen, wodurch die Melodie den rhythmisch gänzlich unaccentuirten Charakter des noch heute in unseren Kirchen gebräuchlichen Chorales annahm. Offenbar war mit der Entziehung der rhythmischen Beweglichkeit dieser Melodie aber das ihr eigenthümliche Motiv des Ausdruckes geraubt und von dem ungemein geringen Ausdruck der antiken Melodie, sobald ihr eben dieser Schmuck des Rhythmus genommen war, hätten wir somit noch heute Gelegenheit, uns zu überzeugen, sobald wir sie uns nämlich auch ohne die jetzt ihr untergelegte Harmonie denken. Den Ausdruck der Melodie, seinem innersten Sinne gemäß, zu heben, erfand nun aber der christliche Geist die vielstimmige Harmonie auf der Grundlage des vierstimmigen Akkordes, welcher durch seinen charakteristischen Wechsel den Ausdruck der Melodie fortan motivirte, wie zuvor ihn der Rhythmus bedungen hatte. Zu welch' wundervoll innigem, bis dahin nie und in keiner Weise gekanntem Ausdrucke die melodische Phrase hierdurch gelangte, ersehen wir mit stets neuer Ergriffenheit aus den ganz unvergleichlichen Meisterwerken der italienischen Kirchenmusik. Die verschiedenen Stimmen, welche ursprünglich nur bestimmt waren, den untergelegten harmonischen Akkord mit der Note der Melodie zugleich zu Gehör zu bringen, erhielten hier endlich selbst eine frei und ausdrucksvoll fortschreitende Entwickelung, so daß mit Hilfe der sogenannten kontrapunktischen Kunst jede dieser, der eigentlichen Melodie (dem sogenannten Canto fermo) untergelegten Stimmen mit selbständigem Ausdruck sich bewegte, wodurch, eben in den Werken der hochgeweihtesten Meister, ein solcher kirchlicher Gesang in seinem Vortrage eine so wunderbare, das Herz bis in das tiefste Innere erregende Wirkung hervorbrachte, daß durchaus keine ähnliche Wirkung irgend einer anderen Kunst sich ihr vergleichen kann.

Den Verfall dieser Kunst in Italien, und die gleichzeitig eintretende Ausbildung der Opernmelodie von Seiten der Italiener, kann ich nicht anders als einen Rückfall in den Paganismus nennen. Als mit dem Verfall der Kirche das weltliche Verlangen auch für die Anwendung der Musik beim Italiener die Oberhand gewann, half man sich am leichtesten dadurch, daß man der Melodie ihre ursprüngliche rhythmische Eigenschaft wiedergab und für den Gesang sie ebenso wie früher für den Tanz verwandte. Die auffallenden Inkongruenzen des modernen, im Einklange mit der christlichen Melodie entwickelten Verses mit dieser ihm aufgelegten Tanzmelodie, übergehe ich hier besonders nachzuweisen und möchte Sie nur darauf aufmerksam machen, daß diese Melodie gegen diesen Vers sich fast ganz indifferent verhielt und ihre variationenhafte Bewegung endlich einzig vom Gesangsvirtuosen sich diktiren ließ. Was uns jedoch am meisten bestimmt, die Ausbildung dieser Melodie als einen Rückfall, nicht aber als einen Fortschritt zu bezeichnen, ist, daß sie ganz unleugbar die ungemein wichtige Erfindung der christlichen Musik, die Harmonie und die sie verkörpernde Polyphonie, für sich nicht zu verwenden wußte. Auf einer harmonischen Grundlage von solcher Dürftigkeit, daß sie der Begleitung füglich ganz entbehren kann, hat die italienische Opernmelodie auch in Bezug auf die Fügung und Verbindung ihrer Theile sich mit einem so ärmlichen periodischen Bau begnügt, daß der gebildete Musiker unserer Zeit mit traurigem Erstaunen vor dieser kärglichen, fast kindischen Kunstform steht, deren enge Gränzen selbst den genialsten Tonsetzer, wenn er sich mit ihr befaßt, zu einer vollkommenen formellen Stabilität verurtheilen.

Eine eigenthümliche neue Bedeutung gewann dagegen derselbe Trieb nach Verweltlichung der christlichen Kirchenmusik in Deutschland. Auch deutsche Meister gingen wieder auf die ursprüngliche rhythmische Melodie zurück, wie sie neben der Kirchenmusik im Volke als nationale Tanzweise ununterbrochen fortgelebt hatte. Statt aber die reiche Harmonie der christlichen Kirchenmusik fahren zu lassen, suchten diese Meister vielmehr im Vereine mit der lebhaft bewegten rhythmischen Melodie auch die Harmonie zugleich neu auszubilden, und zwar in der Weise, daß Rhythmus und Harmonie gleichmäßig im Ausdruck der Melodie zusammentrafen. Hierbei ward die selbständig sich bewegende Polyphonie nicht nur beibehalten, sondern bis zu der Höhe ausgebildet, wo jede der Stimmen, vermöge der kontrapunktischen Kunst, selbständig am Vortrage der rhythmischen Melodie theilnahm, so daß die Melodie nicht mehr nur im ursprünglichen Canto fermo, sondern in jeder der begleitenden Stimmen ebenfalls sich vortrug. Wie hierdurch selbst im kirchlichen Gesang da, wo der lyrische Schwung zur rhythmischen Melodie drängte, eine ganz unerhört mannigfaltige und durchaus nur der Musik eigene Wirkung von hinreißendster Gewalt erzielt werden konnte, erfährt Derjenige leicht, dem es vergönnt ist, eine schöne Aufführung Bach'scher Vokalkompositionen zu hören, und ich verweise hier unter Anderem namentlich auf eine achtstimmige Motette von Sebastian Bach: „Singet dem Herrn ein neues Lied!“, in welcher der lyrische Schwung der rhythmischen Melodie wie durch ein Meer von harmonischen Wogen braust.

Aber eine noch freiere und bis zum feinsten, mannigfaltigsten Ausdruck gesteigerte Entwickelung sollte die hier bezeichnete Ausbildung der rhythmischen Melodie auf der Grundlage der christlichen Harmonie, endlich in der Instrumentalmusik gewinnen. Ohne zunächst auf die intensive Bedeutung des Orchesters Rücksicht zu nehmen, erlaube ich mir, Ihre Aufmerksamkeit hier zuerst nur auf die formelle Erweiterung der ursprünglichen Tanzmelodie zu lenken. Durch die Ausbildung des Quartettes der Streichinstrumente bemächtigte sich die polyphone Richtung der selbständigen Behandlung der verschiedenen Stimmen, in gleicher Weise wie der Gesangstimmen in der Kirchenmusik, auch des Orchesters, und emanzipirte dieses somit aus der unterwürfigen Stellung, in der es bis dahin, wie noch heute in der italienischen Oper, eben nur zur rhythmisch-harmonischen Begleitung verwendet wurde. Höchst interessant und über das Wesen aller musikalischen Form einzig aufklärend ist es nun, zu beobachten, wie alles Trachten der deutschen Meister darauf ausging, der einfachen Tanzmelodie, von Instrumenten selbständig vorgetragen, eine allmählich immer reichere und breitere Entwickelung zu geben. Diese Melodie bestand ursprünglich nur aus einer kurzen Periode von wesentlichen vier Takten, welche verdoppelt oder auch vervierfacht wurden; ihr eine größere Ausdehnung zu geben, und so zu einer breiteren Form zu gelangen, in welcher auch die Harmonie sich reicher entwickeln könne, scheint die Grundtendenz unserer Meister gewesen zu sein. Die eigenthümliche Kunstform der Fuge, auf die Tanzmelodie angewandt, gab Veranlassung zur Erweiterung auch der Zeitdauer des Stückes dadurch, daß diese Melodie in allen Stimmen abwechselnd vorgetragen, bald in Verkürzungen, bald in Verlängerungen, durch harmonische Modulation in wechselndem Lichte gezeigt, durch kontrapunktische Neben- und Gegenthemen in interessanter Bewegung erhalten wurde. Ein zweites Verfahren bestand darin, daß man mehrere Tanzmelodieen an einander fügte, sie je nach ihrem charakteristischen Ausdrucke mit einander abwechseln ließ, und ihre Verbindungen durch Übergänge, in welchen die kontrapunktische Kunst sich besonders hilfreich zeigte, herstellte. Auf dieser einfachen Grundlage bildete sich das eigenthümliche Kunstwerk der Symphonie aus. Haydn war der geniale Meister, der diese Form zuerst zu breiter Ausdehnung entwickelte und ihr durch unerschöpflichen Wechsel der Motive, sowie ihrer Verbindungen und Verarbeitungen, eine tief ausdrucksvolle Bedeutung gab. Während die italienische Opernmelodie bei ihrem dürftigen formellen Bau verblieben war, hatte sie jedoch im Munde der begabtesten und gefühlvollsten Sänger, getragen vom Athem des edelsten Musikorganes, eine den deutschen Meistern bis dahin unbekannte sinnlich-anmuthige Färbung erhalten, deren süßer Wohllaut ihren Instrumentalmelodieen abging. Mozart war es, der dieses Zaubers inne ward und, indem er der italienischen Oper die reichere Entwickelung der deutschen Instrumentalkompositionsweise zuführte, den vollen Wohllaut der italienischen Gesangsweise der Orchestermelodie wiederum mittheilte. Das reiche, vielverheißende Erbe der beiden Meister trat Beethoven an; er bildete das symphonische Kunstwerk zu einer so fesselnden Breite der Form aus, und erfüllte diese Form mit einem so unerhört mannigfaltigen und hinreißenden melodischen Inhalt, daß wir heute vor der Beethoven'schen Symphonie wie vor dem Marksteine einer ganz neuen Periode der Kunstgeschichte überhaupt stehen; denn durch sie ist eine Erscheinung in die Welt getreten, von welcher die Kunst keiner Zeit und keines Volkes etwas auch nur annähernd Ähnliches aufzuweisen hat.

In dieser Symphonie wird von Instrumenten eine Sprache gesprochen, von welcher man insofern zu keiner Zeit vorher eine Kenntniß hatte, als hier mit einer bisher unbekannten Andauer der rein musikalische Ausdruck in den undenklich mannigfaltigsten Nüancen den Zuhörer fesselt, sein Innerstes in einer, keiner anderen Kunst erreichbaren Stärke anregt, in seinem Wechsel ihm eine so freie und kühne Gesetzmäßigkeit offenbarend, daß sie uns mächtiger als alle Logik dünken muß, ohne daß jedoch die Gesetze der Logik im Mindesten in ihr enthalten wären, vielmehr das vernunftmäßige, am Leitfaden von Grund und Folge sich bewegende Denken hier gar keinen Anhalt findet. So muß uns die Symphonie geradesweges als eine Offenbarung aus einer anderen Welt erscheinen; und in Wahrheit deckt sie uns einen von dem gewöhnlichen logischen Zusammenhang durchaus verschiedenen Zusammenhang der Phänomene der Welt auf, von welchem das eine zuvörderst unleugbar ist, nämlich, daß er mit der überwältigendsten Überzeugung sich uns aufdrängt und unser Gefühl mit einer solchen Sicherheit bestimmt, daß die logisirende Vernunft vollkommen dadurch verwirrt und entwaffnet wird.

Die metaphysische Nothwendigkeit der Auffindung dieses ganz neuen Sprachvermögens gerade in unseren Zeiten scheint mir in der immer konventionelleren Ausbildung der modernen Wortsprachen zu liegen. Betrachten wir die Geschichte der Entwickelung dieser Sprachen näher, so treffen wir noch heute in den sogenannten Wortwurzeln auf einen Ursprung, der uns deutlich zeigt, wie im ersten Anfange die Bildung des Begriffes von einem Gegenstande fast ganz mit dem subjektiven Gefühle davon zusammenfiel, und die Annahme, daß die erste Sprache der Menschen eine große Ähnlichkeit mit dem Gesange gehabt haben muß, dürfte vielleicht nicht lächerlich erscheinen. Von einer jedenfalls ganz sinnlich subjektiv gefühlten Bedeutung der Worte aus entwickelte sich die menschliche Sprache in einem immer abstrakteren Sinne in der Weise, daß endlich eine nur noch konventionelle Bedeutung der Worte übrig blieb, welche dem Gefühl allen Antheil an dem Verständnisse derselben entzog, wie auch ihre

Fügung und Konstruktion gänzlich nur noch von zu erlernenden Regeln abhängig gemacht wurde. In nothwendiger Übereinstimmung mit der sittlichen Entwickelung der Menschen bildete sich in Sitte und Sprache gleichmäßig die Konvention aus, deren Gesetze nicht mehr dem natürlichen Gefühle verständlich waren, sondern durch einzig der Reflexion begreifliche Maximen der Erziehung auferlegt wurden. Seitdem nun die modernen europäischen Sprachen, noch dazu in verschiedene Stämme getheilt, mit immer ersichtlicherer Tendenz ihrer rein konventionellen Ausbildung folgten, entwickelte sich andererseits die Musik zu einem bisher der Welt unbekannten Vermögen des Ausdruckes. Es ist, als ob das durch die Kompression seitens der konventionellen Civilisation gesteigerte rein menschliche Gefühl sich einen Ausweg zur Geltendmachung seiner ihm eigenthümlichen Sprachgesetze gesucht hätte, durch welche es, frei vom Zwange der logischen Denkgesetze, sich selbst verständlich sich ausdrücken könnte. Die ganz ungemeine Popularität der Musik in unserer Zeit, die stets wachsende und bis in alle Schichten der Gesellschaft sich ausbreitende Theilnahme an den Produktionen der tiefsinnigsten Musikgenre's, der immer gesteigerte Eifer, die musikalische Ausbildung zu einem wesentlichen Theile der Erziehung zu bestimmen, dieß Alles, wie es klar ersichtlich und unleugbar ist, bezeugt zugleich die Richtigkeit der Annahme, daß mit der modernen Entwickelung der Musik einem tief innerlichen Bedürfnisse der Menschheit entsprochen worden ist, und die Musik, so unverständlich ihre Sprache nach den Gesetzen der Logik ist, eine überzeugendere Nöthigung zu ihrem Verständnisse in sich schließen muß, als eben jene Gesetze sie enthalten.

Gegenüber dieser unabweislichen Erkenntniß dürften der Poesie fortan nur noch zwei Entwickelungswege offen stehen. Entweder gänzliches Übertreten in das Feld der Abstraktion, reine Kombination von Begriffen und Darstellung der Welt durch Erklärung der logischen Gesetze des Denkens. Und dieß leistet sie als Philosophie. Oder innige Verschmelzung mit der Musik, und zwar mit derjenigen Musik, deren unendliches Vermögen uns durch die Symphonie Beethoven's erschlossen worden ist.

Den Weg hierzu wird die Poesie leicht finden und ihr letztes Aufgehen in die Musik als ihr eigenes, innigstes Verlangen erkennen, sobald sie an der Musik selbst ein Bedürfniß inne wird, welches wiederum nur die Dichtkunst stillen kann. Um dieses Bedürfniß zu erklären, bestätigen wir zunächst die unvertilgbare Eigenthümlichkeit des menschlichen Wahrnehmungsprozesses, welche ihn zum Auffinden der Gesetze der Kausalität drängte, und vermöge welcher vor jeder eindrucksvollen Erscheinung er sich unwillkürlich fragt: Warum? Auch die Anhörung eines symphonischen Tonstückes bringt diese Frage nicht gänzlich zum Schweigen; da es ihr vielmehr nicht zu antworten vermag, bringt sie in das kausale Vorstellungsvermögen des Zuhörers eine Verwirrung, die ihn nicht nur zu beunruhigen im Stande ist, sondern auch der Grund eines gänzlich falschen Urtheiles wird. Diese störende und doch so unerläßliche Frage in einem Sinne zu beantworten, daß sie von vornherein durch Beschwichtigung gewissermaßen eludirt wird, kann nur das Werk des Dichters sein. Nur aber demjenigen Dichter kann dieß gelingen, welcher die Tendenz der Musik und ihres unerschöpflichen Ausdrucksvermögens vollkommen inne hat und sein Gedicht daher so entwirft, daß es in die feinsten Fasern des musikalischen Gewebes eindringen und der ausgesprochene Begriff gänzlich in das Gefühl sich auflösen kann. Ersichtlich kann daher keine Dichtungsform hierzu tauglich sein als diejenige, in welcher der Dichter nicht mehr beschreibt, sondern seinen Gegenstand zur wirklichen, sinnfällig überzeugenden Darstellung bringt; und dieß ist nur das Drama. Das Drama, im Moment seiner wirklichen scenischen Darstellung, erweckt im Zuschauer sofort die intime Theilnahme an einer vorgeführten, dem wirklichen Leben, wenigstens der Möglichkeit nach, so treu nachgeahmten Handlung, daß in dieser Theilnahme das sympathische Gefühl des Menschen bereits selbst in den Zustand von Ekstase geräth, wo es jenes verhängnißvolle Warum? vergißt, und somit in höchster Anregung willig sich der Leitung jener neuen Gesetze überläßt, nach welchen die Musik sich so wunderbar verständlich macht und — in einem tiefen Sinne — zugleich einzig richtig jenes Warum? beantwortet.

Die technischen Gesetze, nach welchen diese innige Verschmelzung der Musik mit der Poesie im Drama sich zu bewerkstelligen habe, versuchte ich schließlich in jenem dritten Theile der zuletzt genannten Schrift näher zu bezeichnen. Einen Versuch, Ihnen hier diese Darstellung zu wiederholen, verlangen Sie gewiß nicht von mir, denn bereits habe ich Sie wohl mit den vorangehenden Grundzügen nicht minder ermüdet als mich selbst, und an der eigenen Ermüdung gewahre ich, daß ich ganz gegen Willen mich wieder demjenigen Zustande nähere, der mich gefangen hielt, als ich vor Jahren jene theoretischen Schriften ausarbeitete, und der mein Gehirn so fremdartig krankhaft bedrückte, daß ich zuvor ihn als einen abnormen bezeichnete, in welchen zurückzufallen ich eine lebhafte Scheu trage. —

Abnorm nannte ich jenen Zustand, weil ich das in der künstlerischen Anschauung und Produktion mir unmittelbar gewiß und unzweifellos Gewordene, um es auch meinem reflektirenden Bewußtsein ganz klar zu machen, als ein theoretisches Problem zu behandeln mich gedrängt fühlte, und hierzu der abstrakten Meditation nöthig hatte. Nichts kann aber der künstlerischen Natur fremder und peinigender sein als ein solches, seinem gewöhnlichen durchaus entgegengesetztes, Denkverfahren. Er giebt sich ihm daher nicht mit der nöthigen kühlen Ruhe hin, die dem Theoretiker von Fach zu eigen ist; ihn drängt vielmehr eine leidenschaftliche Ungeduld, die ihm verwehrt, die nöthige Zeit auf sorgfältige Behandlung des Styles zu verwenden; die stets das ganze Bild seines Gegenstandes in sich schließende Anschauung möchte er in jedem Satze vollständig geben; Zweifel daran, ob ihm dieß gelinge, treibt ihn zur fortgesetzten Wiederholung des Versuches, was ihn endlich mit Heftigkeit und einer Gereiztheit erfüllt, die dem Theoretiker durchaus fremd sein soll. Auch aller dieser Übel und Fehler wird er inne, und durch das Gefühl von ihnen von Neuem beunruhigt, endigt er hastig sein Werk mit dem Seufzer, doch wohl etwa nur von Dem verstanden zu werden, der mit ihm schon die gleiche künstlerische Anschauung theilt.

Somit glich mein Zustand einem Krampfe; in ihm suchte ich theoretisch Das auszusprechen, was durch unmittelbare künstlerische Produktion unfehlbar überzeugend mitzutheilen mir unter dem zuvor Ihnen bezeichneten Misverhältnisse meiner künstlerischen Tendenzen zu den Tendenzen unserer öffentlichen Kunst, namentlich des Operntheaters, verwehrt schien. Aus diesem qualvollen Zustande trieb es mich, zur normalen Ausübung meiner künstlerischen Fähigkeiten zurückzukehren. Ich entwarf und führte einen dramatischen Plan von so bedeutender Dimension aus, daß ich, nur den Anforderungen meines Gegenstandes folgend, mit diesem Werke absichtlich mich von aller Möglichkeit entfernte, es unserem Opernrepertoire, wie es ist, einzuverleiben. Nur unter den außergewöhnlichsten Umständen sollte dieses, eine ganze ausgeführte Tetralogie umfassende musikalische Drama zu einer öffentlichen Aufführung gebracht werden können. Diese mir vorgestellte ideale Möglichkeit, bei der ich mich gänzlich von der modernen Oper entfernt hielt, schmeichelte meiner Phantasie und hob meine Geistesstimmung zu der Höhe, daß ich, alle theoretischen Grillen verjagend, durch von nun an ununterbrochene künstlerische Produktion mich, wie zu meiner Genesung nach schweren Leiden, wieder in mein eigenthümliches Naturell versenken konnte. Das Werk, von dem ich Ihnen spreche und welches ich seither größtentheils bereits auch durch musikalische Komposition ausgeführt habe, heißt „Der Ring des Nibelungen". Wenn Sie der gegenwärtige Versuch, andere meiner Operndichtungen in prosaischer Übersetzung Ihnen vorzulegen, nicht verstimmt, dürften Sie mich vielleicht bereit finden, auch mit jenem Dramen-Cyklus ein Gleiches vornehmen zu lassen.

Während ich auf solche Weise, in gänzlicher Resignation auf fernere künstlerische Berührung mit der Öffentlichkeit, mich durch Ausführung neuer künstlerischer Pläne von den Leiden meines mühseligen Ausfluges in das Gebiet der spekulativen Theorie erholte und keine Veranlassung, namentlich auch nicht die thörichtesten Misverständnisse, welche meinen theoretischen Schriften allermeistens zu Theil wurden, mich wieder dazu bestimmen konnten, auf jenes Gebiet zurückzukehren, erlebte ich nun andererseits eine Wendung in meinen Beziehungen zur Öffentlichkeit, auf welche ich nicht im Mindesten gerechnet hatte. —

Meine Opern, von denen ich eine („Lohengrin") noch gar nicht, die anderen nur an dem Theater, an welchem ich zuvor selbst persönlich wirksam war, aufgeführt hatte, verbreiteten sich mit wachsendem Erfolge über eine immer größere Anzahl, endlich über alle Theater Deutschlands, und gelangten daselbst zu andauernder, unleugbarer Popularität. An dieser, im Grunde seltsam mich überraschenden Erscheinung erneuerte ich Wahrnehmungen, wie ich sie während meiner früheren praktischen Laufbahn oft gemacht, und die, wenn einerseits das Operntheater mich abstieß, andererseits mich immer wieder daran fesselten, indem sie mir Ausnahmen zeigten und durch einzelne ungemein reiche Leistungen und ihre Wirkungen mir Möglichkeiten aufdeckten, die, wie ich Ihnen oben andeutete, mich zum Erfassen idealer Entwürfe bestimmten. Ich war bei keiner von allen diesen Aufführungen meiner Opern zugegen, und konnte daher nur aus den Berichten verständiger Freunde, sowie aus dem charakteristischen Erfolge der Leistungen beim Publikum selbst, auf den Geist derselben schließen. Das Bild, welches ich mir aus den Berichten meiner Freunde zu entnehmen habe, ist nicht der Art, mich über den Geist jener Aufführungen im Allgemeinen zu einer günstigeren Ansicht zu stimmen, als ich sie mir über den Charakter unserer Opernvorstellungen überhaupt hatte bilden müssen. In meinen pessimistischen Ansichten somit im Ganzen bestätigt, genoß ich nun aber den Vortheil des Pessimisten, über das hier und da auftauchende Gute, ja Ausgezeichnete, mich um so mehr zu freuen, als ich mich nicht berechtigt glaubte, es erwarten und fordern zu dürfen; während ich früher, als Optimist, das Gute und Ausgezeichnete, weil es möglich war, als strenge Forderung an Alles festgestellt hatte, was mich dann zu Intoleranz und Unerkenntlichkeit getrieben. Die einzelnen vortrefflichen Leistungen, von denen ich somit ganz unerwartet erfuhr, erfüllten mich mit neuer Wärme sowie zur dankbarsten Anerkennung; hatte ich bisher nur in einem allgemein vollkommen begründeten Zustande die Möglichkeit vollgiltiger Kunstleistungen erblickt, so stellte sich mir diese Möglichkeit jetzt als ausnahmsweise erreichbar dar.

Fast noch wichtiger regte mich aber die Wahrnehmung des außerordentlich warmen Eindruckes an, den meine Opern, und zwar selbst bei sehr zweifelhaften, oft sogar sehr entstellenden Aufführungen, dennoch auf das Publikum hervorgebracht hatten. Bedenke ich, wie abgeneigt und feindselig sich namentlich anfänglich die Kritiker, welchen meine zuvor erschienenen Kunstschriften ein Gräuel waren und die von meinen, obgleich in einer früheren Periode geschriebenen Opern hartnäckig annahmen, sie seien mit reflektirender Absichtlichkeit nach jenen Theorien verfaßt, gegen diese Opern sich ausließen, so kann ich in dem ausgesprochenen Gefallen des Publikums an Werken gerade von meiner Tendenz nichts Anderes als ein sehr wichtiges und sehr ermuthigendes Zeichen erblicken. Ein von der Kritik unbeirrtes Gefallen des größeren Publikums war leicht verständlich, wenn

8*

einst die Kritiker, wie es in Deutschland geschah, ihm zuriefen: „Wendet euch ab von den verführerischen Sirenenklängen Rossini's, verschließt euer Ohr seinem leichten Melodieengetändel!“ und das Publikum dennoch mit Vergnügen diese Melodieen hörte. Hier aber trat der Fall ein, wo die Kritiker unablässig das Publikum warnten, sein Geld nicht für Dinge auszugeben, die ihm unmöglich Vergnügen machen könnten; denn was es einzig in der Oper suche, Melodieen, Melodieen — die seien in meinen Opern ganz und gar nicht vorhanden, sondern Nichts wie die langweiligsten Rezitative und der unverständlichste musikalische Gallimathias; kurz — „Zukunftsmusik“!

Nehmen Sie an, welchen Eindruck es nun auf mich machen mußte, nicht nur die unwiderleglichsten Beweise eines wirklich populären Erfolges meiner Opern beim gesammten deutschen Publikum, sondern auch persönliche Kundgebungen einer vollständigen Umkehr des Urtheils und der Gesinnung von solchen Leuten zu erhalten, die bis dahin, nur an der lasziveſten Tendenz der Oper und des Ballets Geschmack findend, mit Verachtung und Widerwillen jede Zumuthung, einer ernsteren Tendenz der dramatisch-musikalischen Kunst ihre Aufmerksamkeit zu widmen, von sich gewiesen hatten! Diese Begegnungen sind mir nicht selten zu Theil geworden, und welche ermuthigenden, tief versöhnenden Schlüsse ich aus ihnen ziehen zu dürfen glaubte, erlaube ich mir in Kürze Ihnen hier anzudeuten.

Offenbar handelte es sich hier nicht um die größere oder geringere Stärke meines Talentes, da selbst die mir feindseligsten Kritiker nicht gegen dieses, sondern gegen die von mir befolgte Tendenz sich aussprachen und meine endlichen Erfolge dadurch zu erklären suchten, daß mein Talent besser als meine Tendenz sei. Somit hatte ich, von der mir etwa schmeichelhaften Anerkennung meiner Fähigkeiten unberührt, mich eben nur dessen zu freuen, daß ich von einem richtigen Instinkte ausgegangen war, wenn ich in der gleichmäßigen gegenseitigen Durchdringung der Poesie und der Musik dasjenige Kunstwerk mir als zu ermöglichen dachte, welches im Moment der scenischen Aufführung mit unwiderstehlich überzeugendem Eindrucke wirken müßte, und zwar in der Weise, daß alle willkürliche Reflexion vor ihm sich in das reine menschliche Gefühl auflöse. Daß ich diese Wirkung hier erreicht sah, trotz der noch jedenfalls sehr großen Schwächen der

Aufführung, auf deren vollste Richtigkeit ich andererseits so sehr viel geben muß, dieß hat mich aber zu noch kühneren Ansichten von der all-ermöglichenden Wirksamkeit der Musik bestimmt, über die ich schließlich mich Ihnen noch ausführlicher verständlich zu machen suchen werde.

Über diesen schwierigen und doch so äußerst wichtigen Punkt mich klar mitzutheilen, kann ich nur hoffen, wenn ich nichts Anderes als die Form in's Auge fasse. In meinen theoretischen Arbeiten hatte ich versucht, mit der Form zugleich den Inhalt zu bestimmen; da dieß, eben in der Theorie, nur in abstrakter, nicht in konkreter Darstellung geschehen konnte, setzte ich mich hierbei nothwendig einer großen Unverständlichkeit oder doch Misverständlichkeit aus. Ich möchte deßhalb, wie ich oben erklärte, ein solches Verfahren, auch in dieser Mittheilung an Sie, um keinen Preis gern wieder einschlagen. Dennoch erkenne ich das Mißliche, von einer Form zu sprechen, ohne ihren Inhalt in irgend einer Weise zu bezeichnen. Wie ich Ihnen anfänglich gestand, war es daher die durch Sie zugleich an mich ergangene Aufforderung, auch eine Übersetzung meiner Operndichtungen Ihnen vorzulegen, welche mich überhaupt bestimmen konnte, den Versuch zu machen, Ihnen giltige Aufklärungen über mein theoretisches Verfahren, so weit es mir selbst bewußt geworden ist, zu geben. Lassen Sie mich Ihnen daher ein Weniges über diese Dichtungen sagen; hoffentlich macht mir dieß möglich, Ihnen alsdann nur noch von der musikalischen Form zu sprechen, auf die es hier so sehr ankommt und über die sich so viel irrige Vorstellungen verbreitet haben.

Zuvörderst muß ich Sie aber um Nachsicht bitten, Ihnen diese Operndichtungen nicht anders als in prosaischer Übersetzung vorlegen zu können. Die unendlichen Schwierigkeiten, die uns die Übersetzung in Versen des „Tannhäuser", welcher nun nächstens dem Pariser Publikum durch vollständige scenische Aufführung bekannt gemacht werden soll, kostete, haben gezeigt, daß derartige Arbeiten eine Zeit erfordern, welche dießmal auf die Übersetzung meiner übrigen Stücke nicht verwendet werden konnte. Davon, daß diese Dichtungen auch durch die poetische Form einen Eindruck auf Sie machen sollten, muß ich daher gänzlich absehen und einzig mich damit begnügen, Ihnen den Charakter des Süjets, die dramatische Behandlung und ihre Tendenz zu zeigen, um dadurch Sie auf den Antheil hinzuweisen, den der Geist der Musik an ihrer Konzeption und Gestaltung hatte. Möge hierfür diese Übersetzung genügen, die keinen anderen Anspruch macht, als den ursprünglichen Text so wortgetreu wie möglich wiederzugeben.

Die drei ersten dieser Dichtungen: „Der fliegende Holländer", „Tannhäuser" und „Lohengrin", waren von mir bereits vor der Abfassung meiner theoretischen Schriften verfaßt, komponirt und, mit Ausnahme des „Lohengrin", auch scenisch aufgeführt. An ihnen (wenn dieß an der Hand des Süjets vollständig möglich wäre) könnte ich Ihnen daher den Gang der Entwickelung meiner künstlerischen Produktivität bis zu dem Punkte nachweisen, wo ich mich veranlaßt sah, mir theoretisch Rechenschaft über mein Verfahren zu geben. Doch erwähne ich dieß nur, um Sie darauf aufmerksam zu machen, wie sehr man sich irrt, wenn man diesen drei Arbeiten unterlegen zu müssen glaubt, ich habe sie mit bewußter Absicht nach mir gebildeten abstrakten Regeln abgefaßt. Lassen Sie sich vielmehr sagen, daß selbst meine kühnsten Schlüsse auf die zu ermöglichende dramatisch-musikalische Form mir dadurch sich aufdrängten, daß ich zu gleicher Zeit den Plan zu meinem großen Nibelungen-Drama, von welchem ich sogar schon einen Theil gedichtet hatte, im Kopfe trug und dort in der Weise ausbildete, daß meine Theorie fast nichts Anderes als ein abstrakter Ausdruck des in mir sich bildenden künstlerisch-produktiven Prozesses war. Mein eigentlichstes System, wenn Sie es so nennen wollen, findet daher in jenen drei ersten Dichtungen nur erst eine sehr bedingte Anwendung.

Anders verhält es sich jedoch mit dem letzten der Gedichte, welches ich Ihnen vorlege, „Tristan und Isolde". Dieses entwarf ich und führte es aus, nachdem ich bereits den größeren Theil der Nibelungenstücke vollständig in Musik gesetzt hatte. Die äußerliche Veranlassung zu dieser Unterbrechung in jener großen Arbeit war der Wunsch, ein seiner scenischen Anforderungen und seines kleineren Umfanges wegen leichter und eher aufführbares Werk zu liefern; ein Wunsch, zu dem mich einerseits das Bedürfniß, endlich wieder Etwas von mir auch hören zu können, trieb, sowie andererseits die zuvor Ihnen bezeichneten ermuthigenden und versöhnenden Erfahrungen von den Aufführrungen meiner älteren Werke in Deutschland, mir diesen Wunsch jetzt wiederum als erreichbar darstellten. An dieses Werk nun erlaube ich die strengsten, aus meinen theoretischen Behauptungen fließenden Anforderungen zu stellen: nicht weil ich es nach meinem Systeme geformt hätte, denn alle Theorie war vollständig von mir vergessen; sondern weil ich hier endlich mit der vollsten Freiheit und mit der gänzlichsten Rücksichtslosigkeit gegen jedes theoretische Bedenken in einer Weise mich bewegte, daß ich während der Ausführung selbst inne ward, wie ich mein System weit überflügelte. Glauben Sie mir, es giebt kein größeres Wohlgefühl als diese vollkommenste Unbedenklichkeit des Künstlers beim Produziren, die ich bei der Ausführung meines „Tristan“ empfand. Sie ward mir vielleicht nur dadurch möglich, daß eine vorhergehende Periode der Reflexion mich ungefähr in der gleichen Weise gestärkt hatte, wie einst mein Lehrer durch Erlernung der schwierigsten kontrapunktischen Künste mich gestärkt zu haben behauptete, nämlich nicht für das Fugenschreiben, sondern für das, was man allein durch strenge Übung sich aneignet: Selbständigkeit, Sicherheit!

In Kürze lassen Sie mich einer Oper gedenken, welche noch dem „Fliegenden Holländer“ voranging: „Rienzi“, ein Werk voll jugendlichen Feuers, welches mir meinen ersten Erfolg in Deutschland verschaffte, und nicht nur an dem Theater, wo ich es zuerst aufführte, in Dresden, sondern seitdem auch auf vielen anderen Theatern fortgesetzt neben meinen übrigen Opern gegeben wird. Ich lege auf dieses Werk, welches seine Konzeption und formelle Ausführung den zur Nacheiferung auffordernden frühesten Eindrücken der heroischen Oper Spontini’s sowie des glänzenden, von Paris ausgehenden Genre’s der Großen Oper Auber’s, Meyerbeer’s und Halévy’s, verdankte, — ich lege, sage ich, auf dieses Werk heute und Ihnen gegenüber keinen besonderen Nachdruck, weil in ihm noch kein wesentliches Moment meiner später sich geltend machenden Kunstanschauung ersichtlich enthalten ist, und es mir hier nicht darauf ankommen kann, mich Ihnen als glücklicher Opernkomponist darzustellen, sondern Sie über eine problematische Richtung meiner Tendenzen aufzuklären. Dieser „Rienzi“ ward während meines ersten Aufenthaltes in Paris vollendet, ich hatte die glänzende Große Oper vor mir und war vermessen genug, mir mit dem Wunsche zu schmeicheln, mein Werk dort aufgeführt zu sehen. Sollte dieser Jugendwunsch je noch in Erfüllung gehen, so müßten Sie mit mir die Schicksalsführungen gewiß sehr wunderlich nennen, die zwischen Wunsch und Erfüllung einen so langen Zeitraum, und von ihm so gänzlich ablenkende Erfahrungen, eintreten ließen.

Auf diese fünfaktige, in den allerbreitesten Dimensionen ausgeführte Oper, folgte unmittelbar „Der fliegende Holländer“, den ich ursprünglich nur in einem Akte aufgeführt wissen wollte. Sie sehen, daß der Glanz des Pariser Ideals vor mir verblich, und ich die Gesetze der Form für meine Konzeptionen aus einem anderen Quelle zu schöpfen begann, als aus dem vor mir ausgebreiteten Meere der giltigen Öffentlichkeit. Der Inhalt meiner Stimmung liegt Ihnen vor: in dem Gedichte liegt es deutlich ausgesprochen. Welcher dichterische Werth ihr zugesprochen werden dürfe, weiß ich nicht; doch weiß ich, daß ich namentlich schon bei der Abfassung des Gedichtes mich anders fühlte, als bei der Aufzeichnung meines Libretto's zu „Rienzi“, wo ich eben nur noch einen „Operntext“ im Sinne hatte, der es mir ermöglichen sollte, alle die vorgefundenen, gesetzgebenden Formen der eigentlichen großen Oper, als da sind: Introduktionen, Finale's, Chöre, Arien, Duetten, Terzetten u. s. w., so reichlich als möglich auszufüllen.

Mit diesem und allen folgenden Entwürfen wendete ich mich auch für die Wahl des Stoffes vom historischen Gebiete ein- für allemal zum Gebiete der Sage. Ich unterlasse hier, Ihnen die inneren Tendenzen zu bezeichnen, welche mich bei dieser Entscheidung leiteten, und hebe dafür nur dieses hervor: welchen Einfluß diese Stoffwahl auf die Bildung der poetischen und namentlich musikalischen Form übte.

Alles nöthige Detail zur Beschreibung und Darstellung des Historisch-konventionellen, was eine bestimmte, entlegene Geschichtsepoche, um den Vorgang genau verständlich zu machen, erfordert, und was vom historischen Roman- oder Dramendichter in unseren Zeiten deßhalb so umständlich breit ausgeführt wird, konnte ich übergehen. Und hiermit war, wie der Dichtung, so namentlich der Musik, die Nöthigung zu einer ihnen ganz fremden, und der Musik vor Allem ganz unmöglichen Behandlungs- [illegible] ommen. Die Sage, in welche Zeit und welche Nation [illegible] lt, hat den Vorzug, von dieser Zeit und dieser Nation nur den rein menschlichen Inhalt aufzufassen und diesen Inhalt in einer nur ihr eigenthümlichen, äußerst prägnanten und deßhalb schnell verständlichen Form zu geben. Eine Ballade, ein volksthümlicher Refrain genügt, augenblicklich uns diesen Charakter mit größter Eindringlichkeit bekannt zu machen. Diese sagenhafte Färbung, in welcher sich uns ein rein menschlicher Vorgang darstellt, hat namentlich auch den wirklichen Vorzug, die oben von mir dem Dichter zugewiesene Aufgabe, der Frage nach dem Warum? beschwichtigend vorzubeugen, ganz ungemein zu erleichtern. Wie durch die charakteristische Scene, so durch den sagenhaften Ton wird der Geist sofort in denjenigen träumerischen Zustand versetzt, in welchem er bald bis zu dem völligen Hellsehen gelangen soll, wo er dann einen neuen Zusammenhang der Phänomene der Welt gewahrt, und zwar einen solchen, den er mit dem Auge des gewöhnlichen Wachens nicht gewahren konnte, weßhalb er da auch stets nach dem Warum frug, gleichsam um seine Scheu vor dem Unbegreiflichen der Welt zu überwinden, der Welt, die ihm nun so klar und hell verständlich wird. Wie diesen hellsehend machenden Zauber endlich die Musik vollständig ausführen soll, begreifen Sie nun leicht. —

Schon für die dichterische Ausführung des Stoffes giebt dessen sagenhafter Charakter aus dem angeführten Grunde aber den wesentlichen Vortheil, daß, während der einfache, seinem äußeren Zusammenhange nach leicht übersichtliche Gang der Handlung kein Verweilen zur äußerlichen Erklärung des Vorganges nöthig macht, dagegen nun der allergrößte Raum des Gedichtes auf die Kundgebung der inneren Motive der Handlung verwendet werden kann, dieser inneren Seelenmotive, welche schließlich einzig uns die Handlung als nothwendig erklären sollen, und zwar dadurch, daß wir selbst im innersten Herzen an diesen Motiven sympathisch theilnehmen.

Sie bemerken beim Überblick der Ihnen vorgelegten Dichtungen leicht, daß ich des hiermit bezeichneten Vortheiles mir erst allmählich bewußt wurde, und erst allmählich seiner mich zu bedienen lernte. Schon das mit jedem Gedichte zunehmende äußere Volumen bezeugt Ihnen dieses. Sie werden bald ersehen, daß meine anfängliche Befangenheit dagegen, der Dichtung eine breitere Entwickelung zu geben, namentlich auch mit daher rührte, daß ich zunächst immer noch zu sehr die herkömmliche Form der Opernmusik im Auge hatte, welche bisher ein Gedicht unmöglich machte, das nicht zahlreiche Wortwiederholungen erlaubte. Im „Fliegenden Holländer" hatte ich im Allgemeinen nur erst darauf Acht, die Handlung in ihren einfachsten Zügen zu erhalten, alles unnütze Detail, wie die dem gemeinen Leben entnommene Intrigue auszuschließen, und dafür diejenigen Züge breiter auszuführen, welche eben die charakteristische Farbe des sagenhaften Stoffes, da sie mir hier mit der Eigenthümlichkeit der inneren Handlungsmotive ganz zusammenzufallen schien, in das rechte Licht zu setzen hatten, in der Art, daß jene Farbe selbst zur Aktion wurde.

Ungleich stärker finden Sie vielleicht schon die Handlung des „Tannhäuser" aus ihren inneren Motiven entwickelt. Die entscheidende Katastrophe geht hier ohne den mindesten Zwang aus einem lyrisch-poetischen Wettkampfe hervor, in welchem keine andere Macht als die der verborgensten inneren Seelenstimmung in einer Weise zur Entscheidung treibt, daß selbst die Form dieser Entscheidung dem rein lyrischen Elemente angehört.

Das ganze Interesse des „Lohengrin" beruht auf einem alle Geheimnisse der Seele berührenden inneren Vorgange im Herzen Elsa's: das Bestehen eines wunderbar beglückenden, die ganze Umgebung mit überzeugender Wahrhaftigkeit erfüllenden Zaubers, hängt einzig von der Enthaltung von der Frage nach seinem W o h e r? ab. Aus der innersten Noth des weiblichen Herzens ringt sich diese Frage wie ein Schrei los, und — der Zauber ist verschwunden. Sie ahnen, wie eigenthümlich dieses tragische Woher? mit dem zuvor von mir bezeichneten theoretischen Warum? zusammenfällt!

Auch ich, wie ich Ihnen erzählt, fühlte mich zu dem Woher? und Warum? gedrängt, vor welchem für längere Zeit der Zauber meiner Kunst mir verschwand. Doch meine Bußzeit lehrte mich die Frage überwinden. Jeder Zweifel war mir endlich entnommen, als ich mich dem „Tristan" hingab. Mit voller Zuversicht versenkte ich mich hier nur noch in die Tiefen der inneren Seelenvorgänge, und gestaltete zaglos aus diesem intimsten Centrum der Welt ihre äußere Form. Ein Blick auf das Volumen dieses Gedichtes zeigt Ihnen sofort, daß ich dieselbe ausführliche Bestimmtheit, die vom Dichter eines historischen Stoffes auf die Erklärung der äußeren Zusammenhänge der Handlung, zum

Nachtheil der deutlichen Kundmachung der inneren Motive, angewendet werden mußte, nun auf diese letzteren einzig anzuwenden mich getraute. Leben und Tod, die ganze Bedeutung und Existenz der äußeren Welt, hängt hier allein von der inneren Seelenbewegung ab. Die ganze ergreifende Handlung kommt nur dadurch zum Vorschein, daß die innerste Seele sie fordert, und sie tritt so an das Licht, wie sie von innen aus vorgebildet ist.

Vielleicht werden Sie an der Ausführung dieses Gedichtes Vieles zu weit in das intime Detail gehend finden, und, sollten Sie diese Tendenz als dem Dichter erlaubt anerkennen wollen, doch nicht begreifen, wie dieser es wagen konnte, alle diese feinen Details dem Musiker zur Ausführung zu übergeben. Sie würden demnach hiermit dieselbe Befangenheit einnehmen, die mich noch bei der Konzeption des „Fliegenden Holländer" bestimmte, in der Dichtung nur sehr allgemeine Kontouren zu entwerfen, welche nur einer absolut musikalischen Ausführung in die Hand arbeiten sollten. Lassen Sie mich Ihnen hierauf aber sogleich Eines erwidern, nämlich: daß, wenn dort die Verse darauf berechnet waren, durch zahlreiche Wiederholung der Phrasen und der Worte, als Unterlage unter die Opernmelodie, zu der dieser Melodie nöthigen Breite ausgedehnt zu werden, in der musikalischen Ausführung des „Tristan" gar keine Wortwiederholung mehr stattfindet, sondern im Gewebe der Worte und Verse bereits die ganze Ausdehnung der Melodie vorgezeichnet, nämlich diese Melodie dichterisch bereits konstruirt ist.

Sollte mein Verfahren mir durchgehends gelungen sein, so dürften Sie vielleicht einzig schon hiernach mir das Zeugniß geben, daß bei diesem Verfahren eine bei Weitem innigere Verschmelzung des Gedichtes mit der Musik zu Stande kommen müsse, als bei dem früheren; und wenn ich zu gleicher Zeit hoffen dürfte, daß Sie meiner dichterischen Ausführung des „Tristan" an sich mehr Werth beilegen können als der bei meinen früheren Arbeiten mir möglichen, so müßten Sie schon aus diesem Umstande schließen, daß die im Gedichte vollständig bereits vorgebildete musikalische Form zunächst mindestens eben der dichterischen Arbeit vortheilhaft gewesen wäre. Wenn demnach die vollständige Vorbildung der musikalischen Form dem Gedichte selbst bereits einen besonderen Werth, und zwar ganz im Sinne des dichterischen Willens, zu geben vermag, so früge es sich nur noch, ob hierdurch die musikalische Form der Melodie selbst nicht etwa einbüße, indem sie für ihre Bewegung und Entwickelung ihrer Freiheit verlustig ginge?

Hierauf lassen Sie sich nun vom Musiker antworten, und Ihnen, mit dem tiefsten Gefühle von der Richtigkeit derselben, die Behauptung zurufen: daß bei diesem Verfahren die Melodie und ihre Form einem Reichthum und einer Unerschöpflichkeit zugeführt werden, von denen man sich ohne dieses Verfahren gar keine Vorstellung machen konnte.

Mit der theoretischen Beweisführung für diese Behauptung glaube ich am besten meine Mittheilung an Sie nun abschließen zu können. Ich will es versuchen, indem ich endlich nur noch die musikalische Form, die Melodie, in's Auge fasse.

In dem so oft und grell gehörten Rufe unserer oberflächlichen Musikdilettanten nach „Melodie, Melodie!" liegt für mich die Bestätigung dafür, daß sie ihren Begriff der Melodie Musikwerken entnehmen, in denen neben der Melodie anhaltende Melodieenlosigkeit vorkommt, welche die von ihnen gemeinte Melodie erst in das ihnen so theuere Licht setzt. In der Oper versammelte sich in Italien ein Publikum, welches seinen Abend mit Unterhaltung zubrachte; zu dieser Unterhaltung gehörte auch die auf der Scene gesungene Musik, der man von Zeit zu Zeit in Pausen der Unterbrechung der Konversation zuhörte; während der Konversation und der gegenseitigen Besuche in den Logen fuhr die Musik fort, und zwar mit der Aufgabe, welche man bei großen Diners der Tafelmusik stellt, nämlich durch ihr Geräusch die sonst schüchterne Unterhaltung zum lauteren Ausbruch zu bringen. Die Musik, welche zu diesem Zwecke und während dieser Konversation gespielt wird, füllt die eigentliche Breite einer italienischen Opernpartitur aus, wogegen diejenige Musik, der man wirklich zuhört, vielleicht den zwölften Theil derselben ausmacht. Eine italienische Oper muß wenigstens eine Arie enthalten, der man gern zuhört; soll sie Glück machen, so muß wenigstens sechsmal die Konversation unterbrochen und mit Theilnahme zugehört werden können; der Komponist, der aber ein ganzes dutzendmal die Aufmerksamkeit der Zuhörer auf seine Musik zu ziehen weiß, wird als ein unerschöpfliches melodisches Genie gefeiert. Wie sollte es nun diesem Publikum verdacht werden können, wenn es, plötzlich einem Werke sich gegenüber befindend, welches während seiner ganzen Dauer und für alle seine Theile eine gleiche Aufmerksamkeit in Anspruch nimmt, aus allen seinen Gewohnheiten bei musikalischen Aufführungen sich gerissen sieht und unmöglich Dasjenige mit der geliebten Melodie für identisch erklären kann, was ihm im glücklichsten Falle nur als eine Veredelung des musikalischen Geräusches gelten mag, welches in seiner naiveren Anwendung sonst ihm die angenehmste Konversation erleichterte, während es jetzt ihm mit der Prätension sich aufdrängt, wirklich gehört zu werden? Es würde wiederholt nach seinen sechs bis zwölf Melodieen rufen, schon um in der Zwischenzeit Veranlassung und Schutz für die Konversation, den Hauptzweck des Opernabends, zu gewinnen.

Wirklich muß, was aus einer sonderbaren Befangenheit für Reichthum gehalten wird, dem gebildeteren Geiste als Armuth erscheinen. Die auf diesen Irrthum begründeten lauten Forderungen kann man dem eigentlichen großen Publikum verzeihen, nicht aber dem Kunstkritiker. Suchen wir daher, so weit dieß möglich, über den Irrthum und dessen Grund zu belehren.

Setzen wir zuerst fest, daß die einzige Form der Musik die Melodie ist, daß ohne Melodie die Musik gar nicht denkbar ist, und Musik und Melodie durchaus untrennbar sind. Eine Musik habe keine Melodie, kann daher, im höheren Sinne genommen, nur aussagen: der Musiker sei nicht zur vollen Bildung einer ergreifenden, das Gefühl sicher bestimmenden Form gelangt, was dann einfach die Talentlosigkeit des Komponisten anzeigt, seinen Mangel an Originalität, der ihn nöthigte, sein Stück aus bereits oft gehörten und daher das Ohr gleichgiltig lassenden melodischen Phrasen zusammenzusetzen. Im Munde des ungebildeteren Opernfreundes, und einer wirklichen Musik gegenüber, bekennt dieser Ausspruch aber, daß nur eine bestimmte, enge Form der Melodie gemeint sei, welche, wie wir zum Theil bereits sahen, der Kindheit der musikalischen Kunst angehört, weßhalb das ausschließliche Gefallen an ihr uns auch wirklich kindisch erscheinen muß. Hier handelt es sich daher weniger um die Melodie, als um die beschränkte erste reine Tanzform derselben.

In Wahrheit will ich hier nichts Geringschätzendes über diesen ersten Ursprung der melodischen Form ausgesagt haben. Daß sie die Grundlage der vollendeten Kunstform der Beethoven'schen Symphonie ist, glaube ich nachgewiesen zu haben, und somit wäre ihr etwas ganz Erstaunliches zu danken. Aber nur dieß Eine ist zu beachten, daß diese Form, welche sich in der italienischen Oper in primitiver Unentwickeltheit erhalten, in der Symphonie eine Erweiterung und Ausbildung erhalten hat, durch welche sie zu jener ursprünglichen sich wie die blüthengekrönte Pflanze zum Schößling verhält. Ich acceptire demnach die Bedeutung der ursprünglichen melodischen Form als Tanzform vollständig, und, getreu dem Grundsatze, daß jede noch so entwickelte Form ihren Ursprung noch erkenntlich in sich tragen muß, wenn sie nicht unverständlich werden soll, will ich diese Tanzform in der Beethoven'schen Symphonie noch wiederfinden, ja diese Symphonie, als melodischen Komplex, für nichts Anderes als für die idealisirte Tanzform selbst angesehen wissen.

Zunächst aber beachten wir, daß diese Form sich über alle Theile der Symphonie erstreckt, und hierin das Gegenstück zur italienischen Oper insofern bildet, als dort die Melodie gänzlich vereinzelt steht und die Zwischenräume zwischen den einzelnen Melodieen durch eine Verwendung der Musik ausgefüllt werden, die wir einzig als absolut unmelodisch bezeichnen müssen, weil in ihr die Musik noch nicht aus dem Charakter des bloßen Geräusches heraustritt. Noch bei den Vorgängern Beethoven's sehen wir diese bedenklichen Leeren zwischen den melodischen Hauptmotiven selbst in symphonischen Sätzen sich ausbreiten: wenn Haydn namentlich zwar schon diesen Zwischensätzen eine meist sehr interessante Bedeutung zu geben vermochte, so war Mozart, der sich hierin bei Weitem mehr der italienischen Auffassung der melodischen Form näherte, oft, ja fast für gewöhnlich, in diejenige banale Phrasenbildung zurückgefallen, die uns seine symphonischen Sätze häufig im Lichte der sogenannten Tafelmusik zeigt, nämlich einer Musik, welche zwischen dem Vortrage anziehender Melodieen auch anziehendes Geräusch für die Konversation bietet: mir ist es wenigstens bei den so stabil wiederkehrenden und lärmend sich breitmachenden Halbschlüssen der Mozart'schen Symphonie, als hörte ich das Geräusch des Servirens und Deservirens einer fürstlichen Tafel in Musik gesetzt. Das ganz eigenthümliche und hochgeniale Verfahren Beethoven's ging hiergegen nun eben dahin, diese fatalen Zwischensätze gänzlich verschwinden zu lassen, und dafür den Verbindungen der Haupmelodieen selbst den vollen Charakter der Melodie zu geben.

Dieses Verfahren näher zu beleuchten, so ungemein interessant es wäre, müßte hier zu weit führen. Doch kann ich nicht umhin, Sie namentlich auf die Konstruktion des ersten Satzes der Beethoven'schen Symphonie aufmerksam zu machen. Hier sehen wir die eigentliche Tanzmelodie bis in ihre kleinsten Bestandtheile zerlegt, deren jeder, oft sogar nur aus zwei Tönen bestehend, durch bald vorherrschend rhythmische, bald harmonische Bedeutung interessant und ausdrucksvoll erscheint. Diese Theile fügen sich nun wieder zu immer neuen Gliederungen, bald in konsequenter Reihung stromartig anwachsend, bald wie im Wirbel sich zertheilend, immer durch eine so plastische Bewegung fesselnd, daß der Zuhörer keinen Augenblick sich ihrem Eindrucke entziehen kann, sondern, zu höchster Theilnahme gespannt, jedem harmonischen Tone, ja, jeder rhythmischen Pause eine melodische Bedeutung zuerkennen muß. Der ganz neue Erfolg dieses Verfahrens war somit die Ausdehnung der Melodie durch reichste Entwickelung aller in ihr liegenden Motive zu einem großen, andauernden Musikstücke, welches nichts Anderes als eine einzige, genau zusammenhängende Melodie war.

Auffallend ist nun, daß dieses auf dem Felde der Instrumentalmusik gewonnene Verfahren von deutschen Meistern ziemlich annähernd auch auf die gemischte Choral- und Orchestermusik angewandt wurde, nie vollgiltig bisher aber auf die Oper. Beethoven hat in seiner großen Messe Chor und Orchester fast ganz wieder wie in der Symphonie verwendet: es war ihm diese symphonische Behandlung möglich, weil in den kirchlichen, allgemein bekannten, fast nur noch symbolisch bedeutungsvollen Textworten ihm, wie in der Tanzmelodie selbst, eine Form gegeben war, die er durch Trennung, Wiederholung, neue Anreihung u. s. w. fast ähnlich wie jene zerlegen und neu verbinden konnte. Unmöglich konnte ein sinnvoller Musiker aber ebenso mit den Textworten einer dramatischen Dichtung verfahren wollen, weil diese nicht mehr nur symbolische Bedeutung, sondern eine bestimmte logische Konsequenz enthalten sollen. Dieß war aber nur von denjenigen Textworten zu verstehen, die andererseits wiederum nur für die herkömmlichen Formen der Oper berechnet waren; dagegen mußte die Möglichkeit offen bleiben, in der dramatischen Dichtung selbst ein poetisches Gegenstück zur symphonischen Form zu erhalten, welches, indem es diese reiche Form vollkommen erfüllte, zugleich den innersten Gesetzen der dramatischen Form am besten entsprach.

Über das hier berührte, theoretisch äußerst schwer zu behandelnde Problem glaube ich am besten in metaphorischer Form mich deutlich machen zu können.

Ich nannte die Symphonie das erreichte Ideal der melodischen Tanzform. Wirklich enthält noch die Beethoven'sche Symphonie in dem mit „Menuetto" oder „Scherzo" bezeichneten Theile eine ganz primitive wirkliche Tanzmusik, zu der sehr füglich auch getanzt werden könnte. Es scheint den Komponisten eine instinktive Nöthigung dazu bestimmt zu haben, einmal im Verlaufe seines Werkes die reale Grundlage desselben ganz unmittelbar zu berühren, wie um mit den Füßen nach dem Boden zu fassen, der ihn tragen soll. In den übrigen Sätzen entfernt er sich immermehr von der Möglichkeit, zu seiner Melodie einen wirklichen Tanz ausgeführt zu wissen, es müßte dieses denn ein so idealer Tanz sein, daß er zu dem primitiven Tanze sich verhielte, wie die Symphonie sich zur ursprünglichen Tanzweise verhält. Deßhalb hier auch ein gewisses Zagen des Komponisten, gewisse Gränzen des musikalischen Ausdruckes nicht zu überschreiten, namentlich die leidenschaftliche, tragische Tendenz nicht zu hoch zu stimmen, weil hierdurch Affekte und Erwartungen angeregt werden, welche im Zuhörer jene beunruhigende Frage nach dem Warum erwecken müßten, welcher der Musiker eben nicht befriedigend zu antworten vermöchte.

Der zu seiner Musik ganz entsprechend auszuführende Tanz, diese idealische Form des Tanzes, ist aber in Wahrheit die dramatische Aktion. Sie verhält sich zum primitiven Tanze wirklich ganz so wie die Symphonie zur einfachen Tanzweise. Auch der ursprüngliche Volkstanz drückt bereits eine Aktion aus, meistens die gegenseitige Liebeswerbung eines Paares; diese einfache, den sinnlichsten Beziehungen angehörige Handlung in ihrer reichsten Entwickelung bis zur Darlegung der innigsten Seelenmotive gedacht, ist nichts Anderes als die dramatische Aktion. Daß diese sich nicht genügend in unserem Ballet darstellt, erlassen Sie mir hoffentlich näher zu belegen. Das Ballet ist der vollkommen ebenbürtige Bruder der Oper, von derselben fehlerhaften Grundlage ausgehend wie diese, weßhalb wir beide, wie zur Deckung ihrer gegenseitigen Blößen, gern Hand in Hand gehend sehen.

Nicht ein Programm, welches die hinderliche Frage nach dem Warum mehr anregt als beschwichtigt, kann daher die Bedeutung der Symphonie ausdrücken, sondern nur die scenisch ausgeführte dramatische Aktion selbst.

In Bezug auf diese Behauptung, die ich schon zuvor begründete, habe ich, die melodische Form betreffend, hier nur noch anzudeuten, welche belebende und erweiternde Einwirkung auf diese Form das ganz entsprechende Gedicht auszuüben im Stande sein kann. Der Dichter, welcher das unerschöpfliche Ausdrucksvermögen der symphonischen Melodie vollkommen inne hat, wird sich veranlaßt sehen, den feinsten und innigsten Nüancen dieser Melodie, die mit einer einzigen harmonischen Wendung ihren Ausdruck auf das Ergreifendste umstimmen kann, von seinem Gebiete aus entgegenzukommen; ihn wird die früher ihm vorgehaltene enge Form der Opernmelodie nicht mehr beängstigen, etwa nur einen inhaltlosen, trockenen Kanevas zu geben; vielmehr wird er dem Musiker das diesem selbst verborgene Geheimniß ablauschen, daß die melodische Form noch zu unendlich reicherer Entwickelung fähig ist, als ihm dieß bisher in der Symphonie selbst möglich dünken durfte, und, diese Entwickelung vorahnend, bereits die poetische Konzeption mit fesselloser Freiheit entwerfen.

Wo also selbst der Symphoniker noch mit Befangenheit zur ursprünglichen Tanzform zurückgriff, und nie selbst für den Ausdruck ganz die Gränzen zu verlassen wagte, welche ihn mit dieser Form im Zusammenhang hielten, da wird ihm nun der Dichter zurufen: „Stürze dich zaglos in die vollen Wogen des Meeres der Musik; Hand in Hand mit mir, kannst du nie den Zusammenhang mit dem jedem Menschen Allerbegreiflichsten verlieren; denn durch mich stehst du jederzeit auf dem Boden der dramatischen Aktion, und diese Aktion im Moment der scenischen Darstellung ist das unmittelbar Verständlichste aller Gedichte. Spanne deine Melodie kühn aus, daß sie wie ein ununterbrochener Strom sich durch das ganze Werk ergießt: in ihr sage du, was ich verschweige, weil nur du es sagen kannst, und schweigend werde ich Alles sagen, weil ich dich an der Hand führe."

In Wahrheit ist die Größe des Dichters am meisten danach zu ermessen, was er verschweigt, um uns das Unaussprechliche selbst schweigend uns sagen zu lassen; der Musiker ist es nun, der dieses Verschwiegene zum hellen Ertönen bringt, und die untrügliche Form seines laut erklingenden Schweigens ist die unendliche Melodie.

Nothwendig wird der Symphoniker nicht ohne sein eigenthümlichstes Werkzeug diese Melodie gestalten können; dieses Werkzeug ist das Orchester. Daß er dieses hierzu in einem ganz anderen Sinne verwenden wird, als der italienische Opernkomponist, in dessen Händen das Orchester nichts Anderes als eine monströse Guitarre zum Akkompagnement der Arie war, brauche ich Ihnen nicht näher hervorzuheben.

Es wird zu dem von mir gemeinten Drama in ein ähnliches Verhältniß treten, wie ungefähr es der tragische Chor der Griechen zur dramatischen Handlung einnahm. Dieser war stets gegenwärtig, vor seinen Augen legten sich die Motive der vorgehenden Handlung dar, er suchte diese Motive zu ergründen und aus ihnen sich ein Urtheil über die Handlung zu bilden. Nur war diese Theilnahme des Chores durchgehends mehr reflektirender Art, und er selbst blieb der Handlung wie ihren Motiven fremd. Das Orchester des modernen Symphonikers dagegen wird zu den Motiven der Handlung in einen so innigen Antheil treten, daß es, wie es einerseits als verkörperte Harmonie den bestimmten Ausdruck der Melodie einzig ermöglicht, andererseits die Melodie selbst im nöthigen ununterbrochenen Flusse erhält und so die Motive stets mit überzeugendster Eindringlichkeit dem Gefühle mittheilt. Müssen wir diejenige Kunstform als die ideale ansehen, welche gänzlich ohne Reflexion begriffen werden kann, und durch welche sich die Anschauung des Künstlers am reinsten dem unmittelbaren Gefühle mittheilt, so ist, wenn wir im musikalischen Drama, unter den bezeichneten Voraussetzungen, diese ideale Kunstform erkennen wollen, das Orchester des Symphonikers das wunderbare Instrument zur einzig möglichen Darstellung dieser Form. Daß ihm und seiner Bedeutung gegenüber der Chor, der in der Oper auch bereits die Bühne selbst bestiegen hat, die Bedeutung des antiken griechischen Chores gänzlich verliert, liegt offen; er kann jetzt nur noch als handelnde Person mit begriffen werden, und wo er als solche nicht erforderlich ist, wird er uns in Zukunft daher störend und überflüssig dünken müssen, da seine ideale Betheiligung an der Handlung gänzlich an das Orchester übergegangen ist, und von diesem in stets gegenwärtiger, nie aber störender Weise kundgegeben wird.

Ich greife von Neuem zur Metapher, um Ihnen schließlich das Charakteristische der von mir gemeinten, großen, das ganze dramatische Tonstück umfassenden Melodie zu bezeichnen, und halte mich hierzu an den Eindruck, den sie hervorbringen muß. Das unendlich reich verzweigte Detail in ihr soll sich keineswegs nur dem Kenner, sondern auch dem naivsten Laien, sobald er nur erst zur gehörigen Sammlung gekommen ist, offenbaren. Zunächst soll sie daher etwa die Wirkung auf seine Stimmung ausüben, wie sie ein schöner Wald am Sommerabend auf den einsamen Besucher hervorbringt, der soeben das Geräusch der Stadt verlassen; das Eigenthümliche dieses Eindruckes, den ich in allen seinen Seelenwirkungen auszuführen dem erfahrenen Leser überlasse, ist das Wahrnehmen des immer beredter werdenden Schweigens. Für den Zweck des Kunstwerkes kann es im Allgemeinen durchaus genügen, diesen Grundeindruck hervorgebracht zu haben, und durch ihn den Hörer unvermerkt zu lenken und der höheren Absicht nach weiter zu stimmen; er nimmt hierdurch unbewußt die höhere Tendenz in sich auf. Wie nun aber der Besucher des Waldes, wenn er sich überwältigt durch den allgemeinen Eindruck zu nachhaltender Sammlung niederläßt, seine vom Druck des Stadtgeräusches befreiten Seelenkräfte zu einer neuen Wahrnehmungsweise spannend, gleichsam mit neuen Sinnen hörend, immer inniger auflauscht, so vernimmt er nun immer deutlicher die unendlich mannigfaltigen, im Walde wach werdenden Stimmen; immer neue und unterschiedene treten hinzu, wie er sie nie gehört zu haben glaubt; wie sie sich vermehren, wachsen sie an seltsamer Stärke; lauter und lauter schallt es, und so viel der Stimmen, der einzelnen Weisen er hört, das überwältigend hell angeschwollene Tönen dünkt ihm doch wiederum nur die eine große Waldesmelodie, die ihn schon anfänglich so zur Andacht fesselte, wie sonst der tiefblaue Nachthimmel seinen Blick gefesselt hatte, der, je länger er sich in das Schauspiel versenkte, desto deutlicher, heller und immer klarer seine zahllosen Sternenheere gewahrte. Diese Melodie wird ewig in

9*

ihm nachklingen, aber nachträllern kann er sie nicht; um sie ganz wieder zu hören, muß er wieder in den Wald gehen, und zwar am Sommerabende. Wie thöricht, wollte er sich einen der holden Waldsänger fangen, um ihn zu Hause vielleicht abrichten zu lassen, ihm ein Bruchtheil jener großen Waldmelodie vorzupfeifen! Was Anderes würde er zu hören bekommen, als etwa — welche Melodie? —

Wie unendlich viele technische Details ich bei der vorangehenden flüchtigen und doch bereits vielleicht zu ausführlichen Darstellung unberührt lasse, können sie leicht denken, namentlich wenn Sie erwägen, daß diese Details ihrer Natur nach selbst in der theoretischen Darstellung unerschöpflich mannigfaltig sind. Um über alle Einzelheiten der melodischen Form, wie ich sie aufgefaßt wissen will, mich klar zu machen, ihre Beziehungen zur eigentlichen Opernmelodie und die Möglichkeiten ihrer Erweiterung sowohl für den periodischen Bau als namentlich auch in harmonischer Hinsicht deutlich zu bezeichnen, müßte ich geradesweges in meinen unfruchtbaren ehemaligen Versuch zurückfallen. Ich bescheide mich daher, dem willigen Leser nur die allgemeinsten Tendenzen zu geben, denn in Wahrheit nahen wir uns selbst in dieser Mittheilung schon dem Punkte, wo schließlich nur das Kunstwerk selbst noch vollen Aufschluß geben kann.

Sie würden irren, wenn Sie glaubten, mit dieser letzten Wendung wollte ich auf die bevorstehende Aufführung meines „Tannhäuser" hindeuten. Sie kennen meine Partitur des „Tristan", und, wenngleich es mir nicht einfällt, diese als Modell des Ideals betrachtet wissen zu wollen, so werden Sie mir doch zugestehen, daß vom „Tannhäuser" zum „Tristan" ich einen weiteren Schritt gemacht habe, als ich ihn von meinem ersten Standpunkte, dem der modernen Oper aus, bis zum „Tannhäuser" zurückgelegt hatte. Wer also diese Mittheilung an Sie eben nur für eine Vorbereitung auf die Aufführung des „Tannhäuser" ansehen wollte, würde zum Theil sehr irrige Erwartungen hegen.

Sollte mir die Freude bereitet sein, meinen „Tannhäuser" auch vom Pariser Publikum mit Gunst aufgenommen zu sehen, so bin ich sicher, diesen Erfolg zum großen Theile noch dem sehr kenntlichen Zusammenhange dieser Oper mit denen meiner Vorgänger, unter denen ich Sie vorzüglich auf Weber hinweise, zu verdanken. Was jedoch schon diese Arbeit einigermaßen von den Werken meiner Vorgänger unterscheiden mag, gestatten Sie mir in Kürze Ihnen anzudeuten.

Offenbar hat Alles, was ich hier als strengste Konsequenz eines idealen Verfahrens bezeichnet habe, unseren großen Meistern von je auch nahe gelegen. Aus rein abstrakter Reflexion sind auch mir ja diese Folgerungen auf die Möglichkeit eines idealen Kunstwerkes nicht aufgegangen, sondern ganz bestimmt waren es meine Wahrnehmungen aus den Werken unserer Meister, die mich auf jene Folgerungen brachten. Standen dem großen Gluck nur noch die Engigkeit und Steifheit der vorgefundenen und von ihm keineswegs prinzipiell erweiterten, meist noch ganz unvermittelt neben einander stehenden Opernformen entgegen, so haben schon seine Nachfolger diese Formen Schritt für Schritt auf eine Weise zu erweitern und unter sich zu verbinden gewußt, daß sie, namentlich wenn eine bedeutende dramatische Situation hierzu Veranlassung gab, schon vollkommen für den höchsten Zweck genügten. Das Große, Mächtige und Schöne der dramatisch-musikalischen Konzeption, was wir in vielen Werken verehrter Meister vorfinden und wovon zahlreiche Kundgebungen näher zu bezeichnen mich hier unnöthig dünkt, ist Niemand williger entzückt anzuerkennen als ich, da ich mir selbst nicht verheimliche, in den schwächeren Werken frivoler Komponisten auf einzelne Wirkungen getroffen zu sein, die mich in Erstaunen setzten und über die bereits zuvor Ihnen einmal angedeutete, ganz unvergleichliche Macht der Musik belehrten, die vermöge ihrer unerschütterlichen Bestimmtheit des melodischen Ausdruckes selbst den talentlosesten Sänger so hoch über das Niveau seiner persönlichen Leistungen hinaufhebt, daß er eine dramatische Wirkung hervorbringt, welche selbst dem gewiegtesten Künstler des rezitirenden Schauspieles unerreichbar bleiben muß. Was von je mich aber desto tiefer verstimmte, war, daß ich alle diese unnachahmlichen Vorzüge der dramatischen Musik in der Oper nie zu einem alle Theile umfassenden gleichmäßig reinen Styl ausgebildet antraf. In den bedeutendsten Werken fand ich neben dem Vollendetsten und Edelsten ganz unmittelbar auch das unbegreiflich Sinnlose, ausdruckslos Konventionelle, ja Frivole zur Seite.

Wenn wir meist überall die unschöne und jeden vollendeten

Styl verwehrende Nebeneinanderstellung des absoluten Rezitatives und der absoluten Arie festgehalten, und hierdurch den musikalischen Fluß (eben auf Grundlage eines fehlerhaften Gedichtes) immer unterbrochen und verhindert sehen, so treffen wir in den schönsten Scenen unserer großen Meister diesen Übelstand oft schon ganz überwunden an; dem Rezitativ selbst ist dort bereits rhythmisch-melodische Bedeutung gegeben, und es verbindet sich unvermerkt mit dem breiteren Gefüge der eigentlichen Melodie. Der großen Wirkung dieses Verfahrens inne geworden, wie peinlich muß gerade nun es uns berühren, wenn plötzlich ganz unvermittelt der banale Akkord hineintritt, der uns anzeigt: nun wird wieder das trockene Rezitativ gesungen. Und ebenso plötzlich tritt dann auch wieder das volle Orchester mit dem üblichen Ritornell zur Ankündigung der Arie ein, dasselbe Ritornell, das anderswo unter der Behandlung desselben Meisters bereits so bedeutungsvoll innig zur Verbindung und zum Übergange verwendet worden war, daß wir in ihm selbst eine vielsagende Schönheit gewahrten, welche uns über den Inhalt der Situation den interessantesten Aufschluß gab. Wie nun aber, wenn ein geradesweges nur auf Schmeichelei für den niedrigsten Kunstgeschmack berechnetes Stück unmittelbar einer jener Blüthen der Kunst folgt? Oder gar, wenn eine ergreifend schöne, edle Phrase plötzlich in die stabile Kadenz mit den üblichen zwei Läufern und dem forcirten Schlußtone ausgeht, mit welchen der Sänger ganz unerwartet seine Stellung zu der Person, an welche jene Phrase gerichtet war, verläßt, um an der Rampe unmittelbar zur Klaque gewandt dieser das Zeichen zum Applaus zu geben?

Es ist wahr, die zuletzt bezeichneten Inkonsequenzen kommen nicht eigentlich bei unseren wirklich großen Meistern vor, sondern vielmehr bei denjenigen Komponisten, bei denen wir uns mehr nur darüber wundern, wie sie sich auch jene hervorgehobenen Schönheiten zu eigen machen konnten. Das so sehr Bedenkliche dieser Erscheinung besteht aber eben darin, daß nach all' dem Edlen und Vollendeten, was großen Meistern bereits gelang, und wodurch sie die Oper so nahe an die Vollendung eines reinen Styles brachten, diese Rückfälle immer wieder eintreten konnten, ja die Unnatur stärker als je wieder hervorzutreten vermochte.

Unstreitig ist die demüthigende Rücksicht auf den Charakter des eigentlichen Opernpublikums, wie sie in schwächeren Künstlernaturen schließlich immer einzig in das Gewicht fällt, hiervon der Hauptgrund. Habe ich doch selbst von Weber, diesem reinen, edeln und innigen Geiste, erfahren, daß er, vor den Konsequenzen seines stylvollen Verfahrens dann und wann zurückschreckend, seiner Frau das Recht der „Gallerie“, wie er es nannte, ertheilte, und im Sinne dieser Gallerie sich gegen seine Konzeptionen diejenigen Einwendungen machen ließ, die ihn bestimmen sollten, hier und da es mit dem Style nicht zu streng zu nehmen, sondern weisliche Zugeständnisse zu machen.

Diese „Zugeständnisse“, die mein erstes, geliebtes Vorbild, Weber, dem Opernpublikum noch machen zu müssen glaubte, werden Sie, ich glaube mich dessen rühmen zu können, in meinem „Tannhäuser“ nicht mehr antreffen, und, was die Form meines Werkes betrifft, beruht hierin vielleicht das Wesentlichste, was meine Oper von der meiner Vorgänger unterscheidet. Ich bedurfte hierzu durchaus keines besonderen Muthes; denn eben aus den wahrgenommenen Wirkungen des Gelungensten im bisherigen Operngenre auf das Publikum habe ich eine Meinung über dieses Publikum fassen lernen, die mich zu den günstigsten Ansichten geführt hat. Der Künstler, der sich mit seinem Kunstwerke nicht an die abstrakte, sondern an die intuitive Apperzeption wendet, führt tief absichtlich sein Werk nicht dem Kunstkenner, sondern dem Publikum vor. Nur inwieweit dieses Publikum das kritische Element in sich aufgenommen und dagegen die Unbefangenheit der rein menschlichen Anschauung verloren haben möchte, kann den Künstler ängstigen. Ich halte nun das bisherige Operngenre, gerade der in ihm so stark enthaltenen Konzessionen wegen, für ganz dazu gemacht, dadurch, daß es das Publikum im Unsicheren darüber läßt, woran es sich zu halten habe, in dem Grade zu verwirren, daß ein unzeitiges und falsches Reflektiren sich ihm unwillkürlich aufdrängt, und seine Befangenheit durch das Geschwätz aller Derjenigen, die in seiner eigenen Mitte als Kenner zu ihm sprechen auf das Bedenklichste gesteigert werden muß. Beobachten wir dagegen, mit wie unendlich größerer Sicherheit sich das Publikum vor einem nur rezitirten Drama, im Schauspiel ausspricht, und Nichts in der Welt es hier bestimmen kann, eine abgeschmackte Handlung für vernünftig, eine unpassende Rede für geeignet, einen unrichtigen Accent für treffend zu halten, so ist in dieser Thatsache der sichere Anhalt gewonnen, um auch für die Oper sich mit dem Publikum in ein sicheres, dem Verständniß unfehlbar günstiges Verhältniß zu setzen.

Als den zweiten Punkt, durch welchen schon mein „Tannhäuser" sich von der eigentlichen Oper unterscheiden dürfte, bezeichne ich Ihnen daher das ihm zu Grunde liegende dramatische Gedicht. Ohne im Mindesten einen Werth auf dieses Gedicht als eigentliches poetisches Produkt legen zu wollen, glaube ich doch hervorheben zu dürfen, daß es eine, wenn auch auf der Basis sagenhafter Wunderbarkeit beruhende, konsequente dramatische Entwickelung enthält, bei deren Entwurf und Ausführung ebenfalls keinerlei Zugeständniß an die banalen Erfordernisse eines Opernlibretto gemacht wurden. Meine Absicht ist demnach, das Publikum zu allererst an die dramatische Aktion selbst zu fesseln, und zwar in der Weise, daß es diese keinen Augenblick aus dem Auge zu verlieren genöthigt ist, im Gegentheil aller musikalische Schmuck ihm zunächst nur ein Darstellungsmittel dieser Handlung zu sein scheint. Das für das Süjet abgewiesene Zugeständniß war es daher, welches mir das Zurückweisen jedes Zugeständnisses auch bei der musikalischen Ausführung ermöglichte, und hierin zusammen dürfen Sie am richtigsten Dasjenige bezeichnet finden, worin meine „Neuerung" besteht, keineswegs aber in einem absolut musikalischen Belieben, das man mir als Tendenz einer „Zukunftsmusik" glaubte unterschieben zu dürfen.

Lassen Sie sich zum Schlusse noch sagen, daß ich, trotz der großen Schwierigkeit, welche einer vollkommen entsprechenden poetischen Übersetzung meines „Tannhäuser" entgegenstand, mit Vertrauen auch dem Pariser Publikum mein Werk vorlege. Wozu ich mich vor wenigen Jahren nur mit großer Bangigkeit entschlossen haben würde, daran gehe ich jetzt mit der Zuversicht Desjenigen, der in seinem Vorhaben weniger eine Spekulation als eine Angelegenheit des Herzens erkennt. Diese Wendung in meiner Stimmung verdanke ich zunächst einzelnen Begegnungen, die mir seit meiner letzten Übersiedelung nach Paris zu Theil wurden. Unter diesen war es eine, die mich schnell mit freudiger Überraschung erfüllte. Sie, mein verehrter Freund, gestatteten mir, mich Ihnen als einem solchen zu nähern, der mit mir bereits bekannt und wohlvertraut war. Ohne einer Aufführung meiner Opern in Deutschland beigewohnt zu haben, hatten Sie bereits seit länger durch sorgsame Lektüre sich mit meinen Partituren, wie Sie versicherten, befreundet. Die so gewonnene Bekanntschaft mit meinen Werken hatte Ihnen den Wunsch erweckt, sie hier aufgeführt zu sehen, ja sie hatte Sie zu der Ansicht gebracht, durch diese Aufführungen sich eine günstige und nicht bedeutungslose Einwirkung auf die Empfänglichkeit des Pariser Publikums versprechen zu dürfen. Wie Sie somit namentlich dazu beitrugen, mir Vertrauen zu meinem Unternehmen zu geben, mögen Sie mir nun nicht zürnen, wenn ich Sie zum Lohn hierfür zunächst mit diesen vielleicht zu ausführlichen Mittheilungen ermüdet habe, und dagegen meinen, vielleicht zu weit gehenden Eifer, Ihrem Wunsche zu entsprechen, meinem innigen Verlangen zu Gute halten, zu gleicher Zeit den hiesigen Freunden meiner Kunst eine etwas klarere Übersicht derjenigen Ideen zu geben, welche aus meinen früheren Kunstschriften selbst zu schöpfen ich Niemand gern zumuthen will.

Paris, im September 1860.

Bericht über die Aufführung des „Tannhäuser" in Paris.

(Brieflich.)

Paris, 27. März 1861.

Ich habe Ihnen versprochen, einmal genau über meine ganze Pariser Tannhäuser-Angelegenheit zu berichten; jetzt, wo diese eine so entschiedene Wendung genommen hat und von mir vollständig überblickt werden kann, ist es mir selbst eine Genugthuung, durch eine ruhige Darstellung — wie für mich selbst — darüber zum Abschluß zu kommen. Recht begreifen, welche Bewandtniß es eigentlich hiermit hatte, könnt Ihr alle nur, wenn ich zugleich berühre, was mich wirklich bestimmte, überhaupt nach Paris zu gehen. Lassen Sie mich also von da beginnen.

Nach fast zehnjähriger Entfernung von aller Möglichkeit, durch Betheiligung an guten Aufführungen meiner dramatischen Kompositionen mich — wenn auch nur periodisch — zu erfrischen, fühlte ich mich endlich gedrängt, meine Übersiedelung nach einem Ort in das Auge zu fassen, der jene nothwendigen lebendigen Berührungen mit meiner Kunst mit der Zeit mir ermöglichen könnte. Ich hoffte diesen Punkt in einer bescheidenen Ecke Deutschlands finden zu können. Den Großherzog von Baden, der mir in rührender Wohlgeneigtheit bereits die Aufführung meines neuesten Werkes unter meiner persönlichen Mitwirkung in Karlsruhe zugesagt hatte, ging ich im Sommer 1859 auf das Inständigste an, mir statt des in Aussicht gestellten temporären Aufenthaltes sofort eine dauernde Niederlassung in seinem Lande erwirken zu mögen, da ich andernfalls nichts weiter ergreifen könnte, als nach Paris zu gehen, um dort mein dauerndes Domizil aufzuschlagen. Die Erfüllung meiner Bitte war — unmöglich.

Als ich mich nun im Herbste desselben Jahres nach Paris übersiedelte, behielt ich immer noch die Aufführung meines „Tristan" im Auge, zu der ich für den 3. Dezember nach Karlsruhe berufen zu werden hoffte; einmal unter meiner Mitwirkung zur Aufführung gelangt, glaubte ich das Werk dann den übrigen Theatern Deutschlands überlassen zu können; die Aussicht, mit meinen übrigen Arbeiten in Zukunft ebenso verfahren zu dürfen, genügte mir, und Paris behielt, in dieser Annahme, für mich das einzige Interesse, von Zeit zu Zeit dort ein vorzügliches Quartett, ein ausgezeichnetes Orchester hören, und so mich im erfrischenden Verkehre wenigstens mit den lebendigen Organen meiner Kunst erhalten zu können. Dieß änderte sich mit Einem Schlage, als man mir aus Karlsruhe meldete, daß die Aufführung des „Tristan" sich dort als unmöglich herausgestellt hätte. Meine schwierige Lage gab mir sofort den Gedanken ein, für das folgende Frühjahr mir bekannte vorzügliche deutsche Sänger nach Paris einzuladen, um mit ihnen im Saale der Italienischen Oper die von mir gewünschte Musteraufführung meines neuen Werkes zu Stande zu bringen; zu dieser wollte ich die Dirigenten und Regisseure mir befreundeter deutscher Theater ebenfalls einladen, um so Dasselbe zu erreichen, was ich zuvor mit der Karlsruher Aufführung im Auge gehabt hatte. Da ohne eine größere Betheiligung des Pariser Publikums die Ausführung meines Planes unmöglich war, mußte ich dieses selbst zuvor zur Theilnahme an meiner Musik zu bestimmen suchen, und zu diesem Zwecke unternahm ich die bekannt gewordenen drei im Italienischen Theater gegebenen Konzerte. Der in Bezug auf Beifall und Theilnahme höchst günstige Erfolg dieser Konzerte konnte leider das von mir in's Auge gefaßte Hauptunternehmen nicht fördern, da eben hierbei die Schwierigkeit eines jeden solchen Unternehmens sich mir deutlich herausstellte, und andererseits schon die Unmöglichkeit, die von mir gewählten deutschen Sänger zu gleicher Zeit in Paris zu versammeln, mich zum Verzichte bestimmen mußte.

Während ich nun, nach jeder Seite hin gehemmt, nochmals schwer sorgend meinen Blick nach Deutschland wandte, erfuhr ich zu meiner vollen Überraschung, daß meine Lage am Hofe der Tuilerien zum Gegenstande eifriger Besprechung und Befürwortung geworden war. Der bis dahin mir fast ganz unbekannt gebliebenen außerordentlich freundlichen Theilnahme mehrerer Glieder der hiesigen deutschen Gesandtschaften hatte ich diese mir so günstige Bewegung zu verdanken. Diese führte so weit, daß der Kaiser, als auch eine von ihm besonders geehrte deutsche Fürstin ihm die empfehlendste Auskunft über meinen am meisten genannten „Tannhäuser" gab, sofort den Befehl zur Aufführung dieser Oper in der Académie impériale de musique erließ.

Leugne ich nun nicht, daß ich, wenn auch zunächst hoch erfreut von diesem ganz unerwarteten Zeugnisse für den Erfolg meiner Werke in gesellschaftlichen Kreisen, denen ich persönlich so fern gestanden hatte, dennoch bald nur mit großer Beklemmung an eine Aufführung des „Tannhäuser" gerade eben in jenem Theater denken konnte. Wem war es denn klarer als mir, daß dieses große Operntheater längst jeder ernstlichen künstlerischen Tendenz sich entfremdet hat, daß in ihm ganz andere Forderungen als die der dramatischen Musik sich zur Geltung gebracht haben, und daß die Oper selbst dort nur noch zum Vorwande für das Ballet geworden ist? In Wahrheit hatte ich, als ich in den letzten Jahren wiederholte Aufforderungen erhielt, an die Aufführung eines meiner Werke in Paris zu denken, nie die sogenannte Große Oper in's Auge gefaßt, sondern — für einen Versuch — vielmehr das bescheidene Théâtre lyrique, und dieß namentlich aus den beiden Gründen, weil hier keine bestimmte Klasse des Publikums tonangebend ist, und — Dank der Armuth seiner Mittel! — das eigentliche Ballet hier sich noch nicht zum Mittelpunkte der ganzen Kunstleistung ausgebildet hat. Auf eine Aufführung des „Tannhäuser" hatte aber der Direktor dieses Theaters, nachdem er wiederholt von selbst darauf verfallen war, verzichten müssen, namentlich weil er keinen Tenor fand, welcher der schwierigen Hauptpartie gewachsen gewesen wäre.

Wirklich zeigte es sich nun sogleich bei meiner ersten Unterredung mit dem Direktor der Großen Oper, daß als nöthigste Bedingung für den Erfolg der Aufführung des „Tannhäuser" die Einführung eines Ballets, und zwar im zweiten Akte, festzusetzen wäre. Hinter die Bedeutung dieser Forderung sollte ich erst kommen, als ich erklärte, unmöglich den Gang gerade dieses zweiten Aktes durch ein in jeder Hinsicht hier sinnloses Ballet stören zu können, dagegen aber im ersten Akte, am üppigen Hofe der Venus, die allergeeignetste Veranlassung zu einer choregraphischen Scene von ergiebigster Bedeutung ersehen zu dürfen, hier, wo ich selbst bei meiner ersten Abfassung des Tanzes nicht entbehren zu können geglaubt hatte. Wirklich reizte mich sogar die Aufgabe, hier einer unverkennbaren Schwäche meiner früheren Partitur abzuhelfen, und ich entwarf einen ausführlichen Plan, nach welchem diese Scene im Venusberge zu einer großen Bedeutung erhoben werden sollte. Diesen Plan wies nun der Direktor entschieden zurück und entdeckte mir offen, es handele sich bei der Aufführung einer Oper nicht allein um ein Ballet, sondern namentlich darum, daß dieses Ballet in der Mitte des Theaterabends getanzt werde; denn erst um diese Zeit träten diejenigen Abonnenten, denen das Ballet fast ausschließlich angehöre, in ihre Logen, da sie erst sehr spät zu diniren pflegten; ein im Anfange ausgeführtes Ballet könne diesen daher nicht genügen, weil sie eben nie im ersten Akte zugegen wären. Diese und ähnliche Erklärungen wurden mir späterhin auch vom Staatsminister selbst wiederholt, und von der Erfüllung der darin ausgesprochenen Bedingungen jede Möglichkeit eines guten Erfolges so bestimmt abhängig dargestellt, daß ich bereits auf das ganze Unternehmen verzichten zu müssen glaubte.

Während ich so, lebhafter als je, wieder an meine Rückkehr nach Deutschland dachte und mit Sorge nach dem Punkte ausspähte, der mir zur Aufführung meiner neuen Arbeiten als Anhalt geboten werden möchte, sollte ich nun aber die günstigste Meinung von der Bedeutung des kaiserlichen Befehles gewinnen, der mir das ganze Institut der Großen Oper, sowie jedes von mir nöthig befundene Engagement, im reichsten Maaße rückhaltslos und unbedingt zur Verfügung stellte. Jede von mir gewünschte Acquisition ward, ohne irgend welche Rücksicht auf die Kosten, sofort ausgeführt; in Bezug auf Inscenesetzung wurde mit einer Sorgfalt verfahren, von der ich zuvor noch keinen Begriff hatte. Unter so ganz mir ungewohnten Umständen nahm mich bald immermehr der Gedanke ein, die Möglichkeit einer durchaus vollständigen, ja idealen Aufführung vor mir zu sehen. Das Bild einer solchen Aufführung selbst, fast gleichviel von welchem meiner Werke, ist es, was mich seit langem, seit meinem Zurückziehen von unserem Operntheater, ernstlich beschäftigt; was mir nie und nirgends zu Gebote gestellt, sollte ganz unerwartet hier in Paris mir zur Verfügung stehen, und zwar zu einer Zeit, wo keine Bemühung im Stande gewesen, mir auch nur eine entfernt ähnliche Vergünstigung auf deutschem Boden zu verschaffen. Gestehe ich es offen, dieser Gedanke erfüllte mich mit einer seit lange nicht gekannten Wärme, welche vielleicht eine sich einmischende Bitterkeit nur zu steigern vermochte. Nichts Anderes ersah ich bald mehr vor mir, als die Möglichkeit einer vollendet schönen Aufführung, und in der andauernden, angelegentlichen Sorge, diese Möglichkeit zu verwirklichen, ließ ich alles und jedes Bedenken ohne Macht, auf mich zu wirken: gelange ich zu Dem, was ich für möglich halten darf — so sagte ich mir —, was kümmert mich dann der Jockeyklub und sein Ballet!

Von nun an kannte ich nur noch die Sorge für die Aufführung. Ein französischer Tenor, so erklärte mir der Direktor, sei für die Partie des Tannhäuser nicht vorhanden. Von dem glänzenden Talente des jugendlichen Sängers Niemann unterrichtet, bezeichnete ich ihn, den ich zwar selbst nie gehört hatte, für die Hauptrolle; da er namentlich auch einer leichten französischen Aussprache mächtig war, wurde sein auf das Sorgfältigste eingeleitetes Engagement mit großen Opfern abgeschlossen. Mehrere andere Künstler, namentlich der Barytonist Morelli, verdankten ihr Engagement einzig meinem Wunsche, sie für mein Werk zu besitzen. Im Übrigen zog ich einigen hier bereits beliebten ersten Sängern, weil mich ihre zu fertige Manier störte, jugendliche Talente vor, weil ich sie leichter für meinen Styl zu bilden hoffen durfte. Die bei uns ganz unbekannte Sorgsamkeit, mit welcher hier die Gesangsproben am Klavier geleitet werden, überraschte mich, und unter der verständigsten und feinsinnigsten Leitung des Chef du chant Vauthrot sah ich bald unsere Studien zu einer seltenen Reife gedeihen. Namentlich freute es mich, wie nach und nach die jüngeren französischen Talente zum Verständnisse der Sache gelangten, und Lust und Liebe zur Aufgabe faßten.

So hatte auch ich selbst wieder eine neue Lust zu diesem meinem älteren Werke gefaßt: auf das Sorgfältigste arbeitete ich die Partitur von neuem durch, verfaßte die Scene der Venus sowie die vorangehende Balletscene ganz neu, und suchte namentlich auch überall den Gesang mit dem übersetzten Texte in genaueste Übereinstimmung zu bringen.

Hatte ich nun mein ganzes Augenmerk einzig auf die Aufführung gerichtet und hierüber jede andere Rücksicht aus der Acht gelassen, so begann auch endlich mein Kummer nur mit dem Innewerden Dessen, daß eben diese Aufführung sich nicht auf der von mir erwarteten Höhe halten würde. Es fällt mir schwer, Ihnen genau zu bezeichnen, in welchen Punkten ich mich schließlich enttäuscht sehen mußte. Das Bedenklichste war jedenfalls, daß der Sänger der schwierigen Hauptrolle, je mehr wir uns der Aufführung näherten, in Folge seines nöthig erachteten Verkehres mit den Rezensenten, welche ihm den unerläßlichen Durchfall meiner Oper voraussagten, in wachsende Entmuthigung verfiel. Die günstigsten Hoffnungen, die ich im Laufe der Klavierproben genährt, sanken immer tiefer, je mehr wir uns mit der Scene und dem Orchester berührten. Ich sah, daß wir wieder auf dem Niveau einer gewöhnlichen Opernaufführung ankamen, und daß alle Forderungen, die weit darüber hinausführen sollten, unerfüllt bleiben mußten. In diesem Sinne, den ich natürlich von Anfang nicht zuließ, fehlte nun aber, was einer solchen Opernleistung einzig noch zur Auszeichnung dienen kann: irgend ein bedeutendes, vom Publikum bereits lieb gewonnenes und lieb gehaltenes Talent, wogegen ich mit fast lauter Neulingen auftrat. Am meisten betrübte mich schließlich, daß ich die Direktion des Orchesters, durch welche ich noch großen Einfluß auf den Geist der Aufführung hätte ausüben können, den Händen des angestellten Orchesterchefs nicht zu entwinden vermochte; und, daß ich so mit trübseliger Resignation (denn meine gewünschte Zurückziehung der Partitur war nicht angenommen worden) in eine geist- und schwunglose Aufführung meines Werkes willigen mußte, macht noch jetzt meinen wahren Kummer aus.

Welcher Art die Aufnahme meiner Oper von Seiten des

Publikums sein würde, blieb mir unter solchen Umständen fast gleichgiltig: die glänzendste hätte mich nicht bewegen können, einer längeren Reihe von Aufführungen selbst beizuwohnen, da ich gar zu wenig Befriedigung daraus gewann. Über den Charakter dieser Aufnahme sind Sie bisher aber, wie es mir scheint, geflissentlich noch im Unklaren gehalten worden, und Sie würden sehr Unrecht thun, wenn Sie daraus über das Pariser Publikum im Allgemeinen ein dem deutschen zwar schmeichelndes, in Wahrheit aber unrichtiges Urtheil sich bilden wollten. Ich fahre dagegen fort, dem Pariser Publikum sehr angenehme Eigenschaften zuzusprechen, namentlich die einer sehr lebhaften Empfänglichkeit und eines wirklich großherzigen Gerechtigkeitsgefühles. Ein Publikum, ich sage: ein ganzes Publikum, dem ich persönlich durchaus fremd bin, das durch Journale und müßige Plauderer täglich die abgeschmacktesten Dinge über mich erfuhr, und mit einer fast beispiellosen Sorgfalt gegen mich bearbeitet wurde, ein solches Publikum viertelstundenlang wiederholt mit den anstrengendsten Beifallsdemonstrationen gegen eine Clique für mich sich schlagen zu sehen, müßte mich, und wäre ich der Gleichgiltigste, mit Wärme erfüllen. Ein Publikum, dem jeder Ruhige sofort die äußerste Eingenommenheit gegen mein Werk ansah, war aber durch eine wunderliche Fürsorge Derjenigen, welche am ersten Aufführungstage einzig die Plätze zu vergeben, und mir die Unterbringung meiner wenigen persönlichen Freunde fast ganz unmöglich gemacht hatten, an diesem Abende im Theater der Großen Oper versammelt; rechnen Sie hierzu die ganze Pariser Presse, welche bei solchen Gelegenheiten offiziell eingeladen wird, und deren feindseligste Tendenz gegen mich Sie einfach aus ihren Berichten entnehmen können, so glauben Sie wohl, daß ich von einem großen Siege vermeine sprechen zu dürfen, wenn ich Ihnen ganz wahrhaft zu berichten habe, daß der keineswegs hinreißenden Aufführung meines Werkes stärkerer und einstimmigerer Beifall geklatscht wurde, als ich persönlich es in Deutschland noch erlebt habe. Die eigentlichen Tonangeber der anfänglich vielleicht fast allgemeinen Opposition, mehrere, ja wohl alle hiesigen Musikrezensenten, welche bis dahin ihr Möglichstes aufgeboten hatten, die Aufmerksamkeit des Publikums vom Anhören abzuziehen, geriethen gegen Ende des zweiten Aktes offenbar in Furcht, einem vollständigen und glänzenden

Erfolge des „Tannhäuser" beiwohnen zu müssen, und griffen nun zu dem Mittel, nach Stichworten, welche sie in den Generalproben verabredet hatten, in gröbliches Gelächter auszubrechen, wodurch sie bereits am Schlusse des zweiten Aktes eine genügend störende Diversion zu Stande brachten, um eine bedeutende Manifestation beim Falle des Vorhanges zu schwächen. Dieselben Herren hatten in den Generalproben, an deren Besuch ich sie ebenfalls nicht zu hindern vermocht hatte, jedenfalls wahrgenommen, daß der eigentliche Erfolg der Oper in der Ausführung des dritten Aktes gewahrt liege. Eine vortreffliche Dekoration des Herrn Desplèchin, das Thal vor der Wartburg in herbstlicher Abendbeleuchtung darstellend, übte in den Proben bereits auf alle Anwesenden den Zauber aus, durch welchen wachsend die für die folgenden Scenen nöthige Stimmung unwiderstehlich sich erzeugte; von Seiten der Darsteller waren diese Scenen der Glanzpunkt der ganzen Leistung; ganz unübertrefflich schön wurde der Pilgerchor gesungen und scenisch ausgeführt; das Gebet der Elisabeth, von Fräulein Sax vollständig und mit ergreifendem Ausdrucke wiedergegeben, die Phantasie an den Abendstern, von Morelli mit vollendeter elegischer Zartheit vorgetragen, leiteten den besten Theil der Leistung Niemann's, die Erzählung der Pilgerfahrt, welche dem Künstler stets die lebhafteste Anerkennung gewann, so glücklich ein, daß ein ganz ausnahmsweise bedeutender Erfolg eben dieses dritten Aktes gerade auch dem feindseligsten Gegner meines Werkes gesichert erschien. Gerade an diesen Akt nun vergriffen sich die bezeichneten Häupter, und suchten jedes Aufkommen der nöthigen gesammelten Stimmung durch Ausbrüche heftigen Lachens, wozu die geringfügigsten Anlässe kindische Vorwände bieten mußten, zu hindern. Von diesen widerwärtigen Demonstrationen unbeirrt, ließen weder meine Sänger sich werfen, noch das Publikum sich abhalten, ihren tapferen Anstrengungen, denen oft reichlicher Beifall lohnte, seine theilnehmende Aufmerksamkeit zu widmen; am Schlusse aber wurde, beim stürmischen Hervorruf der Darsteller, endlich die Opposition gänzlich zu Boden gehalten.

Daß ich nicht geirrt hatte, den Erfolg dieses Abends als einen vollständigen Sieg anzusehen, bewies mir die Haltung des Publikums am Abende der zweiten Aufführung; denn hier entschied es sich, mit welcher Opposition ich fortan es einzig nur noch zu thun haben sollte, nämlich mit dem hiesigen Jockeyklub, den ich so wohl nennen darf, da mit dem Rufe „à la porte les Jockeys" das Publikum selbst laut und öffentlich meine Hauptgegner bezeichnet hat. Die Mitglieder dieses Klubs, deren Berechtigung dazu, sich für die Herren der Großen Oper anzusehen, ich Ihnen nicht näher zu erörtern nöthig habe, und welche durch die Abwesenheit des üblichen Ballets um die Stunde ihres Eintrittes in das Theater, also gegen die Mitte der Vorstellung, in ihrem Interesse sich tief verletzt fühlten, waren mit Entsetzen inne geworden, daß der „Tannhäuser" bei der ersten Aufführung eben nicht gefallen war, sondern in Wahrheit triumphirt hatte. Von nun an war es ihre Sache, zu verhindern, daß diese balletlose Oper ihnen Abend für Abend vorgeführt würde, und zu diesem Zwecke hatte man sich, auf dem Wege vom Diner zur Oper, eine Anzahl Jagdpfeifen und ähnliche Instrumente gekauft, mit welchen alsbald nach ihrem Eintritte auf die unbefangenste Weise gegen den „Tannhäuser" manövrirt wurde. Bis dahin, nämlich während des ersten und bis gegen die Mitte des zweiten Aktes, hatte nicht eine Spur von Opposition sich mehr bemerklich gemacht, und der anhaltendste Applaus hatte ungestört die am schnellsten beliebt gewordenen Stellen meiner Oper begleitet. Von nun an half aber keine Beifallsdemonstration mehr: vergebens demonstrirte selbst der Kaiser mit seiner Gemahlin zum zweiten Male zu Gunsten meines Werkes; von Denjenigen, die sich als Meister des Saales betrachten und sämmtlich zur höchsten Aristokratie Frankreichs gehören, war die unwiderrufliche Verurtheilung des „Tannhäuser" ausgesprochen. Bis an den Schluß begleiteten Pfeifen und Flageolets jeden Applaus des Publikums.

Bei der gänzlichen Ohnmacht der Direktion gegen diesen mächtigen Klub, bei der offenbaren Scheu selbst des Staatsministers, mit den Gliedern dieses Klubs sich ernstlich zu verfeinden, erkannte ich, daß ich den mir so treu sich bewährenden Künstlern der Scene nicht zumuthen dürfe, sich länger und wiederholt den abscheulichen Aufregungen, denen man sie gewissenlos preisgab (natürlich in der Absicht, sie gänzlich zum Abtreten zu zwingen), auszusetzen. Ich erklärte der Direktion, meine Oper zurückzuziehen, und willigte in eine dritte Aufführung nur unter der Bedingung, daß sie an einem Sonntage, also außer dem Abonnement, somit unter Umständen, welche die Abonnenten nicht reizen, und dagegen dem eigentlichen Publikum den Saal vollständig einräumen sollten, stattfinde. Mein Wunsch, diese Vorstellung auch auf der Affiche als „letzte" zu bezeichnen, ward nicht für zulässig gehalten, und mir blieb nur übrig, meinen Bekannten persönlich sie als solche anzukündigen. Diese Vorsichtsmaßregeln hatten aber die Besorgniß des Jockeyklubs nicht zu zerstören vermocht; vielmehr glaubte derselbe in dieser Sonntagsaufführung eine kühne und für seine Interessen gefährliche Demonstration erkennen zu müssen, nach welcher, die Oper einmal mit unbestrittenem Erfolge zur Aufnahme gebracht, das verhaßte Werk ihnen leicht mit Gewalt aufgedrungen werden dürfte. An die Aufrichtigkeit meiner Versicherung, gerade im Falle eines solchen Erfolges den „Tannhäuser" desto gewisser zurückziehen zu wollen, hatte man nicht zu glauben den Muth gehabt. Somit entsagten die Herren ihren anderweitigen Vergnügungen für diesen Abend, kehrten abermals mit vollster Rüstung in die Oper zurück, und erneuerten die Scenen des zweiten Abends. Dießmal stieg die Erbitterung des Publikums, welches durchaus verhindert werden sollte der Aufführung zu folgen, auf einen, wie man mir versicherte, bis dahin ungekannten Grad, und es gehörte wohl nur die, wie es scheint, unantastbare soziale Stellung der Herren Ruhestörer dazu, sie vor thätlicher übler Behandlung zu sichern. Sage ich es kurz, daß ich, wie ich erstaunt über die zügellose Haltung jener Herren, ebenso ergriffen und gerührt von den heroischen Anstrengungen des eigentlichen Publikums, mir Gerechtigkeit zu verschaffen, bin, und nichts weniger mir in den Sinn kommen kann, als an dem Pariser Publikum, sobald es sich auf einem ihm angehörigen neutralen Terrain befindet, im Mindesten zu zweifeln.

Meine nun offiziell angekündigte Zurückziehung meiner Partitur hat die Direktion der Oper in wirkliche und große Verlegenheit gesetzt. Sie bekennt laut und offen, in dem Falle meiner Oper einen der größten Erfolge zu ersehen, denn sie kann sich nicht entsinnen, jemals das Publikum mit so großer Lebhaftigkeit für ein angefochtenes Werk Partei ergreifen gesehen zu haben. Die reichlichsten Geldeinnahmen erscheinen ihr

10*

mit dem „Tannhäuser" gesichert, für dessen Aufführungen bereits der Saal im Voraus wiederholt verkauft ist. Ihr wird von wachsender Erbitterung des Publikums berichtet, welches sein Interesse, ein neues vielbesprochenes Werk ruhig hören und würdigen zu können, von einer der Zahl nach ungemein kleinen Partei verwehrt sieht. Ich erfahre, daß der Kaiser der Sache durchaus geneigt bleiben soll, daß die Kaiserin sich gern zur Beschützerin meiner Oper aufwerfen und Garantieen gegen fernere Ruhestörungen verlangen wolle. In diesem Augenblicke zirkulirt unter den Musikern, Malern, Künstlern und Schriftstellern von Paris eine an den Staatsminister gerichtete Protestation wegen der unwürdigen Vorfälle im Opernhause, die, wie man mir sagt, zahlreich unterzeichnet wird. Unter solchen Umständen sollte mir leicht Muth dazu gemacht werden können, meine Oper wieder aufzunehmen. Eine wichtige künstlerische Rücksicht hält mich aber davon ab. Bisher ist es noch zu keinem ruhigen und gesammelten Anhören meines Werkes gekommen; der eigentliche Charakter desselben, welcher in einer meiner Absicht entsprechenden Nöthigung zu einer, dem gewöhnlichen Opernpublikum fremden, das Ganze erfassenden Stimmung liegt, ist den Zuhörern noch nicht aufgegangen, wogegen diese bis jetzt sich nur an glänzende und leicht ansprechende äußere Momente, wie sie mir eigentlich nur als Staffage dienen, halten, diese bemerken, und, wie sie es gethan, mit lebhafter Sympathie aufnehmen konnten. Könnte und sollte es nun zum ruhigen, andächtigen Anhören meiner Oper kommen, so befürchte ich nach Dem, was ich Ihnen zuvor über den Charakter der hiesigen Aufführung andeutete, die innere Schwäche und Schwunglosigkeit dieser Aufführung, die allen Denen, die das Werk genauer kennen, kein Geheimniß geblieben und für deren Hebung persönlich zu interveniren mir verwehrt worden ist, müsse allmählich offen an den Tag treten, so daß ich einem gründlichen, nicht bloß äußerlichen Erfolge meiner Oper für dießmal nicht entgegenzusehen glauben könnte. Möge somit jetzt alles Ungenügende dieser Aufführung unter dem Staube jener drei Schlachtabende gnädig verdeckt bleiben, und möge Mancher, der meine auf ihn gesetzten Hoffnungen schmerzlich täuschte, für dießmal mit dem Glauben sich retten, er sei für eine gute Sache und um dieser Sache willen gefallen!

Somit möge für dießmal der Pariser „Tannhäuser" ausgespielt haben. Sollte der Wunsch ernster Freunde meiner Kunst in Erfüllung gehen, sollte ein Projekt, mit welchem man sich soeben von sehr sachverständiger Seite her ernstlich trägt, und welches auf nichts Geringeres als auf schleunigste Gründung eines neuen Operntheaters zur Verwirklichung der von mir auch hier angeregten Reformen ausgeht, ausgeführt werden, so hören Sie vielleicht selbst von Paris aus noch einmal auch vom „Tannhäuser".

Was sich bis heute in Bezug auf mein Werk in Paris zugetragen, seien Sie versichert, hiermit der vollständigsten Wahrheit gemäß erfahren zu haben: sei Ihnen einfach dafür Bürge, daß es mir unmöglich ist, mich mit einem Anscheine zu befriedigen, wenn mein innerster Wunsch dabei unerfüllt geblieben, und dieser ist nur durch das Bewußtsein zu stillen, einen wirklich verständnißvollen Eindruck hervorgerufen zu haben.

Die Meistersinger von Nürnberg.

(1862.)

Personen.

Hans Sachs, Schuster.
Veit Pogner, Goldschmied.
Kunz Vogelgesang, Kürschner.
Konrad Nachtigall, Spengler.
Sixtus Beckmesser, Schreiber.
Fritz Kothner, Bäcker.
Balthasar Zorn, Zinngießer.
Ulrich Eißlinger, Würzkrämer.
Augustin Moser, Schneider.
Hermann Ortel, Seifensieder.
Hans Schwarz, Strumpfwirker.
Hans Foltz, Kupferschmied.
} Meistersinger.

Walther von Stolzing, ein junger Ritter aus Franken.
David, Sachsens Lehrbube.
Eva, Pogner's Tochter.
Magdalene, Eva's Amme.
Ein Nachtwächter.

Bürger und Frauen aller Zünfte. Gesellen. Lehrbuben. Mädchen. Volk.

Nürnberg.
Um die Mitte des 16. Jahrhunderts.

Erster Aufzug.

(Die Bühne stellt das Innere der Katharinenkirche, in schrägem Durchschnitt, dar; von dem Hauptschiff, welches links ab dem Hintergrunde zu sich ausdehnend anzunehmen ist, sind nur noch die letzten Reihen der Kirchstühlbänke sichtbar; den Vordergrund nimmt der freie Raum vor dem Chore ein; dieser wird später durch einen Vorhang gegen das Schiff zu gänzlich abgeschlossen.)

(Beim Aufzug hört man, unter Orgelbegleitung, von der Gemeinde den letzten Vers eines Chorales, mit welchem der Nachmittagsgottesdienst zur Einleitung des Johannisfestes schließt, singen.)

Choral der Gemeinde.

Da zu dir der Heiland kam,
willig deine Taufe nahm,
weihte sich dem Opfertod,
gab er uns des Heil's Gebot:
daß wir durch dein' Tauf' uns weih'n,
seines Opfers werth zu sein.
Edler Täufer,
Christ's Vorläufer!
Nimm uns freundlich an,
dort am Fluß Jordan.

(Während des Chorales und dessen Zwischenspielen, entwickelt sich, vom Orchester begleitet, folgende pantomimische Scene.)

(In der letzten Reihe der Kirchstühle sitzen Eva und Magdalene; Walther v. Stolzing steht, in einiger Entfernung, zur Seite an eine Säule gelehnt, die Blicke auf Eva heftend. Eva kehrt sich wiederholt seitwärts nach dem Ritter um, und erwiedert seine bald dringend, bald zärtlich durch Gebärden sich ausdrückenden Bitten und Betheuerungen schüchtern und verschämt, doch seelenvoll und ermuthigend. Magdalene unterbricht sich öfter im Gesang, um Eva zu zupfen und zur Vorsicht zu mahnen. — Als der Choral zu Ende ist, und, während eines längeren Orgelnachspieles, die Gemeinde dem Hauptausgange, welcher links dem Hintergrunde zu anzunehmen ist, sich zuwendet, um allmählich die Kirche zu verlassen, tritt Walther an die beiden Frauen, welche sich ebenfalls von ihren Sitzen erhoben haben, und dem Ausgange sich zuwenden wollen, lebhaft heran.)

Walther
(leise, doch feurig zu Eva).

Verweilt! — Ein Wort! Ein einzig Wort!

Eva
(sich rasch zu Magdalene wendend).

Mein Brusttuch! Schau'! Wohl liegt's im Ort?

Magdalene.

Vergeßlich Kind! Nun heißt es: such'!

(Sie kehrt nach den Sitzen zurück.)

Walther.

Fräulein! Verzeiht der Sitte Bruch!
Eines zu wissen, Eines zu fragen,
was nicht müßt' ich zu brechen wagen?
Ob Leben oder Tod! Ob Segen oder Fluch?
Mit einem Worte sei mir's vertraut: —
mein Fräulein, sagt —

Magdalene
(zurückkommend).

Hier ist das Tuch.

Eva.

O weh! Die Spange? . .

Magdalene.

Fiel sie wohl ab?
(Sie geht, am Boden suchend, wieder zurück.)

Walther.

Ob Licht und Lust, oder Nacht und Grab?
Ob ich erfahr', wonach ich verlange,
ob ich vernehme, wovor mir graut, —
mein Fräulein, sagt . . .

Magdalene
(wieder zurückkommend).

Da ist auch die Spange. —
Komm', Kind! Nun hast du Spang' und Tuch. —
O weh! Da vergaß ich selbst mein Buch!
(Sie kehrt wieder um.)

Walther.

Dieß eine Wort, ihr sagt mir's nicht?
Die Sylbe, die mein Urtheil spricht?
Ja, oder: Nein! — Ein flücht'ger Laut:
mein Fräulein, sagt, seid ihr schon Braut?

Magdalene
(die bereits zurückgekommen, verneigt sich vor Walther).

Sieh' da, Herr Ritter?
Wie sind wir hochgeehrt:

mit Evchen's Schutze
habt ihr euch gar beschwert?
Darf den Besuch des Helden
ich Meister Pogner melden?

Walther
(leidenschaftlich).

Betrat ich doch nie sein Haus!

Magdalene.

Ei, Junker! Was sagt ihr da aus?
In Nürnberg eben nur angekommen,
war't ihr nicht freundlich aufgenommen?
Was Küch' und Keller, Schrein und Schrank
euch bot, verdient' es keinen Dank?

Eva.

Gut Lenchen! Ach! Das meint er ja nicht.
Doch wohl von mir wünscht er Bericht —
wie sag' ich's schnell? — Versteh' ich's doch kaum! —
Mir ist, als wär' ich gar wie im Traum! —
Er frägt, — ob ich schon Braut?

Magdalene
(sich scheu umsehend).

Hilf Gott! Sprich nicht so laut!
Jetzt lass' uns nach Hause geh'n;
wenn uns die Leut' hier seh'n!

Walther.

Nicht eher, bis ich Alles weiß!

Eva.

's ist leer, die Leut' sind fort.

Magdalene.

Drum eben wird mir heiß!
Herr Ritter, an anderm Ort!

(David tritt aus der Sacristei ein, und macht sich darüber her, dunkle Vorhänge, welche so angebracht sind, daß sie den Vordergrund der Bühne nach dem Kirchenschiffe zu schräg abschließen, an einander zu ziehen.)

Walther.

Nein! Erst dieß Wort!

Eva
(Magdalene haltend).

Dieß Wort?

Magdalene
(die sich bereits umgewendet, erblickt David, hält an und ruft zärtlich für sich):

David? Ei! David hier?

Eva
(drängend).

Was sag' ich? Sag' du's mir!

Magdalene
(mit Zerstreutheit, öfters nach David sich umsehend).

Herr Ritter, was ihr die Jungfer fragt,
das ist so leichtlich nicht gesagt:
fürwahr ist Evchen Pogner Braut —

Eva
(schnell unterbrechend).

Doch hat noch Keiner den Bräut'gam erschaut.

Magdalene.

Den Bräut'gam wohl noch Niemand kennt,
bis morgen ihn das Gericht ernennt,
das dem Meistersinger ertheilt den Preis —

Eva
(wie zuvor).

Und selbst die Braut ihm reicht das Reis.

Walther.

Dem Meistersinger?

Eva
(bang).

Seid ihr das nicht?

Walther.

Ein Werbgesang?

Magdalene.

Vor Wettgericht.

Walther.

Den Preis gewinnt?

Magdalene.

Wen die Meister meinen.

Walther.

Die Braut dann wählt?

Eva
(sich vergessend).

Euch, oder Keinen!

(Walther wendet sich, in großer Aufregung auf- und abgehend, zur Seite.)

Magdalene
(sehr erschrocken).

Was? Evchen! Evchen! Bist du von Sinnen?

Eva.

Gut' Lene! Hilf mir den Ritter gewinnen!

Magdalene.

Sah'st ihn doch gestern zum ersten Mal?

Eva.

Das eben schuf mir so schnelle Qual,
daß ich schon längst ihn im Bilde sah: —
sag', trat er nicht ganz wie David nah'?

Magdalene.

Bist du toll? Wie David?

Eva.

Wie David im Bild.

Magdalene.

Ach! Mein'st du den König mit der Harfen
und langem Bart in der Meister Schild?

Eva.

Nein! Der, deß' Kiesel den Goliath warfen,
das Schwert im Gurt, die Schleuder zur Hand,
von lichten Locken das Haupt umstrahlt,
wie ihn uns Meister Dürer gemalt.

Magdalene
(laut seufzend).

Ach, David! David!

David

(der herausgegangen und jetzt wieder zurückkommt, ein Lineal im Gürtel und ein großes Stück weißer Kreide an einer Schnur in der Hand schwenkend).

Da bin ich! Wer ruft?

Magdalene.

Ach, David! Was ihr für Unglück schuft!
(Für sich.)
Der liebe Schelm! Wüßt' er's noch nicht?
(Laut.)
Ei, seht! Da hat er uns gar verschlossen?

David

(zärtlich zu Magdalene).

In's Herz euch allein!

Magdalene

(bei Seite).

Das treue Gesicht! —
(Laut.)
Mein sagt! Was treibt ihr hier für Possen?

David.

Behüt' es! Possen? Gar ernste Ding'!
Für die Meister hier richt' ich den Ring.

Magdalene.

Wie? Gäb' es ein Singen?

David.

Nur Freiung heut':
der Lehrling wird da losgesprochen,
der nichts wider die Tabulatur verbrochen;
Meister wird, wen die Prob' nicht reu't.

Magdalene.

Da wär' der Ritter ja am rechten Ort. —
Jetzt, Evchen, komm', wir müssen fort.

Walther

(schnell sich zu den Frauen wendend).

Zu Meister Pogner laßt mich euch geleiten.

Magdalene.

Erwartet den hier: er ist bald da.

Wollt ihr euch Evchen's Hand erstreiten,
rückt Ort und Zeit das Glück euch nah'.

(Zwei Lehrbuben kommen dazu und tragen Bänke.)

Jetzt eilig von hinnen!

Walther.

Was soll ich beginnen?

Magdalene.

Laßt David euch lehren
die Freiung begehren. —
Davidchen! Hör', mein lieber Gesell,
den Ritter bewahr' hier wohl zur Stell'!
Was Fein's aus der Küch'
bewahr' ich für dich:
und morgen begehr' du noch dreister,
wird heut' der Junker hier Meister.

(Sie drängt fort.)

Eva

(zu Walther).

Seh' ich euch wieder?

Walther

(feurig).

Heut' Abend, gewiß! —
Was ich will wagen,
wie könnt' ich's sagen?
Neu ist mein Herz, neu mein Sinn,
neu ist mir Alles, was ich beginn'.
Eines nur weiß ich,
Eines begreif' ich:
mit allen Sinnen
euch zu gewinnen!
Ist's mit dem Schwert nicht, muß es gelingen,
gilt es als Meister euch zu ersingen.
Für euch Gut und Blut!
Für euch
Dichters heil'ger Muth!

Eva
(mit großer Wärme).

Mein Herz, sel'ger Gluth,
für euch
liebesheil'ge Huth!

Magdalene.

Schnell heim, sonst geht's nicht gut!

David
(Walther messend).

Gleich Meister? Oho! Viel Muth!

(Magdalene zieht Eva rasch durch die Vorhänge fort.)

(Walther hat sich, aufgeregt und brütend, in einen erhöhten, kathederartigen Lehnstuhl geworfen, welchen zuvor zwei Lehrbuben, von der Wand ab, mehr nach der Mitte zu gerückt hatten.)

(Noch mehre Lehrbuben sind eingetreten: sie tragen und richten Bänke, und bereiten Alles [nach der unten folgenden Angabe] zur Sitzung der Meistersinger vor.)

1. Lehrbube.

David, was steh'st?

2. Lehrbube.

Greif' an's Werk!

3. Lehrbube.

Hilf uns richten das Gemerk!

David.

Zu eifrigst war ich vor euch allen:
nun schafft für euch; hab' ander Gefallen!

2. Lehrbube.

Was der sich dünkt!

3. Lehrbube.

Der Lehrling' Muster!

1. Lehrbube.

Das macht, weil sein Meister ein Schuster.

3. Lehrbube.

Beim Leisten sitzt er mit der Feder.

2. Lehrbube.

Beim Dichten mit Draht und Pfriem'.

1. Lehrbube.

Sein' Verse schreibt er auf rohes Leder.

3. Lehrbube

(mit der entsprechenden Gebärde).

Das, dächt' ich, gerbten wir ihm!

(Sie machen sich lachend an die fernere Herrichtung.)

David

(nachdem er den sinnenden Ritter eine Weile betrachtet, ruft sehr stark):

„Fanget an!“

Walther

(verwundert aufblickend).

Was soll's?

David

(noch stärker).

„Fanget an!“ — So ruft der „Merker“;
nun sollt ihr singen: — wißt ihr das nicht?

Walther.

Wer ist der Merker?

David.

Wißt ihr das nicht?
War't ihr noch nie bei 'nem Sing-Gericht?

Walther.

Noch nie, wo die Richter Handwerker.

David.

Seid ihr ein „Dichter“?

Walther.

Wär' ich's doch!

David.

Waret ihr „Singer“?

Walther.

Wüßt' ich's noch?

David.

Doch „Schulfreund“ war't ihr, und „Schüler“ zuvor?

Walther.

Das klingt mir alles fremd vor'm Ohr.

David.

Und so grad'hin wollt ihr Meister werden?

Walther.

Wie machte das so große Beschwerden?

David.

O Lene! Lene!

Walther.

Wie ihr doch thut!

David.

O Magdalene!

Walther.

Rathet mir gut!

David.

Mein Herr, der Singer Meister-Schlag
gewinnt sich nicht in einem Tag.
In Nürenberg der größte Meister,
mich lehrt die Kunst Hans Sachs;
schon voll ein Jahr mich unterweis't er,
daß ich als Schüler wachs'.
Schuhmacherei und Poeterei,
die lern' ich da all' einerlei:
hab' ich das Leder glatt geschlagen,
lern' ich Vocal und Consonanz sagen;
wichst' ich den Draht gar fein und steif,
was sich da reimt, ich wohl begreif';
den Pfriemen schwingend,
im Stich die Ahl',
was stumpf, was klingend,
was Maaß und Zahl, —
den Leisten im Schurz —
was lang, was kurz,
was hart, was lind,
hell oder blind,

was Waisen, was Mylben,
was Kleb-Sylben,
was Pausen, was Körner,
Blumen und Dörner,
das Alles lernt' ich mit Sorg' und Acht:
wie weit nun meint ihr, daß ich's gebracht?

Walther.

Wohl zu 'nem Paar recht guter Schuh'?

David.

Ja, dahin hat's noch lange Ruh'!
Ein „Bar" hat manch' Gesätz und Gebänd':
wer da gleich die rechte Regel fänd',
die richt'ge Naht,
und den rechten Draht,
mit gut gefügten „Stollen",
den Bar recht zu versohlen.
Und dann erst kommt der „Abgesang";
daß der nicht kurz, und nicht zu lang,
und auch keinen Reim enthält,
der schon im Stollen gestellt. —
Wer Alles das merkt, weiß und kennt,
wird doch immer noch nicht Meister genennt.

Walther.

Hilf Gott! Will ich denn Schuster sein? —
In die Singkunst lieber führ' mich ein.

David.

Ja, hätt' ich's nur selbst erst zum „Singer" gebracht!
Wer glaubt wohl, was daß für Mühe macht?
Der Meister Tön' und Weisen,
gar viel an Nam' und Zahl,
die starken und die leisen,
wer die wüßte allzumal!
Der „kurze", „lang'" und „überlang'" Ton,
die „Schreibpapier"-, „Schwarz-Dinten"-Weis';
der „rothe", „blau'" und „grüne" Ton,
die „Hageblüh"-, „Strohhalm"-, „Fengel"-Weis';

der „zarte", der „süße", der „Rosen"-Ton,
der „kurzen Liebe", der „vergess'ne" Ton;
die „Rosmarin"-, „Gelbveiglein"-Weis',
die „Regenbogen"-, die „Nachtigal"-Weis';
die „englische Zinn"-, die „Zimmtröhren"-Weis',
„frisch' Pomeranzen"-, „grün Lindenblüh"-Weis',
die „Frösch"-, die „Kälber"-, die „Stieglitz"-Weis',
die „abgeschiedene Vielfraß"-Weis';
der „Lerchen"-, der „Schnecken"-, der „Beller"-Ton,
die „Melissenblümlein"-, die „Meiran"-Weis',
„Gelblöwenhaut"-, „treu Pelikan"-Weis',
die „buttglänzende Draht"-Weis' . . .

Walther.

Hilf Himmel! Welch' endlos Töne-Geleis'!

David.

Das sind nur die Namen: nun lernt sie singen,
recht wie die Meister sie gestellt!
Jed' Wort und Ton muß klärlich klingen,
wo steigt die Stimm', und wo sie fällt.
Fangt nicht zu hoch, zu tief nicht an,
als es die Stimm' erreichen kann;
mit dem Athem spart, daß er nicht knappt,
und gar am End' ihr überschnappt.
Vor dem Wort mit der Stimme ja nicht summt,
nach dem Wort mit dem Mund auch nicht brummt:
nicht ändert an „Blum'" und „Coloratur",
jed' Zierath fest nach des Meisters Spur.
Verwechseltet ihr, würdet gar irr',
verlör't ihr euch, und käm't in's Gewirr, —
 wär' sonst euch Alles gelungen,
 da hättet ihr gar „versungen"! —
Trotz großem Fleiß und Emsigkeit
ich selbst noch bracht' es nie so weit.
So oft ich's versuch', und 's nicht gelingt,
die „Knieriem-Schlag-Weis'" der Meister mir singt;
wenn dann Jungfer Lene nicht Hilfe weiß,
sing' ich die „eitel-Brod-und-Wasser"-Weis'! —

Nehmt euch ein Beispiel dran,
und laßt von dem Meister-Wahn;
denn „Singer" und „Dichter" müßt ihr sein,
eh' ihr zum „Meister" kehret ein.

Walther.

Wer ist nun Dichter?

Lehrbuben
(während der Arbeit).

David! Kommst' her?

David.

Wartet nur, gleich! —
Wer Dichter wär'?
Habt ihr zum „Singer" euch aufgeschwungen,
und der Meister Töne richtig gesungen,
füget ihr selbst nun Reim und Wort',
daß sie genau an Stell' und Ort
paßten zu einem Meister-Ton,
dann trüg't ihr den Dichterpreis davon.

Lehrbuben.

He, David! Soll man's dem Meister klagen?
Wirst dich bald des Schwatzens entschlagen?

David.

Oho! — Ja wohl! Denn helf' ich euch nicht,
ohne mich wird Alles doch falsch gericht'!

Walther.

Nun dieß noch: wer wird „Meister" genannt?

David.

Damit, Herr Ritter, ist's so bewandt: —
der Dichter, der aus eig'nem Fleiße
zu Wort' und Reimen, die er erfand,
aus Tönen auch fügt eine neue Weise,
der wird als „Meistersinger" erkannt.

Walther
(rasch).

So bleibt mir nichts als der Meisterlohn!

11*

Soll ich hier singen,
kann's nur gelingen,
find' ich zum Vers auch den eig'nen Ton.

David

(der sich zu den Lehrbuben gewendet).

Was macht ihr denn da? — Ja, fehl' ich beim Werk,
verkehrt nur richtet ihr Stuhl' und Gemerk'! —
Ist denn heut' „Singschul'"? — daß ihr's wißt,
das kleine Gemerk'! — nur „Freiung" ist!

(Die Lehrbuben, welche Anstalt getroffen hatten, in der Mitte der Bühne ein größeres Gerüste mit Vorhängen aufzuschlagen, schaffen auf David's Weisung dieß schnell bei Seite und stellen dafür ebenso eilig ein geringeres Brettbodengerüste auf; darauf stellen sie einen Stuhl mit einem kleinen Pult davor, daneben eine große schwarze Tafel, daran die Kreide am Faden aufgehängt wird; um das Gerüste sind schwarze Vorhänge angebracht, welche zunächst hinten und an beiden Seiten, dann auch vorn ganz zusammengezogen werden.)

Die Lehrbuben

(während der Herrichtung).

Aller End' ist doch David der Allergescheit'st!
Nach hohen Ehren gewiß er geizt:
's ist Freiung heut';
gar sicher er freit,
als vornehmer „Singer" schon er sich spreizt!
Die „Schlag"-reime fest er inne hat,
„Arm-Hunger"-Weise singt er glatt;
die „harte-Tritt"-Weis' doch kennt er am best',
die trat ihm sein Meister hart und fest!

(Sie lachen.)

David.

Ja, lacht nur zu! Heut' bin ich's nicht;
ein And'rer stellt sich zum Gericht;
der war nicht „Schüler", ist nicht „Singer",
den „Dichter", sagt er, überspring' er;
denn er ist Junker,
und mit einem Sprung er
denkt ohne weit're Beschwerden
heut' hier „Meister" zu werden. —
D'rum richtet nur fein
das Gemerk' dem ein!

Dorthin! — Hierher! — Die Tafel an die Wand,
so daß sie recht dem Merker zu Hand!

(Sich zu Walther umwendend.)

Ja, ja! — Dem „Merker“! — Wird euch wohl bang?
Vor ihm schon mancher Werber versang.
Sieben Fehler giebt er euch vor,
die merkt er mit Kreide dort an;
wer über sieben Fehler verlor,
hat versungen und ganz verthan!
Nun nehmt euch in Acht!
Der Merker wacht.
Glück auf zum Meistersingen!
Mögt ihr euch das Kränzlein erschwingen!
Das Blumenkränzlein aus Seiden fein,
wird das dem Herrn Ritter beschieden sein?

Die Lehrbuben

(welche das Gemerk zugleich geschlossen, fassen sich an und tanzen einen verschlungenen Reihen darum).

„Das Blumenkränzlein aus Seiden fein,
wird das dem Herrn Ritter beschieden sein?“

(Die Einrichtung ist nun folgender Maaßen beendigt: — Zur Seite rechts sind gepolsterte Bänke in der Weise aufgestellt, daß sie einen schwachen Halbkreis nach der Mitte zu bilden. Am Ende der Bänke, in der Mitte der Scene befindet sich das „Gemerk“ benannte Gerüste, welches zuvor hergerichtet worden. Zur linken Seite steht nur der erhöhte, kathederartige Stuhl [„der Singstuhl“] der Versammlung gegenüber. Im Hintergrunde, den großen Vorhang entlang, steht eine lange niedere Bank für die Lehrlinge. — Walther, verdrießlich über das Gespött der Knaben, hat sich auf die vordere Bank niedergelassen.)

(Pogner und Beckmesser kommen im Gespräch aus der Sacristei; allmählich versammeln sich immer mehrere der Meister. Die Lehrbuben, als sie die Meister eintreten sahen, sind sogleich zurückgegangen und harren ehrerbietig an der hinteren Bank. Nur David stellt sich anfänglich am Eingang bei der Sacristei auf.)

Pogner

(zu Beckmesser).

Seid meiner Treue wohl versehen;
was ich bestimmt, ist euch zu nutz:
im Wettgesang müßt ihr bestehen;
wer böte euch als Meister Trutz?

Beckmesser.

Doch wollt ihr von dem Punkt nicht weichen,
der mich — ich sag's — bedenklich macht;
kann Evchen's Wunsch den Werber streichen,
was nützt mir meine Meister-Pracht?

Pogner.

Ei sagt! Ich mein', vor allen Dingen
sollt' euch an dem gelegen sein?
Könnt ihr der Tochter Wunsch nicht zwingen,
wie möchtet ihr wohl um sie frei'n?

Beckmesser.

Ei ja! Gar wohl! D'rum eben bitt' ich,
daß bei dem Kind ihr für mich sprecht,
wie ich geworben, zart und sittig,
und wie Beckmesser grad' euch recht.

Pogner.

Das thu' ich gern.

Beckmesser
(bei Seite).

Er läßt nicht nach!
Wie wehrt' ich da 'nem Ungemach?

Walther
(der, als er Pogner gewahrt, aufgestanden und ihm entgegengegangen ist, verneigt sich vor ihm).

Gestattet, Meister!

Pogner.

Wie! Mein Junker!
Ihr sucht mich in der Singschul' hie?
(Sie begrüßen sich.)

Beckmesser
(immer bei Seite, für sich).

Verstünden's die Frau'n! Doch schlechtes Geflunker
Gilt ihnen mehr als all' Poesie.

Walther.

Hie eben bin ich am rechten Ort.
Gesteh' ich's frei, vom Lande fort
was mich nach Nürnberg trieb,
war nur zur Kunst die Lieb'.
Vergaß ich's gestern euch zu sagen,
heut' muß ich's laut zu künden wagen:

ein Meistersinger möcht' ich sein.
Schließt, Meister, in die Zunft mich ein!

(Andere Meister sind gekommen und herangetreten.)

Pogner

(zu den nächsten).

Kunz Vogelgesang! Freund Nachtigal!
Hört doch, welch' ganz besonderer Fall!
Der Ritter hier, mir wohlbekannt,
hat der Meisterkunst sich zugewandt.

(Begrüßungen.)

Beckmesser

(immer noch für sich).

Noch such' ich's zu wenden: doch sollt's nicht gelingen,
versuch' ich des Mädchens Herz zu ersingen;
in stiller Nacht, von ihr nur gehört,
erfahr' ich, ob auf mein Lied sie schwört.

(Er wendet sich.)

Wer ist der Mensch?

Pogner

(zu Walther).

Glaubt, wie mich's freut!
Die alte Zeit dünkt mich erneu't.

Beckmesser

(immer noch für sich).

Er gefällt mir nicht!

Pogner

(fortfahrend).

Was ihr begehrt,
so viel an mir, euch sei's gewährt.

Beckmesser

(ebenso).

Was will der hier? — Wie der Blick ihm lacht!

Pogner

(ebenso).

Half ich euch gern zu des Gut's Verkauf,
in die Zunft nun nehm' ich euch gleich gern auf.

Beckmesser
(ebenso).
Holla! Sixtus! Auf den hab' Acht!

Walther
(zu Pogner).
Habt Dank der Güte
aus tiefstem Gemüthe!
Und darf ich denn hoffen,
steht heut mir noch offen
zu werben um den Preis,
daß ich Meistersinger heiß'?

Beckmesser.
Oho! Fein sacht'! Auf dem Kopf steht kein Kegel!

Pogner.
Herr Ritter, dieß geh' nun nach der Regel.
Doch heut' ist Freiung: ich schlag' euch vor;
mir leihen die Meister ein willig Ohr.
(Die Meistersinger sind nun alle angelangt, zuletzt auch Hans Sachs.)

Sachs.
Gott grüß' euch, Meister!

Vogelgesang.
Sind wir beisammen?

Beckmesser.
Der Sachs ist ja da!

Nachtigal.
So ruft die Namen!

Fritz Kothner
(zieht eine Liste hervor, stellt sich zur Seite auf und ruft):
Zu einer Freiung und Zunftberathung
ging an die Meister ein' Einladung:
bei Nenn' und Nam',
ob jeder kam,
ruf' ich nun auf, als letzt-entbot'ner,
der ich mich nenn' und bin Fritz Kothner.
Seid ihr da, Veit Pogner?

Pogner.

Hier zur Hand.

(Er setzt sich.)

Kothner.

Kunz Vogelgesang?

Vogelgesang.

Ein sich fand.

(Setzt sich.)

Kothner.

Hermann Ortel?

Ortel.

Immer am Ort.

(Setzt sich.)

Kothner.

Balthasar Zorn?

Zorn.

Bleibt niemals fort.

(Setzt sich.)

Kothner.

Konrad Nachtigal?

Nachtigal.

Treu seinem Schlag.

(Setzt sich.)

Kothner.

Augustin Moser?

Moser.

Nie fehlen mag.

(Setzt sich.)

Kothner.

Niklaus Vogel? — Schweigt?

Ein Lehrbube

(sich schnell von der Bank erhebend).

Ist krank.

Kothner.

Gut' Bess'rung dem Meister!

Alle Meister.
Walt's Gott!

Der Lehrbube.
Schön Dank!
(Setzt sich wieder.)

Kothner.
Hans Sachs?

David
(vorlaut sich erhebend).
Da steht er!

Sachs
(drohend zu David).
Juckt dich das Fell? —
Verzeiht, Meister! — Sachs ist zur Stell'.
(Er setzt sich.)

Kothner.
Sixtus Beckmesser?

Beckmesser.
Immer bei Sachs,
daß den Reim ich lern' von „blüh' und wachs'".
(Er setzt sich neben Sachs. Dieser lacht.)

Kothner.
Ulrich Eißlinger?

Eißlinger.
Hier!
(Setzt sich.)

Kothner.
Hans Foltz?

Foltz.
Bin da.
(Setzt sich.)

Kothner.
Hans Schwarz?

Schwarz.
Zuletzt: Gott wollt's!
(Setzt sich.)

Kothner.

Zur Sitzung gut und voll die Zahl.
Beliebt's, wir schreiten zur Merkerwahl?

Vogelgesang.

Wohl eh'r nach dem Fest.

Beckmesser
(zu Kothner).

Pressirt's den Herrn?
Mein' Stell' und Amt lass' ich ihm gern.

Pogner.

Nicht doch, ihr Meister! Laßt das jetzt fort.
Für wicht'gen Antrag bitt' ich um's Wort.
(Alle Meister stehen auf und setzen sich wieder.)

Kothner.

Das habt ihr, Meister! Sprecht!

Pogner.

Nun hört, und versteht mich recht! —
Das schöne Fest, Johannis-Tag,
ihr wißt, begeh'n wir morgen:
auf grüner Au', am Blumenhag,
bei Spiel und Tanz im Lustgelag,
an froher Brust geborgen,
vergessen seiner Sorgen,
ein Jeder freut sich wie er mag.
Die Singschul' ernst im Kirchenchor
die Meister selbst vertauschen;
mit Kling und Klang hinaus zum Thor
auf off'ne Wiese zieh'n sie vor,
bei hellen Festes Rauschen,
das Volk sie lassen lauschen
dem Frei-Gesang mit Laien-Ohr.
Zu einem Werb'- und Wett-Gesang
gestellt sind Siegespreise,
und beide rühmt man weit und lang,
die Gabe wie die Weise.

Nun schuf mich Gott zum reichen Mann;
und giebt ein Jeder wie er kann,
so mußt' ich fleißig sinnen,
was ich gäb' zu gewinnen,
daß ich nicht käm' zu Schand':
so höret, was ich fand. —
In deutschen Landen viel gereis't,
hat oft es mich verdrossen,
daß man den Bürger wenig preis't,
ihn karg nennt und verschlossen:
an Höfen, wie an nied'rer Statt,
des bitt'ren Tadels ward ich satt,
daß nur auf Schacher und Geld
sein Merk' der Bürger stellt'.
Daß wir im weiten deutschen Reich
die Kunst einzig noch pflegen,
d'ran dünkt' ihnen wenig gelegen:
doch wie uns das zur Ehre gereich',
und daß mit hohem Muth
wir schätzen, was schön und gut,
was werth die Kunst, und was sie gilt,
das ward ich der Welt zu zeigen gewillt.
D'rum hört, Meister, die Gab',
die als Preis bestimmt ich hab': —
dem Singer, der im Kunst-Gesang
vor allem Volk den Preis errang
am Sankt Johannistag,
sei er wer er auch mag,
dem geb' ich, ein Kunst-gewog'ner,
von Nürenberg Veit Pogner
mit all' meinem Gut, wie's geh' und steh',
Eva, mein einzig Kind, zur Eh'.

Die Meister
(sehr lebhaft durcheinander).

Das nenn' ich ein Wort! Ein Wort, ein Mann!
Da sieht man, was ein Nürnberger kann!
D'rob preis't man euch noch weit und breit,
den wack'ren Bürger Pogner Veit!

Die Lehrbuben
(lustig aufspringend).

Alle Zeit, weit und breit:
Pogner Veit!

Vogelgesang.

Wer möchte da nicht ledig sein!

Sachs.

Sein Weib gäb' gern wohl mancher d'rein!

Nachtigal.

Auf, ledig' Mann!
Jetzt macht euch d'ran!

Pogner.

Nun hört noch, wie ich's ernstlich mein'!
Ein' leblos' Gabe stell' ich nicht:
ein Mägdlein sitzt mit zu Gericht.
Den Preis erkennt die Meister-Zunft;
doch gilt's der Eh', so will's Vernunft,
daß ob der Meister Rath
die Braut den Ausschlag hat.

Beckmesser
(zu Kothner).

Dünkt euch das klug?

Kothner
(laut).

Versteh' ich gut,
ihr gebt uns in des Mägdleins Huth?

Beckmesser.

Gefährlich das!

Kothner.

Stimmt es nicht bei,
wie wär' dann der Meister Urtheil frei?

Beckmesser.

Laßt's gleich wählen nach Herzens Ziel,
und laßt den Meistergesang aus dem Spiel!

Pogner.

Nicht so! Wie doch? Versteht mich recht!
Wem ihr Meister den Preis zusprecht,
die Maid kann dem verwehren,
doch nie einen And'ren begehren:
ein Meistersinger muß er sein:
nur wen ihr krönt, den soll sie frei'n.

Sachs.

Verzeiht!
Vielleicht schon ginget ihr zu weit.
Ein Mädchenherz und Meisterkunst
erglüh'n nicht stets von gleicher Brunst;
der Frauen Sinn, gar unbelehrt,
dünkt mich dem Sinn des Volks gleich werth.
Wollt ihr nun vor dem Volke zeigen,
wie hoch die Kunst ihr ehrt;
und laßt ihr dem Kind die Wahl zu eigen,
wollt nicht, daß dem Spruch es wehrt':
so laßt das Volk auch Richter sein;
mit dem Kinde sicher stimmt's überein.

Die Meister
(unruhig durcheinander).

Oho! Das Volk? Ja, das wäre schön!
Ade dann Kunst und Meistertön'!

Nachtigal.

Nein, Sachs! Gewiß, das hat keinen Sinn!
Gäb't ihr dem Volk die Regeln hin?

Sachs.

Vernehmt mich recht! Wie ihr doch thut!
Gesteht, ich kenn' die Regeln gut;
und daß die Zunft die Regeln bewahr',
bemüh' ich mich selbst schon manches Jahr.
Doch einmal im Jahre fänd' ich's weise,
daß man die Regeln selbst probir',
ob in der Gewohnheit trägem G'leise
ihr' Kraft und Leben sich nicht verlier':

und ob ihr der Natur
noch seid auf rechter Spur,
daß sagt euch nur
wer nichts weiß von der Tabulatur.

(Die Lehrbuben springen auf und reiben sich die Hände.)

Beckmesser.

Hei! wie sich die Buben freuen!

Hans Sachs
(eifrig fortfahrend).

D'rum mocht's euch nie gereuen,
daß jährlich am Sankt Johannisfest,
statt daß das Volk man kommen läßt,
herab aus hoher Meister-Wolk'
ihr selbst euch wendet zu dem Volk'.
Dem Volke wollt ihr behagen;
nun dächt' ich, läg' es nah,
ihr ließ't es selbst euch auch sagen,
ob das ihm zur Lust geschah?
Daß Volk und Kunst gleich blüh' und wachs',
bestellt ihr so, mein' ich, Hans Sachs.

Vogelgesang.

Ihr meint's wohl recht!

Kothner.

Doch steht's d'rum faul.

Nachtigal.

Wenn spricht das Volk, halt' ich das Maul.

Kothner.

Der Kunst droht allweil' Fall und Schmach,
läuft sie der Gunst des Volkes nach.

Beckmesser.

D'rin bracht' er's weit, der hier so dreist:
Gassenhauer dichtet er meist.

Pogner.

Freund Sachs, was ich mein', ist schon neu:

zu viel auf einmal brächte Reu'! —
So frag' ich, ob den Meistern gefällt
Gab' und Regel, wie ich's gestellt?

(Die Meister erheben sich.)

Sachs.

Mir genügt der Jungfer Ausschlag-Stimm'.

Beckmesser

(für sich).

Der Schuster weckt doch stets mir Grimm!

Kothner.

Wer schreibt sich als Werber ein?
Ein Jung-Gesell muß es sein.

Beckmesser.

Vielleicht auch ein Wittwer? Fragt nur den Sachs!

Sachs.

Nicht doch, Herr Merker! Aus jüng'rem Wachs
als ich und ihr muß der Freier sein,
soll Evchen ihm den Preis verleih'n.

Beckmesser.

Als wie auch ich? — Grober Gesell!

Kothner.

Begehrt wer Freiung, der komm' zur Stell'!
Ist Jemand gemeld't, der Freiung begehrt?

Pogner.

Wohl, Meister! Zur Tagesordnung kehrt!
Und nehmt von mir Bericht,
wie ich auf Meister-Pflicht
einen jungen Ritter empfehle,
der wünscht, daß man ihn wähle,
und heut' als Meistersinger frei'. —
Mein Junker von Stolzing, kommt herbei!

Walther

(tritt vor, und verneigt sich).

Beckmesser
(für sich).

Dacht' ich mir's doch! Geht's da hinaus, Veit?
(Laut.)
Meister, ich mein', zu spät ist's der Zeit.

Die Meister
(durcheinander).

Der Fall ist neu. — Ein Ritter gar?
Soll man sich freu'n? — Oder wär' Gefahr?
Immerhin hat's ein groß' Gewicht,
daß Meister Pogner für ihn spricht.

Kothner.

Soll uns der Junker willkommen sein,
zuvor muß er wohl vernommen sein.

Pogner.

Vernehmt ihn gut! Wünsch' ich ihm Glück,
nicht bleib' ich doch hinter der Regel zurück.
Thut, Meister, die Fragen!

Kothner.

So mög' uns der Junker sagen:
ist er frei und ehrlich geboren?

Pogner.

Die Frage gebt verloren,
da ich euch selbst deff' Bürge steh',
daß er aus frei' und edler Eh',
von Stolzing Walther aus Frankenland,
nach Brief' und Urkund' mir wohlbekannt.
Als seines Stammes letzter Sproß,
verließ er neulich Hof und Schloß,
und zog nach Nürnberg her,
daß er hier Bürger wär'.

Beckmesser
(zum Nachbar).

Neu-Junker-Unkraut! Thut nicht gut.

Nachtigal
(laut).

Freund Pogner's Wort Genüge thut.

Sachs.

Wie längst von den Meistern beschlossen ist,
ob Herr, ob Bauer, hier nichts beschießt:
hier fragt sich's nach der Kunst allein,
wer will ein Meistersinger sein.

Kothner.

D'rum nun frag' ich zur Stell':
welch' Meisters seid ihr Gesell'?

Walther.

Am stillen Herd in Winterszeit,
wenn Burg und Hof mir eingeschnei't,
wie einst der Lenz so lieblich lacht',
und wie er bald wohl neu erwacht',
ein altes Buch, vom Ahn' vermacht,
gab das mir oft zu lesen:
Herr Walther von der Vogelweid',
der ist mein Meister gewesen.

Sachs.

Ein guter Meister!

Beckmesser.

Doch lang' schon todt:
wie lehrt' ihm der wohl der Regel Gebot?

Kothner.

Doch in welcher Schul' das Singen
mocht' euch zu lernen gelingen?

Walther.

Wann dann die Flur vom Frost befreit,
und wiederkehrt die Sommerszeit,
was einst in langer Wintersnacht
das alte Buch mir kund gemacht,
das schallte laut in Waldespracht,
das hört' ich hell erklingen:

im Wald dort auf der Vogelweid',
    da lernt' ich auch das Singen.

Beckmesser.

    Oho! Von Finken und Meisen
    lerntet ihr Meister-Weisen?
Das mag denn wohl auch darnach sein!

Vogelgesang.

Zwei art'ge Stollen faßt' er da ein.

Beckmesser.

Ihr lobt ihn, Meister Vogelgesang?
Wohl weil er vom Vogel lernt' den Gesang?

Kothner
(bei Seite zu den Meistern).

Was meint ihr, Meister? Frag' ich noch fort?
Mich dünkt, der Junker ist fehl am Ort.

Sachs.

    Das wird sich bäldlich zeigen:
    wenn rechte Kunst ihm eigen,
    und gut er sie bewährt,
    was gilt's, wer sie ihn gelehrt?

Kothner.

Meint, Junker, hier in Sang' und Dicht'
    euch rechtlich unterwiesen,
und wollt ihr, daß im Zunftgericht
    zum Meister wir euch kiesen:
seid ihr bereit, ob euch gerieth
mit neuer Find' ein Meisterlied,
    nach Dicht' und Weis' eu'r eigen
    zur Stunde jetzt zu zeigen?

Walther.

        Was Winternacht,
        was Waldes Pracht,
    was Buch' und Hain mich wiesen;
was Dichter-Sanges Wundermacht
    mir heimlich wollt' erschließen;

12*

was Rosses Schritt
beim Waffenritt,
was Reihen-Tanz
bei heit'rem Schanz
mir sinnend gab zu lauschen:
gilt es des Lebens höchsten Preis
um Sang mir einzutauschen,
zu eig'nem Wort und eig'ner Weis'
will einig mir es fließen,
als Meistersang, ob den ich weiß,
euch Meistern sich ergießen.

Beckmesser.

Entnahm't ihr 'was der Worte Schwall?

Vogelgesang.

Ei nun, er wagt's.

Nachtigal.

Merkwürd'ger Fall!

Kothner.

Nun, Meister, wenn's gefällt,
werd' das Gemerk bestellt. —
Wählt der Herr einen heil'gen Stoff?

Walther.

Was heilig mir,
der Liebe Panier
schwing' und sing' ich, mir zu Hoff'.

Kothner.

Das gilt uns weltlich: d'rum allein,
Merker Beckmesser, schließt euch ein!

Beckmesser
(aufstehend und dem Gemerk zuschreitend).

Ein sau'res Amt, und heut' zumal;
wohl giebt's mit der Kreide manche Qual. —
Herr Ritter, wißt:
Sixtus Beckmesser Merker ist;
hier im Gemerk

verrichtet er still sein strenges Werk.
Sieben Fehler giebt er euch vor,
die merkt er mit Kreide dort an:
wenn er über sieben Fehler verlor,
dann versang der Herr Rittersmann. —
Gar fein er hört;
doch daß er euch den Muth nicht stört,
säh't ihr ihm zu,
so giebt er euch Ruh',
und schließt sich gar hier ein, —
läßt Gott euch befohlen sein.

(Er hat sich in das Gemerk gesetzt, streckt mit dem Letzten den Kopf höhnisch freundlich nickend heraus, und zieht den vorderen Vorhang, den zuvor einer der Lehrbuben geöffnet hatte, wieder ganz zusammen, so daß er unsichtbar wird.)

Kothner

(hat die von den Lehrbuben aufgehängten „Leges Tabulaturae“ von der Wand genommen).

Was euch zum Liede Richt' und Schnur,
vernehmt nun aus der Tabulatur. —

(Er liest.)

„Ein jedes Meistergesanges Bar
stell' ordentlich ein Gemäße dar
aus unterschiedlichen Gesetzen,
die Keiner soll verletzen.
Ein Gesetz besteht aus zweenen Stollen,
die gleiche Melodei haben sollen,
der Stoll' aus etlicher Vers' Gebänd',
der Vers hat seinen Reim am End'.
Darauf so folgt der Abgesang,
der sei auch etlich' Verse lang,
und hab' sein' besondere Melodei,
als nicht im Stollen zu finden sei.
Derlei Gemäßes mehre Baren
soll ein jed' Meisterlied bewahren;
und wer ein neues Lied gericht',
das über vier der Sylben nicht
eingreift in and'rer Meister Weis',
deß' Lied erwerb' sich Meister-Preis.“ —
Nun setzt euch in den Singestuhl!

Walther.

Hier in den Stuhl?

Kothner.

Wie's Brauch der Schul'.

Walther
(besteigt den Stuhl, und setzt sich mit Missbehagen).

Für dich, Geliebte, sei's gethan!

Kothner
(sehr laut).

Der Sänger sitzt.

Beckmesser
(im Gemerk, sehr grell).

Fanget an!

Walther
(nach einiger Sammlung).

Fanget an!
So rief der Lenz in den Wald,
daß laut es ihn durchhallt:
und wie in fern'ren Wellen
der Hall von dannen flieht,
von weither nah't ein Schwellen,
das mächtig näher zieht;
es schwillt und schallt,
es tönt der Wald
von holder Stimmen Gemenge;
nun laut und hell
schon nah' zur Stell',
wie wächst der Schwall!
Wie Glockenhall
ertos't des Jubels Gedränge!
Der Wald,
wie bald
antwortet' er dem Ruf,
der neu ihm Leben schuf,
stimmte an
das süße Lenzes-Lied! —

(Man hat aus dem Gemerk wiederholt unmuthige Seufzer des Merkers und heftiges Anstreichen mit der Kreide vernommen. Auch Walther hat es bemerkt, und fährt, dadurch für eine kurze Weile gestört, fort.)

In einer Dornenhecken,
von Neid und Gram verzehrt,
mußt' er sich da verstecken,
der Winter, Grimm-bewehrt:
von dürrem Laub umrauscht
er lauert da und lauscht,
wie er das frohe Singen
zu Schaden könnte bringen. —
(Unmuthig vom Stuhl aufstehend.)
Doch: fanget an!
So rief es mir in die Brust,
als noch ich von Liebe nicht wußt'.
Da fühlt' ich's tief sich regen,
als weckt es mich aus dem Traum;
mein Herz mit bebenden Schlägen
erfüllte des Busens Raum:
das Blut, es wall't
mit Allgewalt,
geschwellt von neuem Gefühle;
aus warmer Nacht
mit Übermacht
schwillt mir zum Meer
der Seufzer Heer
in wildem Wonne-Gewühle:
die Brust,
mit Lust
antwortet sie dem Ruf,
der neu ihr Leben schuf:
stimmt nun an
das hehre Liebes-Lied!

Beckmesser
(der immer unruhiger geworden, reißt den Vorhang auf).
Seid ihr nun fertig?

Walther.
Wie fraget ihr?

Beckmesser
(die ganz mit Kreidestrichen bedeckte Tafel heraushaltend).
Mit der Tafel ward ich fertig schier.
(Die Meister müssen lachen.)

Walther.

Hört doch! Zu meiner Frauen Preis
gelang' ich jetzt erst mit der Weis'.

Beckmesser
(das Gemerk verlassend).

Singt, wo ihr wollt! Hier habt ihr verthan. —
Ihr Meister, schaut die Tafel euch an:
so lang' ich leb', ward's nicht erhört;
ich glaubt's nicht, wenn ihr's all' auch schwört!
(Die Meister sind im Aufstand durcheinander.)

Walther.

Erlaubt ihr's, Meister, daß er mich stört?
Blieb' ich von Allen ungehört?

Pogner.

Ein Wort, Herr Merker! Ihr seid gereizt!

Beckmesser.

Sei Merker fortan, wer danach geizt!
Doch daß der Ritter versungen hat,
beleg' ich erst noch vor der Meister Rath.
Zwar wird's 'ne harte Arbeit sein:
wo beginnen, da wo nicht aus noch ein?
Von falscher Zahl, und falschem Gebänd'
schweig' ich schon ganz und gar;
zu kurz, zu lang, wer ein End' da fänd'!
Wer meint hier im Ernst einen Bar?
Auf „blinde Meinung" klag' ich allein:
sagt, konnt ein Sinn unsinniger sein?

Mehrere Meister.

Man ward nicht klug! Ich muß gesteh'n,
ein Ende konnte Keiner erseh'n.

Beckmesser.

Und dann die Weis'! Welch' tolles Gekreis'
aus „Abenteuer"-, „blau Rittersporn"-Weis',
„hoch Tannen"- und „stolz Jüngling"-Ton!

Kothner.

Ja, ich verstand gar nichts davon!

Beckmesser.

Kein Absatz wo, kein' Coloratur,
von Melodei auch nicht eine Spur!

Mehrere Meister
(durcheinander).

Wer nennt das Gesang?
's ward einem bang'!
Eitel Ohrgeschinder!
Gar nichts dahinter!

Kothner.

Und gar vom Singstuhl ist er gesprungen!

Beckmesser.

Wird erst auf die Fehlerprobe gedrungen?
Oder gleich erklärt, daß er versungen?

Sachs
(der vom Beginne an Walther mit zunehmendem Ernste zugehört).

Halt! Meister! Nicht so geeilt!
Nicht jeder eure Meinung theilt. —
Des Ritters Lied und Weise,
sie fand ich neu, doch nicht verwirrt;
verließ er uns're G'leise,
schritt er doch fest und unbeirrt.
Wollt ihr nach Regeln messen,
was nicht nach eurer Regeln Lauf,
der eig'nen Spur vergessen,
sucht davon erst die Regeln auf!

Beckmesser.

Aha! Schon recht! Nun hört ihr's doch:
den Stümpern öffnet Sachs ein Loch,
da aus und ein nach Belieben
ihr Wesen leicht sie trieben.
Singet dem Volk auf Markt und Gassen;
hier wird nach den Regeln nur eingelassen.

Sachs.

Herr Merker, was doch solch' ein Eifer?
Was doch so wenig Ruh'?
Eu'r Urtheil, dünkt mich, wäre reifer,
hörtet ihr besser zu.
Darum, so komm ich jetzt zum Schluß,
daß den Junker zu End' man hören muß.

Beckmesser.

Der Meister Zunft, die ganze Schul',
gegen den Sachs da sind sie Null.

Sachs.

Verhüt' es Gott, was ich begehr',
daß das nicht nach den Gesetzen wär'!
Doch da nun steht's geschrieben,
der Merker werde so bestellt,
daß weder Haß noch Lieben
das Urtheil trüben, das er fällt.
Geht er nun gar auf Freiers-Füßen,
wie sollt' er da die Lust nicht büßen,
den Nebenbuhler auf dem Stuhl
zu schmähen vor der ganzen Schul'?

(Walther flammt auf.)

Nachtigal.

Ihr geht zu weit!

Kothner.

Persönlichkeit!

Pogner
(zu den Meistern).

Vermeidet, Meister, Zwist und Streit!

Beckmesser.

Ei was kümmert's doch Meister Sachsen,
auf was für Füßen ich geh'?
Ließ' er d'rob lieber Sorge sich wachsen,
daß nichts mir drück' die Zeh'!
Doch seit mein Schuster ein großer Poet,

gar übel es um mein Schuhwerk steht;
da seht, wie es schlappt,
und überall klappt!
All' seine Vers' und Reim'
ließ' ich ihm gern daheim,
Historien, Spiel' und Schwänke dazu,
brächt' er mir morgen die neuen Schuh'!

Sachs.

Ihr mahnt mich da gar recht:
doch schickt sich's, Meister, sprecht,
daß, find' ich selbst dem Eseltreiber
ein Sprüchlein auf die Sohl',
dem hochgelahrten Herrn Stadtschreiber
ich nichts d'rauf schreiben soll?
Das Sprüchlein, das eu'r würdig sei,
mit all' meiner armen Poeterei
fand ich noch nicht zur Stund';
doch wird's wohl jetzt mir kund,
wenn ich des Ritters Lied gehört:
d'rum sing' er nun weiter ungestört!

(Walther, in großer Aufregung, stellt sich auf den Singstuhl.)

Die Meister.

Genug! zum Schluß!

Sachs

(zu Walther).

Singt, dem Herrn Merker zum Verdruß!

Beckmesser

(holt, während Walther beginnt, aus dem Gemerk die Tafel herbei, und hält sie während des Folgenden, von Einem zum Andern sich wendend, zur Prüfung den Meistern vor, die er schließlich zu einem Kreis um sich zu vereinigen bemüht ist, welchem er immer die Tafel zur Einsicht vorhält).

[Zugleich mit dem Folgenden bis zum Schluße des Aufzuges.]

Was sollte man da wohl noch hören?
Wär's nicht nur uns zu bethören?
Jeden der Fehler groß und klein,
seht genau auf der Tafel ein. —
„Falsch Gebänd", „unredbare Worte",
„Kleb-Sylben", hier „Laster" gar;

„Aequivoca“, „Reim am falschen Orte“,
„verkehrt“, „verstellt“ der ganze Bar;
ein „Flickgesang“ hier zwischen den Stollen;
„blinde Meinung“ allüberall;
„unklare Wort'“, „Differenz“, hie „Schrollen“,
da „falscher Athem“, hier „Überfall“.
Ganz unverständliche Melodei!
Aus allen Tönen ein Mischgebräu'!
Scheu'tet ihr nicht das Ungemach,
Meister, zählt mir die Striche nach!
Verloren hätt' er schon mit dem acht':
doch so weit wie der hat's noch Keiner gebracht!
Wohl über fünfzig, schlecht gezählt!
Sagt, ob ihr euch den zum Meister wählt?

Die Meister
(durcheinander).

Ja wohl, so ist's! Ich seh' es recht!
Mit dem Herrn Ritter steht es schlecht.
Mag Sachs von ihm halten, was er will,
hier in der Singschul' schweig' er still!
Bleibt einem Jeden doch unbenommen,
wen er zum Genossen begehrt?
Wär' uns der erste Best' willkommen,
was blieben die Meister dann werth? —
Hei! wie sich der Ritter da quält!
Der Sachs hat ihn sich erwählt. —
's ist ärgerlich gar! D'rum macht ein End'!
Auf, Meister, stimmt und erhebt die Händ'!

Pogner
(für sich).

Ja wohl, ich seh's, was mir nicht recht:
mit meinem Junker steht es schlecht! —
Weiche ich hier der Übermacht,
mir ahnet, daß mir's Sorge macht.
Wie gern säh' ich ihn angenommen,
als Eidam wär' er mir gar werth:
nenn' ich den Sieger nun willkommen,

wer weiß, ob ihn mein Kind begehrt!
Gesteh' ich's, daß mich das quält,
ob Eva den Meister wählt!

Walther

(in übermüthig verzweifelter Begeisterung, hoch auf dem Singstuhle aufgerichtet, und auf die unruhig durcheinander sich bewegenden Meister herabblickend)

Aus finst'rer Dornenhecken
die Eule rauscht' hervor,
thät rings mit Kreischen wecken
der Raben heis'ren Chor:
in nächt'gem Heer zu Hauf
wie krächzen all' da auf,
mit ihren Stimmen, den hohlen,
die Elstern, Kräh'n und Dohlen!
Auf da steigt
mit gold'nem Flügelpaar
ein Vogel wunderbar:
sein strahlend hell Gefieder
licht in den Lüften blinkt;
schwebt selig hin und wieder,
zu Flug und Flucht mir winkt.
Es schwillt das Herz
von süßem Schmerz,
der Noth entwachsen Flügel:
es schwingt sich auf
zum kühnen Lauf,
zum Flug durch die Luft
aus der Städte Gruft,
dahin zum heim'schen Hügel,
dahin zur grünen Vogelweid',
wo Meister Walther einst mich freit';
da sing' ich hell und hehr
der liebsten Frauen Ehr':
auf das steigt,
ob Meister-Kräh'n ihm ungeneigt,
das stolze Minne-Lied. —
Ade, ihr Meister, hienied'!

(Er verläßt mit einer stolz verächtlichen Gebärde den Stuhl und wendet sich zum Fortgehen.)

Sachs

(Walther's Gesang folgend.)

Ha, welch' ein Muth!
Begeist'rungs-Gluth! —
Ihr Meister, schweigt doch und hört!
Hört, wenn Sachs euch beschwört! —
Herr Merker da! Gönnt doch nur Ruh'!
Laßt Andre hören! Gebt das nur zu! —
Umsonst! All' eitel Trachten!
Kaum vernimmt man sein eigen Wort!
Des Junkers will Keiner achten: —
das heiß' ich Muth, singt der noch fort!
Das Herz auf dem rechten Fleck:
ein wahrer Dichter-Reck'! —
Mach' ich, Hans Sachs, wohl Vers' und Schuh',
ist Ritter der und Poet dazu.

Die Lehrbuben

(welche längst sich die Hände rieben und von der Bank aufsprangen, schließen jetzt gegen das Ende wieder ihren Reihen und tanzen um das Gemerk).

Glück auf zum Meistersingen,
mögt ihr euch das Kränzlein erschwingen:
das Blumenkränzlein aus Seiden fein,
wird das dem Herrn Ritter beschieden sein?

Beckmesser.

Nun, Meister, kündet's an!

(Die Mehrzahl hebt die Hände auf.)

Alle Meister.

Versungen und verthan!

(Alles geht in Aufregung auseinander; lustiger Tumult der Lehrbuben, welche sich des Gemerkes und der Meisterbänke bemächtigen, wodurch Gedränge und Durcheinander der nach dem Ausgange sich wendenden Meister entsteht. — Sachs, der allein im Vordergrunde verblieben, blickt noch gedankenvoll nach dem leeren Singstuhl; als die Lehrbuben auch diesen erfassen, und Sachs darob mit humoristisch-unmuthiger Gebärde sich abwendet, fällt der Vorhang.)

Zweiter Aufzug.

(Die Bühne stellt im Vordergrunde eine Straße im Längendurchschnitte dar, welche in der Mitte von einer schmalen Gasse, nach dem Hintergrunde zu krumm abbiegend, durchschnitten wird, so daß sich im Front zwei Eckhäuser darbieten, von denen das eine, reichere, rechts — das Haus Pogner's, das andere, einfachere, links — das des Hans Sachs ist. — Zu Pogner's Hause führt von der vorderen Straße aus eine Treppe von mehreren Stufen: vertiefte Thüre, mit Steinsitzen in den Nischen. Zur Seite ist der Raum, ziemlich nahe an Pogner's Hause, durch eine dickstämmige Linde abgegränzt; grünes Gesträuch umgiebt sie am Fuße, vor welchem auch eine Steinbank angebracht ist. — Der Eingang zu Sachsens Hause ist ebenfalls nach der vorderen Straße zu gelegen: eine getheilte Ladenthüre führet hier unmittelbar in die Schusterwerkstatt; dicht dabei steht ein Fliederbaum, dessen Zweige bis über den Laden herein hängen. Nach der Gasse zu hat das Haus noch zwei Fenster, von welchen das eine zur Werkstatt, das andere zu einer dahinter liegenden Kammer gehört.) [Alle Häuser, namentlich auch die der engeren Gasse, müssen praktikabel sein.]

(Heiterer Sommerabend; im Verlaufe der ersten Auftritte allmählig einbrechende Nacht.)

(David ist darüber her, die Fensterläden nach der Gasse zu von außen zu schließen. Andere Lehrbuben thuen das Gleiche bei anderen Häusern.)

Lehrbuben
(während der Arbeit).

Johannistag! Johannistag!
Blumen und Bänder so viel man mag!

David
(für sich).

„Das Blumenkränzlein von Seiden fein,
möcht' es mir balde beschieden sein!"

Magdalene
(ist mit einem Korbe am Arme aus Pogner's Hause gekommen und sucht David unbemerkt sich zu nähern).

Bst! David!

David
(nach der Gasse zu sich umwendend).

Ruft ihr schon wieder?
Singt allein eure dummen Lieder!

Lehrbuben.

David, was soll's?
Wär'st nicht so stolz,
schaut'st besser um,
wär'st nicht so dumm!
„Johannistag! Johannistag!"
Wie der nur die Jungfer Lene nicht kennen mag!

Magdalene.

David! Hör' doch! Kehr' dich zu mir!

David.

Ach, Jungfer Lene! Ihr seid hier?

Magdalene
(auf ihren Korb deutend).

Bring' dir 'was Gut's; schau' nur hinein!
Das soll für mein lieb' Schätzel sein. —
Erst aber schnell, wie ging's mit dem Ritter?
Du riethest ihm gut? Er gewann den Kranz?

David.

Ach, Jungfer Lene! Da steht's bitter;
der hat verthan und versungen ganz!

Magdalene.

Versungen? Verthan?

David.

Was geht's euch nur an?

Magdalene
(den Korb, nach welchem David die Hand ausstreckt, heftig zurückziehend).

Hand von der Taschen!
Nichts da zu naschen! —
Hilf Gott! Unser Junker verthan!

(Sie geht mit Gebärden der Trostlosigkeit nach dem Hause zurück.)

David
(sieht ihr verblüfft nach).

Die Lehrbuben
(welche unvermerkt näher geschlichen waren, gelauscht hatten und sich jetzt, wie glückwünschend, David präsentiren).

Heil, Heil zur Eh' dem jungen Mann!
Wie glücklich hat er gefrei't!
Wir hörten's All', und sahen's an:
der er sein Herz geweih't,
für die er läßt sein Leben,
die hat ihm den Korb nicht gegeben.

David
(auffahrend).

Was steht ihr hier faul?
Gleich haltet eu'r Maul!

Die Lehrbuben
(David umtanzend).

Johannistag! Johannistag!
Da frei't ein Jeder wie er mag.
Der Meister frei't,
Der Bursche frei't,
da giebt's Geschlamb' und Geschlumbfer!
Der Alte frei't
die junge Maid,
der Bursche die alte Jumbfer! —
Juchhei! Juchhei! Johannistag!

(David ist im Begriff wüthend drein zu schlagen, als Sachs, der aus der Gasse hervorgekommen, dazwischen tritt. Die Buben fahren auseinander.)

Sachs.

Was giebt's? Treff' ich dich wieder am Schlag?

David.

Nicht ich! Schandlieder singen die.

Sachs.

Hör' nicht d'rauf! Lern's besser wie sie! —
Zur Ruh'! In's Haus! Schließ' und mach' Licht!

David.

Hab' ich noch Singstund'?

Sachs.

Nein, sing'st nicht!
Zur Straf' für dein heutig' frech' Erdreisten. —
Die neuen Schuh' steck' auf den Leisten!

(Sie sind Beide in die Werkstatt eingetreten und gehen durch innere Thüren ab. Die Lehrbuben haben sich ebenfalls zerstreut.)

(Pogner und Eva, wie vom Spaziergange heimkehrend, die Tochter leicht am Arme des Vaters eingehenkt, sind, beide schweigsam und in Gedanken, die Gasse heraufgekommen.)

Pogner
(noch auf der Gasse, durch eine Ritze im Fensterladen von Sachsens Werkstatt spähend).

Laß' seh'n, ob Nachbar Sachs zu Haus? —
Gern spräch' ich ihn. Trät' ich wohl ein?

(David kommt mit Licht aus der Kammer, setzt sich damit an den Werktisch am Fenster und macht sich über die Arbeit her.)

Eva.

Er scheint daheim: kommt Licht heraus.

Pogner.

Thu' ich's? — Zu was doch! — Besser, nein!
(Er wendet sich ab.)
Will Einer Selt'nes wagen,
was ließ' er da sich sagen? — —
(Nach einigem Sinnen.)
War er's nicht, der meint', ich ging' zu weit? . .
Und blieb ich nicht im Geleise,
war's nicht in seiner Weise? —
Doch war's vielleicht auch — Eitelkeit? —
(Zu Eva.)
Und du, mein Kind, du sag'st mir nichts?

Eva.

Ein folgsam Kind, gefragt nur spricht's.

Pogner.

Wie klug! Wie gut! — Komm', setz' dich hier
ein' Weil' noch auf die Bank zu mir.
(Er setzt sich auf die Steinbank unter der Linde.)

Eva.

Wird's nicht zu kühl?
's war heut' gar schwül.

Pogner.

Nicht doch, 's ist mild und labend;
gar lieblich lind der Abend.
(Eva setzt sich beklommen.)
Das deutet auf den schönsten Tag,
der morgen dir soll scheinen.
O Kind, sagt dir kein Herzensschlag,
welch' Glück dich morgen treffen mag,
wenn Nürenberg, die ganze Stadt
mit Bürgern und Gemeinen,
mit Zünften, Volk und hohem Rath,
vor dir sich soll vereinen,
daß du den Preis,
das edle Reis,

ertheilest als Gemahl
dem Meister deiner Wahl.

Eva.

Lieb' Vater, muß es ein Meister sein?

Pogner.

Hör' wohl: ein Meister deiner Wahl.

(Magdalene erscheint an der Thüre und winkt Eva.)

Eva

(zerstreut).

Ja, — meiner Wahl. — Doch, tritt nun ein —
Gleich, Lene, gleich! — zum Abendmahl.

Pogner

(ärgerlich aufstehend).

's giebt doch keinen Gast?

Eva

(wie oben).

Wohl den Junker?

Pogner

(verwundert).

Wie so?

Eva.

Sah'st ihn heut' nicht?

Pogner

(halb für sich.)

Ward sein' nicht froh. —
Nicht doch! — Was denn? — Ei! werd' ich dumm?

Eva.

Lieb' Väterchen, komm'! Geh', kleid' dich um!

Pogner

(voran in das Haus gehend).

Hm! — Was geht mir im Kopf doch 'rum?

(Ab.)

Magdalene

(heimlich).

Hast' was heraus?

13*

Eva
(ebenso).

Blieb still und stumm.

Magdalene.

Sprach David: meint', er habe verthan.

Eva.

Der Ritter? — Hilf Gott, was fing' ich an!
Ach, Lene! die Angst: wo 'was erfahren?

Magdalene.

Vielleicht vom Sachs?

Eva.

Ach, der hat mich lieb!
Gewiß, ich geh' hin.

Magdalene.

Lass' d'rin nichts gewahren!
Der Vater merkt' es, wenn man jetzt blieb'. —
Nach dem Mahl: dann hab' ich dir noch 'was zu sagen,
Was Jemand geheim mir aufgetragen.

Eva.

Wer denn? Der Junker?

Magdalene.

Nichts da! Nein!
Beckmesser.

Eva.

Das mag 'was rechtes sein!
(Sie gehen in das Haus.)

(Sachs ist, in leichter Hauskleidung, in die Werkstatt zurückgekommen. Er wendet sich zu David, der an seinem Werktische verblieben ist.)

Sachs.

Zeig' her! — 's ist gut. — Dort an die Thür'
rück' mir Tisch und Schemel herfür! —
Leg' dich zu Bett! Wach' auf bei Zeit,
verschlaf' die Dummheit, sei morgen gescheit!

David
(richtet Tisch und Schemel).

Schafft ihr noch Arbeit?

Sachs.

Kümmert dich das?

David
(für sich).

Was war nur der Lene? — Gott weiß, was! —
Warum wohl der Meister heute wacht?

Sachs.

Was steh'st noch?

David.

Schlaft wohl, Meister!

Sachs.

Gut' Nacht!

(David geht in die Kammer ab.)

Sachs
(legt sich die Arbeit zurecht, setzt sich an der Thüre auf den Schemel, läßt dann die Arbeit wieder liegen, und lehnt, mit dem Arm auf dem geschlossenen Untertheil des Ladens gestützt, sich zurück).

Wie duftet doch der Flieder
so mild, so stark und voll!
Mir löst es weich die Glieder,
will, daß ich 'was sagen soll. —
Was gilt's, was ich dir sagen kann?
Bin gar ein arm einfältig Mann!
Soll mir die Arbeit nicht schmecken,
gäb'st, Freund, lieber mich frei:
thät' besser das Leder zu strecken,
und ließ' alle Poeterei! —
(Er versucht wieder zu arbeiten. Läßt ab und sinnt.)
Und doch, 's will halt nicht geh'n. —
Ich fühl's — und kann's nicht versteh'n; —
kann's nicht behalten, — doch auch nicht vergessen;
und fass' ich es ganz, — kann ich's nicht messen. —
Doch wie auch wollt' ich's fassen,
was unermeßlich mir schien?
Kein' Regel wollte da passen,
und war doch kein Fehler drin. —

Es klang so alt, und war doch so neu, —
wie Vogelsang im süßen Mai: —
wer ihn hört,
und wahnbethört
sänge dem Vogel nach,
dem brächt' es Spott und Schmach. —
Lenzes Gebot,
die süße Noth,
die legten's ihm in die Brust:
nun sang er, wie er mußt'!
Und wie er mußt', so konnt' er's;
das merkt' ich ganz besonders.
Dem Vogel, der heut' sang,
dem war der Schnabel hold gewachsen;
macht' er den Meistern bang,
gar wohl gefiel er doch Hans Sachsen.

(Eva ist auf die Straße getreten, hat schüchtern spähend sich der Werkstatt genähert, und steht jetzt unvermerkt an der Thüre bei Sachs.)

Eva.

Gut'n Abend, Meister! Noch so fleißig?

Sachs

(ist angenehm überrascht aufgefahren).

Ei, Kind! Lieb' Evchen? Noch so spät?
Und doch, warum so spät noch, weiß ich:
die neuen Schuh'?

Eva.

Wie fehl er räth!
Die Schuh' hab' ich noch gar nicht probirt;
sie sind so schön, so reich geziert,
daß ich sie noch nicht an die Füß' mir getraut.

Sachs.

Doch sollst sie morgen tragen als Braut?

Eva

(hat sich dicht bei Sachs auf den Steinsitz gesetzt).

Wer wäre denn Bräutigam?

Sachs.

Weiß ich das?

Eva.

Wie wißt denn ihr, ob ich Braut?

Sachs.

Ei was!
Das weiß die Stadt.

Eva.

Ja, weiß es die Stadt,
Freund Sachs gute Gewähr dann hat.
Ich dacht', er wüßt' mehr.

Sachs.

Was sollt' ich wissen?

Eva.

Ei seht doch! Werd' ich's ihm sagen müssen?
Ich bin wohl recht dumm?

Sachs.

Das sag' ich nicht.

Eva.

Dann wär't ihr wohl klug?

Sachs.

Das weiß ich nicht.

Eva.

Ihr wißt nichts? Ihr sagt nichts? — Ei, Freund Sachs,
Jetzt merk' ich wahrlich, Pech ist kein Wachs,
Ich hätt' euch für feiner gehalten.

Sachs.

Kind!
Beid', Wachs und Pech, vertraut mir sind.
Mit Wachs strich ich die Seidenfäden,
damit ich die zieren Schuh' dir gefaßt:
heut' fass' ich die Schuh' mit dicht'ren Drähten,
da gilt's mit Pech für den derben Gast.

Eva.

Wer ist denn der? Wohl 'was recht's?

Sachs.

Das mein' ich!

Ein Meister stolz auf Freiers Fuß,
denkt morgen zu siegen ganz alleinig:
Herrn Beckmesser's Schuh' ich richten muß.

Eva.

So nehmt nur tüchtig Pech dazu:
da kleb' er d'rin und lass' mir Ruh'!

Sachs.

Er hofft, dich sicher zu ersingen.

Eva.

Wie so denn der!

Sachs.

Ein Junggesell:
's giebt deren wenig dort zur Stell'.

Eva.

Könnt's einem Wittwer nicht gelingen?

Sachs.

Mein Kind, der wär' zu alt für dich.

Eva.

Ei was, zu alt! Hier gilt's der Kunst,
wer sie versteht, der werb' um mich!

Sachs.

Lieb' Evchen! Mach'st mir blauen Dunst?

Eva.

Nicht ich! Ihr seid's; ihr macht mir Flausen!
Gesteht nur, daß ihr wandelbar;
Gott weiß, wer jetzt euch im Herzen mag hausen!
Glaubt' ich mich doch drin so manches Jahr.

Sachs.

Wohl, da ich dich gern in den Armen trug?

Eva.

Ich seh', 's war nur, weil ihr kinderlos.

Sachs.

Hatt' einst ein Weib und Kinder genug.

Eva.

Doch starb eure Frau, so wuchs ich groß.

Sachs.

Gar groß und schön!

Eva.

D'rum dacht' ich aus,
ihr nähm't mich für Weib und Kind in's Haus.

Sachs.

Da hätt' ich ein Kind und auch ein Weib:
's wär' gar ein lieber Zeitvertreib!
Ja, ja! Das hast du dir schön erdacht.

Eva.

Ich glaub', der Meister mich gar verlacht?
Am End' gar ließ' er sich auch gefallen,
daß unter der Nas' ihm weg von Allen
der Beckmesser morgen mich ersäng'?

Sachs.

Wie sollt' ich's wehren, wenn's ihm geläng'? —
Dem wüßt' allein dein Vater Rath.

Eva.

Wo so ein Meister den Kopf nur hat!
Käm' ich zu euch wohl, fänd' ich's zu Haus?

Sachs.

Ach, ja! Hast Recht! 's ist im Kopf mir kraus:
hab' heut' manch' Sorg' und Wirr' erlebt;
da mag's dann sein, daß 'was drin klebt.

Eva.

Wohl in der Singschul'? 's war heut' Gebot.

Sachs.

Ja, Kind: eine Freiung machte mir Noth.

Eva.

Ja, Sachs! Das hättet ihr gleich soll'n sagen;
plagt' euch dann nicht mit unnützen Fragen. —
Nun sagt, wer war's, der Freiung begehrt'?

Sachs.

Ein Junker, Kind, gar unbelehrt.

Eva.

Ein Junker? Mein, sagt! — und ward er gefrei't?

Sachs.

Nichts da, mein Kind! 's gab gar viel Streit.

Eva.

So sagt! Erzählt, wie ging es zu?
Macht's euch Sorg', wie ließ' mir es Ruh'? —
So bestand er übel und hat verthan?

Sachs.

Ohne Gnad' versang der Herr Rittersmann.

Magdalene
(kommt zum Hause heraus und ruft leise):

Bst! Evchen! Bst!

Eva.

Ohne Gnade? Wie?
Kein Mittel gäb's, das ihm gedieh'?
Sang er so schlecht, so fehlervoll,
daß nichts mehr zum Meister ihm helfen soll?

Sachs.

Mein Kind, für den ist Alles verloren,
und Meister wird der in keinem Land;
denn wer als Meister ward geboren,
der hat unter Meistern den schlimmsten Stand.

Magdalene
(näher).

Der Vater verlangt.

Eva.

So sagt mir noch an,
ob keinen der Meister zum Freund er gewann?

Sachs.

Das wär' nicht übel! Freund ihm noch sein!
Ihm, vor dem All' sich fühlten so klein!
Den Junker Hochmuth, laßt ihn laufen,

mag er durch die Welt sich raufen:
was wir erlernt mit Noth und Müh',
dabei laßt uns in Ruh' verschnaufen!
Hier renn' er nichts uns über'n Haufen:
sein Glück ihm anderswo erblüh'!

Eva

(erhebt sich heftig).

Ja, anderswo soll's ihm erblüh'n,
als bei euch garst'gen, neid'schen Mannsen:
wo warm die Herzen noch erglüh'n,
trotzt allen tück'schen Meister Hansen! —
Ja, Lene! Gleich! Ich komme schon!
Was trüg' ich hier für Trost davon?
Da riecht's nach Pech, daß Gott erbarm'!
Brennt' er's lieber, da würd' er doch warm!

(Sie geht heftig mit Magdalene hinüber, und verweilt sehr aufgeregt dort unter der Thüre.)

Sachs

(nickt bedeutungsvoll mit dem Kopfe).

Das dacht' ich wohl. Nun heißt's: schaff' Rath!

(Er ist während des Folgenden damit beschäftigt, auch die obere Ladenthür so weit zu schließen, daß sie nur ein wenig Licht noch durchläßt; er selbst verschwindet so fast ganz.)

Magdalene.

Hilf Gott! Was bliebst du nur so spat?
Der Vater rief.

Eva.

Geh' zu ihm ein:
ich sei zu Bett im Kämmerlein.

Magdalene.

Nicht doch! Hör' nur! Komm' ich dazu?
Beckmesser fand mich; er läßt nicht Ruh',
zur Nacht sollst du dich an's Fenster neigen,
er will dir 'was Schönes singen und geigen,
mit dem er dich hofft zu gewinnen, das Lied,
ob dir das zu Gefallen gerieth.

Eva.

Das fehlte auch noch! — Käme nur Er!

Magdalene.

Hast' David geseh'n?

Eva.

Was soll mir der?

Magdalene
(halb für sich).

Ich war zu streng; er wird sich grämen.

Eva.

Sieh'st du noch nichts?

Magdalene.

's ist als ob Leut' dort kämen.

Eva.

Wär' er's?

Magdalene.

Mach' und komm' jetzt hinan.

Eva.

Nicht eh'r, bis ich sah den theuersten Mann!

Magdalene.

Ich täuschte mich dort: er war es nicht. —
Jetzt komm', sonst merkt der Vater die G'schicht'!

Eva.

Ach! meine Angst!

Magdalene.

Auch lass' uns berathen,
wie wir des Beckmesser's uns entladen.

Eva.

Zum Fenster geh'st du für mich.

Magdalene.

Wie, ich? —
Das machte wohl David eiferlich?
Er schläft nach der Gassen! Hihi! 's wär' fein! —

Eva.

Dort hör' ich Schritte.

Magdalene.

Jetzt komm', es muß sein!

Eva.

Jetzt näher!

Magdalene.

Du irr'st! 's ist nichts, ich wett'.
Ei, komm'! Du mußt, bis der Vater zu Bett.

(Man hört innen)

Pogner's Stimme.

He! Lene! Eva!

Magdalene.

's ist höchste Zeit!
Hör'st du's? Komm'! Der Ritter ist weit.

(Walther ist die Gasse heraufgekommen; jetzt biegt er um Pogner's Haus herum: Eva, die bereits von Magdalenen am Arm hineingezogen worden war, reißt sich mit einem leisen Schrei los, und stürzt Walther entgegen.)

Eva.

Da ist er!

Magdalene
(hineingehend).

Nun haben wir's! Jetzt heißt's: gescheit!

(Ab.)

Eva
(außer sich).

Ja, ihr seid es!
Nein, du bist es!
Alles sag' ich,
denn ihr wißt es;
Alles klag' ich,
denn ich weiß es,
ihr seid Beides,
Held des Preises,
und mein einz'ger Freund!

Walther
(leidenschaftlich).

Ach, du irr'st! Bin nur dein Freund,
doch des Preises
noch nicht würdig,
nicht den Meistern

ebenbürtig:
mein Begeistern
fand Verachten,
und ich weiß es,
darf nicht trachten
nach der Freundin Hand!

Eva.

Wie du irr'st! Der Freundin Hand,
erthеilt nur sie den Preis,
wie deinen Muth ihr Herz erfand,
reicht sie nur dir das Reis.

Walther.

Ach nein, du irr'st! Der Freundin Hand,
wär' Keinem sie erkoren,
wie sie des Vaters Wille band,
mir wär' sie doch verloren.
„Ein Meistersinger muß er sein:
nur wen ihr krönt, den darf sie frei'n!"
So sprach er festlich zu den Herrn!
kann nicht zurück, möcht' er's auch gern!
Das eben gab mir Muth;
wie ungewohnt mir Alles schien,
ich sang mit Lieb' und Gluth,
daß ich den Meisterschlag verdien'.
Doch diese Meister!
Ha, diese Meister!
Dieser Reim-Gesetze
Leimen und Kleister!
Mir schwillt die Galle,
das Herz mir stockt,
denk' ich der Falle,
darein ich gelockt! —
Fort, in die Freiheit!
Dorthin gehör' ich,
da, wo ich Meister im Haus!
Soll ich dich frei'n heut',
dich nun beschwör' ich,
flieh', und folg' mir hinaus! —

Keine Wahl ist offen,
nichts steht zu hoffen!
Überall Meister,
wie böse Geister,
seh' ich sich rotten
mich zu verspotten:
mit den Gewerken,
aus den Gemerken,
aus allen Ecken,
auf allen Flecken,
seh' ich zu Haufen
Meister nur laufen,
mit höhnendem Nicken
frech auf dich blicken,
in Kreisen und Ringeln
dich umzingeln,
näselnd und kreischend
zur Braut dich heischend,
als Meisterbuhle
auf dem Singstuhle,
zitternd und bebend,
hoch dich erhebend: —
und ich ertrüg' es, sollt' es nicht wagen
grad' aus tüchtig drein zu schlagen?

(Man hört den starken Ruf eines Nachtwächterhornes. Walther legt mit emphatischer Gebärde die Hand an sein Schwert, und starrt wild vor sich hin:)

Ha! . . .

Eva

(faßt ihn besänftigend bei der Hand).

Geliebter, spare den Zorn!
's war nur des Nachtwächters Horn. —
Unter der Linde
birg dich geschwinde:
hier kommt der Wächter vorbei.

Magdalene

(an der Thüre leise).

Evchen! 's ist Zeit: mach' dich frei!

Walther.

Du flieh'st?

Eva.

Muß ich denn nicht?

Walther.

Entweich'st?

Eva.

Dem Meistergericht.

(Sie verschwindet mit Magdalene im Hause.)

Der Nachtwächter

(ist während dem in der Gasse erschienen, kommt singend nach vorn, biegt um die Ecke von Pogner's Haus, und geht nach links zu weiter ab).

„Hört ihr Leut' und laßt euch sagen,
die Glock' hat Zehn geschlagen:
bewahrt das Feuer und auch das Licht,
damit Niemand kein Schad' geschicht!
Lobet Gott den Herrn!"

(Als er hiermit abgegangen, hört man ihn abermals blasen.)

Sachs

(welcher hinter der Ladenthüre dem Gespräche gelauscht, öffnet jetzt, bei eingezogenem Lampenlichte, ein wenig mehr.)

Üble Dinge, die ich da merk':
eine Entführung gar im Werk!
Aufgepaßt: das darf nicht sein!

Walther

(hinter der Linde).

Käm' sie nicht wieder? O der Pein! —
Doch ja! Sie kommt dort! — Weh' mir, nein!
Die Alte ist's! — Doch aber — ja!

Eva

(ist in Magdalena's Kleidung wieder zurückgekommen, und geht auf Walther zu):

Das thör'ge Kind: da hast du's! da!

(Sie sinkt ihm an die Brust.)

Walther.

O Himmel! Ja! Nun wohl ich weiß,
daß ich gewann den Meisterpreis.

Eva.

Doch nun kein Besinnen!

Von hinnen! Von hinnen!
O wären wir weit schon fort!

Walther.

Hier durch die Gasse: dort
finden wir vor dem Thor
Knecht und Rosse vor.

(Als sich Beide wenden, um in die Gasse einzubiegen, läßt Sachs, nachdem er die Lampe hinter eine Glaskugel gestellt, einen hellen Lichtschein, durch die ganz wieder geöffnete Ladenthüre, quer über die Straße fallen, so daß Eva und Walther sich plötzlich hell beleuchtet sehen.)

Eva

(Walther hastig zurückziehend).

O weh', der Schuster! Wenn der uns säh'!
Birg dich! Komm' ihm nicht in die Näh'!

Walther.

Welch' and'rer Weg führt uns hinaus?

Eva

(nach rechts deutend).

Dort durch die Straße: doch der ist kraus,
ich kenn' ihn nicht gut; auch stießen wir dort
auf den Wächter.

Walther.

Nun denn: durch die Gasse!

Eva.

Der Schuster muß erst vom Fenster fort.

Walther.

Ich zwing' ihn, daß er's verlasse.

Eva.

Zeig' dich ihm nicht: er kennt dich!

Walther.

Der Schuster?

Eva.

's ist Sachs!

Walther.

Hans Sachs? Mein Freund?

Eva.

Glaub's nicht!
Von dir zu sagen Übles nur wußt' er.

Walther.

Wie, Sachs? Auch er? — Ich lösch' ihm das Licht!

(Beckmesser ist, dem Nachtwächter in einiger Entfernung nachschleichend, die Gasse heraufgekommen, hat nach den Fenstern von Pogner's Hause gespäht, und, an Sachsens Haus angelehnt, zwischen den beiden Fenstern einen Steinsitz sich ausgesucht, auf welchem er sich, immer nur nach dem gegenüber liegenden Fenster aufmerksam lugend, niedergelassen hat: jetzt stimmt er eine mitgebrachte Lauthe.)

Eva

(Walther zurückhaltend).

Thu's nicht! — Doch horch!

Walther.

Einer Lauthe Klang!

Eva.

Ach, meine Noth!

Walther.

Wie wird dir bang?
Der Schuster, sieh', zog ein das Licht: —
so sei's gewagt!

Eva.

Weh'! Hör'st du denn nicht?
Ein And'rer kam, und nahm dort Stand.

Walther.

Ich hör's und seh's: ein Musikant.
Was will der hier so spät des Nachts?

Eva.

's ist Beckmesser schon!

Sachs

(als er den ersten Ton der Lauthe vernommen, hat, von einem plötzlichen Einfall erfaßt, das Licht wieder etwas eingezogen, leise auch den unteren Theil des Ladens geöffnet, und seinen Werktisch ganz unter die Thüre gestellt. Jetzt hat er Eva's Ausruf vernommen).

Aha! Ich dacht's!

Walther.

Der Merker! Er? in meiner Gewalt?
Drauf zu! Den Lung'rer mach' ich kalt!

Eva.

Um Gott, so hör'! Willst den Vater wecken?
Er singt ein Lied, dann zieht er ab.
Lass' dort uns im Gebüsch verstecken. —
Was mit den Männern ich Müh' doch hab'!

(Sie zieht Walther hinter das Gebüsch auf die Bank unter der Linde.)

Beckmesser

(klimpert voll Ungeduld heftig auf der Lauthe, ob sich das Fenster nicht öffnen wolle? Als er endlich anfangen will zu singen, beginnt Sachs, der soeben das Licht wieder hell auf die Straße fallen ließ, laut mit dem Hammer auf den Leisten zu schlagen, und singt sehr kräftig dazu).

Sachs.

Jerum! Jerum!
Halla halla he!
Oho! Trallalei! O he!
Als Eva aus dem Paradies
von Gott dem Herrn verstoßen,
gar schuf ihr Schmerz der harte Kies
an ihrem Fuß, dem bloßen.
Das jammerte den Herrn,
ihr Füßchen hatt' er gern;
und seinem Engel rief er zu:
„Da mach' der armen Sünd'rin Schuh'!
Und da der Adam, wie ich seh',
an Steinen dort sich stößt die Zeh',
daß recht fortan
er wandeln kann,
so miß dem auch Stiefeln an!"

Beckmesser
(alsbald nach Beginn des Verses).

Was soll das sein? —
Verdammtes Schrei'n!
Was fällt dem groben Schuster ein?
(Vortretend.)
Wie, Meister? Auf? So spät zur Nacht?

Sachs.

Herr Stadtschreiber? Was, ihr wacht? —
Die Schuh' machen euch große Sorgen?
Ihr seht, ich bin d'ran: ihr habt sie morgen.

14*

Beckmesser.

Hol' der Teufel die Schuh'!
Ich will hier Ruh'!

Walther
(zu Eva).

Wie heißt das Lied? Wie nennt er dich?

Eva.

Ich hört' es schon: 's geht nicht auf mich.
Doch eine Bosheit steckt darin.

Walther.

Welch' Zögerniß! Die Zeit geht hin!

Sachs
(weiter arbeitend).

Jerum! Jerum!
Halla halla he!
Oho! Trallalei! O he!
O Eva! Eva! Schlimmes Weib!
Das hast du am Gewissen,
daß ob der Füß' am Menschenleib
jetzt Engel schustern müssen!
Blieb'st du im Paradies,
da gab es keinen Kies.
Ob deiner jungen Missethat
handthier' ich jetzt mit Ahl' und Drath,
und ob Herrn Adam's übler Schwäch'
versohl' ich Schuh' und streiche Pech.
Wär' ich nicht fein
ein Engel rein,
Teufel möchte Schuster sein!

Beckmesser.

Gleich höret auf!
Spielt ihr mir Streich'?
Bleibt ihr Tag's
und Nachts euch gleich?

Sachs.

Wenn ich hier sing',

Walther
(zu Eva).

Uns, oder dem Merker?
Wem spielt er den Streich?

Eva
(zu Walther).

Ich fürcht', uns dreien

was kümmert's euch?
Die Schuhe sollen
doch fertig werden?

Beckmesser.

So schließt euch ein
und schweigt dazu still!

Sachs.

Des Nachts arbeiten
macht Beschwerden;
wenn ich da munter
bleiben will,
da brauch' ich Luft
und frischen Gesang:
drum hört, wie der dritte
Vers gelang!

gilt es gleich.
O weh' der Pein!
Mir ahnt nichts Gutes!

Walther.

Mein süßer Engel,
sei guten Muthes!

Eva.

Mich betrübt das Lied!

Walther.

Ich hör' es kaum!
Du bist bei mir:
welch' holder Traum!
(Er zieht sie zärtlich an sich.)

Beckmesser
(während Sachs bereits weiter singt).

Er macht mich rasend! — Das grobe Geschrei!
Am End' denkt sie gar, daß ich das sei!

Sachs
(fort arbeitend).

Jerum! Jerum!
Halla halla he!
Oho! Trallalei! O he!
O Eva! Hör' mein Klageruf,
mein Noth und schwer Verdrüßen:
die Kunstwerk', die ein Schuster schuf,
sie tritt die Welt mit Füßen!
Gäb' nicht ein Engel Trost,
der gleiches Werk erlos't,
und rief' mich oft in's Paradies,
wie dann ich Schuh' und Stiefeln ließ'!
Doch wenn der mich im Himmel hält,
dann liegt zu Füßen mir die Welt,
und bin in Ruh'
Hans Sachs ein Schuh-
macher und Poet dazu.

Beckmesser
(das Fenster gewahrend, welches jetzt sehr leise geöffnet wird).
Das Fenster geht auf: — Herr Gott, 's ist sie!

Eva
(zu Walther).
Mich schmerzt das Lied, ich weiß nicht wie! —
O fort, lass' uns fliehen!

Walther
(das Schwert halb ziehend).
Nun denn: mit dem Schwert!

Eva.
Nicht doch! Ach halt'!

Walther.
Kaum wär' er's werth!

Eva.
Ja, besser Geduld! O lieber Mann!
Daß ich so Noth dir machen kann!

Walther.
Wer ist am Fenster?

Eva.
's ist Magdalene.

Walther.
Das heiß' ich vergelten: fast muß ich lachen.

Eva.
Wie ich ein End' und Flucht mir ersehne!

Walther.
Ich wünscht', er möchte den Anfang machen.
(Sie folgen dem Vorgange mit wachsender Theilnahme.)

Beckmesser
(der, während Sachs fortfährt zu arbeiten und zu singen, in großer Aufregung mit sich berathen hat).
Jetzt bin ich verloren, singt er noch fort! —
(Er tritt an den Laden heran.)
Freund Sachs! So hört doch nur ein Wort! —

Wie seid ihr auf die Schuh' versessen!
Ich hatt' sie wahrlich schon vergessen.
Als Schuster seid ihr mir wohl werth,
als Kunstfreund doch weit mehr verehrt.
Eu'r Urtheil, glaubt, das halt' ich hoch;
drum bitt' ich: hört das Liedlein doch,
mit dem ich morgen möcht' gewinnen,
ob das auch recht nach euren Sinnen.

(Er klimpert, mit seinem Rücken der Gasse zugewendet, auf der Lauthe, um die Aufmerksamkeit der dort am Fenster sich zeigenden Magdalene zu beschäftigen, und sie dadurch zurückzuhalten.)

Sachs.

O ha! Wollt mich beim Wahne fassen?
Mag mich nicht wieder schelten lassen.
Seit sich der Schuster dünkt Poet,
gar übel es um eu'r Schuhwerk steht;
ich seh' wie's schlappt,
und überall klappt:
drum lass' ich Vers' und Reim'
gar billig nun daheim,
Verstand und Kenntniß auch dazu,
mach' euch für morgen die neuen Schuh'.

Beckmesser
(wiederum in der vorigen Weise klimpernd).

Laßt das doch sein, das war ja nur Scherz.
Vernehmt besser, wie's mir um's Herz!
Vom Volk seid ihr geehrt,
auch der Pognerin seid ihr werth:
will ich vor aller Welt
nun morgen um die werben,
sagt, könnt's mich nicht verderben,
wenn mein Lied euch nicht gefällt?
Drum hört mich ruhig an;
und sang ich, sagt mir dann,
was euch gefällt, was nicht,
daß ich mich danach richt'.

(Er klimpert wieder.)

Sachs.

Ei laßt mich doch in Ruh'!

Wie käm' solche Ehr' mir zu?
Nur Gassenhauer dicht' ich zum meisten;
drum sing' ich zur Gassen, und hau' auf den Leisten.

(Fort arbeitend.)

Jerum! Jerum!
Halla halla hei!

Beckmesser.

Verfluchter Kerl! — Den Verstand verlier' ich,
mit seinem Lied voll Pech und Schmierich! —
Schweigt doch! Weckt ihr die Nachbarn auf?

Sachs.

Die sind's gewohnt: 's hört Keiner d'rauf. —
„O Eva, Eva! schlimmes Weib!" —

Beckmesser

(wüthend).

O ihr boshafter Geselle!
Ihr spielt mir heut' den letzten Streich!
Schweigt ihr nicht auf der Stelle,
so denkt ihr dran, das schwör' ich euch.
Neidisch seid ihr, nichts weiter,
dünkt ihr euch gleich gescheiter:
daß And're auch 'was sind, ärgert euch schändlich;
glaubt, ich kenne euch aus- und inwendlich!
Daß man euch noch nicht zum Merker gewählt,
das ist's, was den gallichten Schuster quält.
Nun gut! So lang' als Beckmesser lebt,
und ihm noch ein Reim an den Lippen klebt,
so lang' ich noch bei den Meistern was gelt',
ob Nürnberg „blüh' und wachs'",
das schwör' ich Herrn Hans Sachs,
nie wird er je zum Merker bestellt!

(Er klimpert wieder heftig.)

Sachs

(der ihm ruhig und aufmerksam zugehört).

War das eu'r Lied?

Beckmesser.

Der Teufel hol's!

Sachs.

Zwar wenig Regel: doch klang's recht stolz!

Beckmesser.

Wollt ihr mich hören?

Sachs.

In Gottes Namen,
singt zu: ich schlag' auf der Sohl' die Rahmen.

Beckmesser.

Doch schweigt ihr still?

Sachs.

Ei, singet ihr,
die Arbeit, schaut, fördert's auch mir.
(Er schlägt fort auf den Leisten.)

Beckmesser.

Das verfluchte Klopfen wollt ihr doch lassen?

Sachs.

Wie sollt' ich die Sohl' euch richtig fassen?

Beckmesser.

Was? wollt' ihr klopfen, und ich soll singen?

Sachs.

Euch muß das Lied, mir der Schuh gelingen.
(Er klopft immer fort.)

Beckmesser.

Ich mag keine Schuh'.

Sachs.

Das sagt ihr jetzt;
in der Singschul' ihr mir's dann wieder versetzt. —
Doch hört! Vielleicht sich's richten läßt:
zwei-einig geht der Mensch zu best.
Darf ich die Arbeit nicht entfernen,
die Kunst des Merkers möcht' ich doch lernen:
darin nun kommt euch Keiner gleich;
ich lern' sie nie, wenn nicht von euch.

Drum singt ihr nun, ich acht' und merk',
und fördr' auch wohl dabei mein Werk.

Beckmesser.

Merkt immer zu; und was nicht gewann,
nehmt eure Kreide, und streicht's mir an.

Sachs.

Nein, Herr! Da fleckten die Schuh' mir nicht:
mit dem Hammer auf den Leisten halt' ich Gericht.

Beckmesser.

Verdammte Bosheit! — Gott, und 's wird spät:
am End' mir die Jungfer vom Fenster geht!
(Er klimpert wie um anzufangen.)

Sachs
(aufschlagend).

Fanget an! 's pressirt! Sonst sing' ich für mich!

Beckmesser.

Haltet ein! Nur das nicht! — Teufel! wie ärgerlich!
Wollt ihr euch denn als Merker erdreisten,
nun gut, so merkt mit dem Hammer auf den Leisten: —
nur mit dem Beding, nach den Regeln scharf;
aber nichts, was nach den Regeln ich darf.

Sachs.

Nach den Regeln, wie sie der Schuster kennt,
dem die Arbeit unter den Händen brennt.

Beckmesser.

Auf Meister-Ehr'?

Sachs.

Und Schuster-Muth!

Beckmesser.

Nicht einen Fehler: glatt und gut!

Sachs.

Dann ging't ihr morgen unbeschuht. —
Setzt euch denn hier!

Beckmesser
(an die Ecke des Hauses sich stellend).

Laßt hier mich stehen!

Sachs.

Warum so fern?

Beckmesser.

Euch nicht zu sehen,
wie's Brauch in der Schul' vor dem Gemerk'.

Sachs.

Da hör' ich euch schlecht.

Beckmesser.

Der Stimme Stärk'
ich so gar lieblich dämpfen kann.

Sachs.

Wie fein! — Nun gut denn! — Fanget an!

(Kurzes Vorspiel Beckmesser's auf der Lauthe, wozu Magdalene sich breit in das Fenster legt.)

Walther
(zu Eva).

Welch' toller Spuk! Mich dünkt's ein Traum:
den Singstuhl, scheint's, verließ ich kaum!

Eva.

Die Schläf' umwebt's mir, wie ein Wahn:
ob's Heil, ob Unheil, was ich ahn'?

(Sie sinkt wie betäubt an Walther's Brust: so verbleiben sie.)

Beckmesser.
(zur Lauthe).

„Den Tag seh' ich erscheinen
der mir wohl gefall'n thut . . .

(Sachs schlägt auf.)
(Beckmesser zuckt, fährt aber fort:)

„Da faßt mein Herz sich einen
guten und frischen Muth."

(Sachs hat zweimal aufgeschlagen. Beckmesser wendet sich leise, doch wüthend um.)

Treibt ihr hier Scherz?
Was wär' nicht gelungen?

Sachs.

Besser gesungen:
„Da faßt mein Herz
sich einen guten und frischen Muth."

Beckmesser.

Wie sollt' sich das reimen
auf „seh' ich erscheinen"?

Sachs.

Ist euch an der Weise nichts gelegen?
Mich dünkt, 's sollt' passen Ton und Wort.

Beckmesser.

Mit euch hier zu streiten? — Laßt von den Schlägen,
sonst denkt ihr mir dran!

Sachs.

Jetzt fahret fort!

Beckmesser.

Bin ganz verwirrt!

Sachs.

So fangt noch 'mal an:
drei Schläg' ich jetzt pausiren kann.

Beckmesser.

(für sich).

Am besten, wenn ich ihn gar nicht beacht': —
wenn's nur die Jungfer nicht irre macht!

(Er räuspert sich und beginnt wieder.)

„Den Tag seh' ich erscheinen,
der mir wohl gefall'n thut;
da faßt mein Herz sich einen
guten und frischen Muth:
da denk' ich nicht an Sterben,
lieber an Werben
um jung' Mägdeleins Hand.
Warum wohl aller Tage
schönster mag dieser sein?
Allen hier ich es sage:

weil ein schönes Fräulein
von ihrem lieb'n Herrn Vater,
wie gelobt hat er,
ist bestimmt zum Eh'stand.
Wer sich getrau',
der komm' und schau'
da steh'n die hold lieblich Jungfrau,
auf die ich all' mein' Hoffnung bau':
darum ist der Tag so schön blau,
als ich anfänglich fand."

(Von der sechsten Zeile an hat Sachs wieder aufgeschlagen, wiederholt, und meist mehrere Male schnell hinter einander; Beckmesser, der jedes Mal schmerzlich zusammenzuckte, war genöthigt, bei Bekämpfung der inneren Wuth oft den Ton, den er immer zärtlich zu halten sich bemühte, kurz und heftig auszustoßen, was das Komische seines gänzlich prosodielosen Vortrages sehr vermehrte. — Jetzt bricht er wüthend um die Ecke auf Sachs los.)

Beckmesser.

Sachs! — Seht! — Ihr bringt mich um!
Wollt ihr jetzt schweigen?

Sachs.

Ich bin ja stumm?
Die Zeichen merkt' ich: wir sprechen dann;
derweil' lassen die Sohlen sich an.

Beckmesser

(nach dem Fenster lugend, und schnell wieder klimpernd).

Sie entweicht! Bst, bst! — Herr Gott! ich muß!

(Um die Ecke herum, die Faust gegen Sachs ballend.)

Sachs! Euch gedenk' ich die Ärgernuß!

Sachs

(mit dem Hammer nach dem Leisten ausholend).

Merker am Ort! —
Fahret fort!

Beckmesser.

„Will heut' mir das Herz hüpfen,
werben um Fräulein jung,
doch thät der Vater knüpfen
daran ein' Bedingung
für den, wer ihn beerben
will, und auch werben

um sein Kindelein fein.
Der Zunft ein bied'rer Meister,
wohl sein' Tochter er liebt,
doch zugleich auch beweist er,
was er auf die Kunst giebt:
zum Preise muß es bringen
im Meistersingen,
wer sein Eidam will sein.
Nun gilt es Kunst,
daß mit Vergunst
ohn' all' schädlich gemeinen Dunst,
ihm glücke des Preises Gewunst,
wer begehrt mit wahrer Inbrunst
um die Jungfrau zu frei'n."

(Beckmesser, nur den Blick auf das Fenster heftend, hat mit wachsender Angst Magdalene's missbehagliche Gebärden bemerkt; um Sachsens fortgesetzte Schläge zu übertäuben, hat er immer stärker und athemloser gesungen. — Er ist im Begriffe, sofort weiter zu singen, als Sachs, der zuletzt die Kelle aus den Leisten schlug, und die Schuhe abgezogen hat, sich vom Schemel erhebt, und über den Laden sich herauslehnt.)

Sachs.

Seid ihr nun fertig?

Beckmesser
(in höchster Angst).

Wie fraget ihr?

Sachs
(die Schuhe triumphirend aus dem Laden heraushaltend).

Mit den Schuhen ward ich fertig schier! —
Das heiß' ich mir rechte Merkerschuh': —
mein Merkersprüchlein hört dazu! —
Mit lang' und kurzen Hieben,
steht's auf der Sohl' geschrieben:
da les't es klar
und nehmt es wahr,
und merkt's euch immerdar. —
Gut Lied will Takt;
wer den verzwackt,
dem Schreiber mit der Feder
haut ihn der Schuster auf's Leder. —
Nun lauft in Ruh',

habt gute Schuh';
der Fuß euch drin nicht knackt:
ihn hält die Sohl' im Takt!
(Er lacht laut.)

Beckmesser
(der sich ganz in die Gasse zurückgezogen, und an die Mauer zwischen den beiden Fenstern von Sachsens Hause sich anlehnt, singt, um Sachs zu übertäuben, zugleich, mit größter Anstrengung, schreiend und athemlos hastig, seinen dritten Vers)

„Darf ich Meister mich nennen,
das bewähr' ich heut' gern,
weil nach dem Preis ich brennen
muß dursten und hungern.
Nun ruf' ich die neun Musen,
daß an sie blusen
mein dicht'rischen Verstand.
Wohl kenn' ich alle Regeln,
halte gut Maaß und Zahl;
doch Sprung und Überkegeln
wohl passirt je einmal,
wann der Kopf, ganz voll Zagen,
zu frei'n will wagen
um ein jung Mägdleins Hand.
Ein Junggesell,
trug ich mein Fell,
mein' Ehr', Amt, Würd' und Brod zur Stell',
daß euch mein Gesang wohl gefäll',
und mich das Jungfräulein erwähl',
wenn sie mein Lied gut fand."

Nachbarn
(erst einige, dann mehrere, öffnen, während des Gesanges, in der Gasse die Fenster, und gucken heraus).

Wer heult denn da? Wer kreischt mit Macht?
Ist das erlaubt so spät zur Nacht? —
Gebt Ruhe hier! 's ist Schlafenszeit!
Mein, hört nur, wie der Esel schreit! —
Ihr da! Seid still, und scheert euch fort!
Heult, kreischt und schreit an and'rem Ort!

David
(hat ebenfalls den Fensterladen, dicht bei Beckmesser, ein wenig geöffnet, und lugt hervor).

Wer Teufel hier? — und drüben gar?

Die Lene ist's, — ich seh' es klar!
Herr Je! Das war's, den hat sie bestellt! —
der ist's, der ihr besser als ich gefällt! —
Nun warte! Du kriegst's! Dir streich' ich das Fell! —
Zum Teufel mit dir, verdammter Gesell'!

(David ist, mit einem Knüppel bewaffnet, hinter dem Laden aus dem Fenster hervorgesprungen, zerschlägt Beckmesser's Lauthe, und wirft sich über ihn selbst her.)

Magdalene
(die zuletzt, um den Merker zu entfernen, mit übertrieben beifälligen Bewegungen herabgewinkt hat, schreit jetzt laut auf).

Ach Himmel! David! Gott, welche Noth!
Zu Hilfe, zu Hilfe! Sie schlagen sich todt!

Beckmesser
(mit David sich balgend).

Verfluchter Kerl! Läss'st du mich los?

David.

Gewiß! Die Glieder brech' ich dir blos!
(Sie balgen und prügeln sich in einem fort.)

Nachbarn
(an den Fenstern).

Seht nach! Springt zu! Da würgen sich zwei!

Andere Nachbarn
(auf die Gasse heraustretend).

Heda! Herbei! 's giebt Prügelei!
Ihr da! Auseinander! Gebt freien Lauf! —
Laßt ihr nicht los, wir schlagen d'rauf!

Ein Nachbar.

Ei seht! Auch ihr da? Geht's euch 'was an?

Ein Zweiter.

Was sucht ihr hier? Hat man euch 'was gethan?

1. Nachbar.

Euch kennt man gut!

2. Nachbar.

Euch noch viel besser!

1. Nachbar.

Wie so denn?

2. Nachbar
(zuschlagend).

Ei, so!

Magdalene
(hinabschreiend).

David! Beckmesser!

Lehrbuben
(kommen dazu).

Herbei! Herbei! 's giebt Keilerei!

Einige.

's sind die Schuster!

Andere.

Nein, 's sind die Schneider!

Die Ersteren.

Die Trunkenbolde!

Die Anderen.

Die Hungerleider!

Die Nachbarn
(auf der Gasse, durcheinander).

Euch gönnt' ich's schon lange! —
Wird euch wohl bange?
Das für die Klage! —
Seht euch vor, wenn ich schlage! —
Hat euch die Frau gehetzt? —
Schau' wie es Prügel setzt! —
Seid ihr noch nicht gewitzt? —
So schlagt doch! — Das sitzt! —
Daß dich, Hallunke! —
Hie Färbertunke! —
Wartet, ihr Racker!
Ihr Maaßabzwacker! —
Esel! — Dummrian! —
Du Grobian! —
Lümmel du! —
Drauf und zu!

Lehrbuben
(durcheinander, zugleich mit den Nachbarn).

Kennt man die Schlosser nicht?
Die haben's sicher angericht'! —
Ich glaub' die Schmiede werden's sein. —
Die Schreiner seh' ich dort beim Schein. —
Hei! Schau' die Schäffler dort beim Tanz. —
Dort seh' die Bader ich im Glanz. —
Krämer finden sich zur Hand
mit Gerstenstang und Zuckerkand;
mit Pfeffer, Zimmt, Muscatennuß.
Sie riechen schön,
sie riechen schön,
doch haben viel Verdruß,
und bleiben gern vom Schuß. —
Seht nur, der Haase
hat üb'rall die Nase! —
Mein'st du damit etwa mich? —
Mein' ich damit etwa dich?
Da hast's auf die Schnauze! —
Herr, jetzt setzt's Plautze! —
Hei! Krach! Hagelwetterschlag!
Wo das sitzt, da wächst nichts nach!
Keilt euch wacker,
haut die Racker!
Haltet selbst Gesellen Stand;
wer da wich', 's wär' wahrlich Schand'!
Drauf und dran!
Wie ein Mann
steh'n wir alle zur Keilerei!

(Bereits prügeln sich Nachbarn und Lehrbuben fast allgemein durcheinander.)

Gesellen
(von allen Seiten dazu kommend).

Heda! Gesellen 'ran!
Dort wird mit Streit und Zank gethan.
Da giebt's gewiß gleich Schlägerei;
Gesellen, haltet euch dabei!
's sind die Weber und Gerber! —
Dacht' ich's doch gleich! —

Die Preisverderber!
Spielen immer Streich'! —
Dort den Metzger Klaus,
den kennt man heraus! —
Zünfte! Zünfte!
Zünfte heraus! —
Schneider mit dem Bügel!
Hei, hie setzt's Prügel!
Gürtler! — Zinngießer! —
Leimsieder! — Lichtgießer!
Tuchscherer her!
Leinweber her!
Hieher! Hieher!
Immer mehr! Immer mehr!
Nur tüchtig drauf! Wir schlagen los:
jetzt wird die Keilerei erst groß! —
Lauft heim, sonst kriegt ihr's von der Frau;
hier giebt's nur Prügel-Färbeblau!
    Immer 'ran!
    Mann für Mann!
    Schlagt sie nieder!
Zünfte! Zünfte! Heraus! —

Die Meister
(und älteren Bürger von verschiedenen Seiten dazu kommend).

Was giebts denn da für Zank und Streit?
Das tos't ja weit und breit!
Gebt Ruh' und scheer' sich Jeder heim,
sonst schlag' ein Hageldonnerwetter drein!
Stemmt euch hier nicht mehr zu Hauf',
oder sonst wir schlagen drauf. —

Die Nachbarinnen
(an den Fenstern durcheinander).

Was ist denn da für Streit und Zank?
's wird einem wahrlich Angst und bang!
Da ist mein Mann gewiß dabei:
gewiß kommt's noch zur Schlägerei!
    He da! Ihr dort unten,
    so seid doch nur gescheit!

15*

Seid ihr zu Streit und Raufen
gleich Alle so bereit?
Was für ein Zanken und Toben!
Da werden schon Arme erhoben!
Hört doch! Hört doch!
Seid ihr denn toll?
Sind euch die Köpfe
vom Weine noch voll?
Zu Hilfe! Zu Hilfe!
Da schlägt sich mein Mann!
Der Vater, der Vater!
Sieht man das an?
Christian! Peter!
Niklaus! Hans!
Auf! Schreit Zeter! —
Hör'st du nicht, Franz?
Gott, wie sie walken!
's wackeln die Zöpfe!
Wasser her! Wasser her!
Gießt's ihn' auf die Köpfe!

(Die Rauferei ist allgemein geworden. Schreien und Toben.)

Magdalene

(am Fenster verzweiflungsvoll die Hände ringend).

Ach Himmel! Meine Noth ist groß!
David! So hör' mich doch nur an!
So lass' doch nur den Herren los!
Er hat mir ja nichts gethan! —

Pogner

(ist im Nachtgewande oben an das Fenster getreten, und zieht Magdalene herein).

Um Gott! Eva! Schließ' zu! —
Ich seh', ob im Haus unten Ruh'!

(Das Fenster wird geschlossen; bald darauf erscheint Pogner an der Hausthüre.)

Sachs

(hat, als der Tumult begann, sein Licht gelöscht, und den Laden so weit geschlossen, daß er durch eine kleine Öffnung stets den Platz unter der Linde beobachten konnte). — (Walther und Eva haben mit wachsender Sorge dem anschwellenden Tumulte zugesehen. Jetzt faßt Walther Eva dicht in den Arm.)

Walther.

Jetzt gilt's zu wagen,
sich durchzuschlagen!

(Mit geschwungenem Schwerte dringt er bis in die Mitte der Bühne vor. — Da springt Sachs mit einem Satze aus dem Laden auf die Straße, und packt Walther beim Arme.)

Pogner
(auf der Treppe).

He, Lene, wo bist du?

Sachs
(die halb ohnmächtige Eva auf die Treppe stoßend).

In's Haus, Jungfer Lene!

(Pogner empfängt sie, und zieht sie beim Arme herein.)

Sachs
(mit dem geschwungenen Knieriemen, mit dem er sich bereits bis zu Walther Platz gemacht hatte, jetzt dem David eines überhauend, und ihn mit einem Fußtritte voran in den Laden stoßend, zieht Walther, den er mit der anderen Hand gefaßt hält, gewaltsam schnell mit sich ebenfalls hinein, und schließt sogleich fest hinter sich zu).

Beckmesser
(durch Sachs von David befreit, sucht sich eilig durch die Menge zu flüchten).

(Im gleichen Augenblicke, wo Sachs auf die Straße sprang, hörte man, rechts zur Seite im Vordergrunde, einen besonders starken Hornruf des Nachtwächters. Lehrbuben, Bürger und Gesellen suchten in eiliger Flucht sich nach allen Seiten hin zu entfernen: so daß die Bühne sehr schnell gänzlich geleert ist, alle Hausthüren hastig geschlossen, und auch die Nachbarinnen von den Fenstern, welche sie zugeschlagen, verschwunden sind. — Der Vollmond tritt hervor, und scheint hell in die Gasse hinein.)

Der Nachtwächter
(betritt im Vordergrunde rechts die Bühne, reibt sich die Augen, sieht sich verwundert um, schüttelt den Kopf, und stimmt, mit etwas bebender Stimme, seinen Ruf an):

Hört ihr Leut', und laßt euch sagen:
die Glock' hat Eilfe geschlagen.
Bewahrt euch vor Gespenstern und Spuk,
daß kein böser Geist eu'r Seel' beruck'!
Lobet Gott den Herrn!

(Er geht während dem langsam die Gasse hinab. Als der Vorhang fällt, hört man den Hornruf des Nachtwächters wiederholen.)

Dritter Aufzug.

(In Sachsens Werkstatt. [Kurzer Raum.] Im Hintergrunde die halb geöffnete Ladenthüre, nach der Straße führend. Rechts zur Seite eine Kammerthüre. Links das nach der Gasse gehende Fenster, mit Blumenstöcken davor, zur Seite ein Werktisch. Sachs sitzt auf einem großen Lehnstuhle an diesem Fenster, — durch welches die Morgensonne hell auf ihn hereinscheint: er hat vor sich auf dem Schooße einen großen Folianten, und ist im Lesen vertieft. — David lugt spähend von der Straße zur Ladenthüre herein; da er sieht, daß Sachs seiner nicht achtet, tritt er herein, mit einem Korbe im Arme, den er zuvörderst schnell und verstohlen unter den anderen Werktisch beim Laden stellt; dann von Neuem versichert, daß Sachs ihn nicht bemerkt, nimmt er den Korb vorsichtig herauf, und untersucht den Inhalt, er hebt Blumen und Bänder heraus; endlich findet er auf dem Grunde eine Wurst und einen Kuchen, und läßt sich sogleich an, diese zu verzehren, als Sachs, der ihn fortwährend nicht beachtet, mit starkem Geräusche eines der großen Blätter des Folianten umwendet.)

David
(fährt zusammen, verbirgt das Essen und wendet sich).

Gleich! Meister! hier! —
Die Schuh' sind abgegeben
in Herrn Beckmesser's Quartier. —
Mir war's, ihr rief't mich eben? —
(Bei Seite.)
Er thut, als säh' er mich nicht?
da ist er bös', wenn er nicht spricht: —
(Sich demüthig sehr allmählich nähernd.)
Ach Meister! Woll't mir verzeih'n!
Kann ein Lehrbub' vollkommen sein?
Kenntet ihr die Lene, wie ich,
dann vergäbt ihr mir sicherlich.
Sie ist so gut, so sanft für mich,
und blickt mich oft an, so innerlich:
wenn ihr mich schlagt, streichelt sie mich,
und lächelt dabei holdseliglich.
Muß ich cariren, füttert sie mich,
und ist in Allem gar liebelich.
Nur gestern, weil der Junker versungen,
hab' ich den Korb ihr nicht abgerungen:
das schmerzte mich; und da ich fand,
daß Nachts einer vor dem Fenster stand,
und sang zu ihr, und schrie wie toll,
da hieb ich dem den Buckel voll.
Wie käm' nun da 'was groß' drauf an?

Auch hat's uns'rer Lieb' gar gut gethan:
die Lene hat eben mir Alles erklärt,
und zum Fest Blumen und Bänder bescheert.

(Er bricht in immer größere Angst aus.)

Ach, Meister, sprecht doch nur ein Wort!

(Bei Seite.)

Hätt' ich nur die Wurst und den Kuchen fort! —

Sachs

(der unbeirrt weiter gelesen, schlägt jetzt den Folianten zu. Von dem starken Geräusch erschrickt David so, daß er strauchelt und unwillkürlich vor Sachs auf die Kniee fällt. Sachs sieht über das Buch, das er noch auf dem Schooße behält, hinweg, über David, welcher immer auf den Knieen, furchtsam nach ihm hinausblickt, hin, und heftet seinen Blick unwillkürlich auf den hinteren Werktisch).

Blumen und Bänder seh' ich dort:
schaut hold und jugendlich aus.
Wie kamen die mir in's Haus?

David

(verwundert über Sachsens Freundlichkeit).

Ei, Meister! 's ist heut' hoch festlicher Tag;
da putzt sich Jeder, so schön er mag.

Sachs.

Wär' Hochzeitfest?

David.

Ja, käm's so weit,
daß David erst die Lene frei't?

Sachs.

's war Polterabend, dünkt mich doch?

David

(für sich).

Polterabend? — Da krieg' ich's wohl noch? —

(Laut.)

Verzeiht das, Meister! Ich bitt', vergeßt!
Wir feiern ja heut' Johannisfest.

Sachs.

Johannisfest?

David

(bei Seite).

Hört er heut' schwer?

Sachs.

Kannst du dein Sprüchlein? Sag' es her!

David.

Mein Sprüchlein? Denk', ich kann es gut.

(Bei Seite.)

's setzt nichts: der Meister ist wohlgemuth. —

(Laut.)

„Am Jordan Sankt Johannes stand" —

(Er hat in der Zerstreuung die Worte der Melodie von Beckmesser's Werbelied aus dem vorangehenden Aufzuge gesungen; Sachs macht eine verwundernde Bewegung, worauf David sich unterbricht.)

Verzeiht, Meister; ich kam in's Gewirr';
der Polterabend machte mich irr'.

(Er fährt nun in der richtigen Melodie fort:)

„Am Jordan Sankt Johannes stand,
all' Volk der Welt zu taufen:
kam auch ein Weib aus fernem Land,
von Nürnberg gar gelaufen;
sein Söhnlein trug's zum Uferrand,
empfing da Tauf' und Namen:
doch als sie dann sich heimgewandt,
nach Nürnberg wieder kamen,
im deutschen Land gar bald sich fand's,
daß wer am Ufer des Jordans
Johannes war genannt,
an der Pegnitz hieß der Hans."

(Feurig.)

Herr! Meister! 's ist eu'r Namenstag!
Nein! Wie man so 'was vergessen mag! —
Hier, hier! Die Blumen sind für euch,
die Bänder, — und was nur alles noch gleich?
Ja hier! Schaut, Meister! Herrlicher Kuchen!
Möchtet ihr nicht auch die Wurst versuchen?

Sachs

(immer ruhig, ohne seine Stellung zu verändern).

Schön Dank, mein Jung'! Behalt's für dich!
Doch heut' auf die Wiese begleitest du mich:
mit den Bändern und Blumen putz' dich fein;
sollst mein stattlicher Herold sein.

David.

Sollt' ich nicht lieber Brautführer sein? —
Meister! Lieb' Meister! Ihr müßt wieder frei'n!

Sachs.

Hätt'st wohl gern eine Meist'rin im Haus?

David.

Ich mein', es säh' doch viel stattlicher aus.

Sachs.

Wer weiß! Kommt Zeit, kommt Rath.

David.

'S ist Zeit!

Sachs.

Da wär' der Rath wohl auch nicht weit?

David.

Gewiß! Geh'n Reden schon hin und wieder.
Den Beckmesser, denk' ich, säng't ihr doch nieder?
Ich mein', daß der heut' sich nicht wichtig macht.

Sachs.

Wohl möglich! Hab's mir auch schon bedacht. —
Jetzt geh'; doch stör' mir den Junker nicht!
Komm wieder, wenn du schön gericht'.

David
(küßt ihm gerührt die Hand, packt Alles zusammen, und geht in die Kammer).

So war er noch nie, wenn sonst auch gut!
Kann mir gar nicht mehr denken, wie der Knieriemen thut.

(Ab.)

Sachs
(immer noch den Folianten auf dem Schooße, lehnt sich, mit untergestütztem Arme, sinnend darauf, und beginnt dann nach einem Schweigen):

Wahn, Wahn!
Überall Wahn!
Wohin ich forschend blick'
in Stadt- und Welt-Chronik,
den Grund mir aufzufinden,
warum gar bis auf's Blut

die Leut' sich quälen und schinden
in unnütz toller Wuth!
Hat keiner Lohn
noch Dank davon:
in Flucht geschlagen,
meint er zu jagen;
hört nicht sein eigen
Schmerz-Gekreisch',
wenn er sich wühlt in's eig'ne Fleisch,
wähnt Lust sich zu erzeigen.
Wer giebt den Namen an?
's bleibt halt der alte Wahn,
ohn' den nichts mag geschehen,
's mag gehen oder stehen:
steht's wo im Lauf,
er schläft nur neue Kraft sich an;
gleich wacht er auf,
dann schaut wer ihn bemeistern kann! —
Wie friedsam treuer Sitten,
getrost in That und Werk,
liegt nicht in Deutschlands Mitten
mein liebes Nürenberg!
Doch eines Abends spat,
ein Unglück zu verhüten
bei jugendheißen Gemüthen,
ein Mann weiß sich nicht Rath;
ein Schuster in seinem Laden
zieht an des Wahnes Faden:
wie bald auf Gassen und Straßen
fängt der da an zu rasen;
Mann, Weib, Gesell' und Kind,
fällt sich an wie toll und blind:
und will's der Wahn geseg'nen,
nun muß es Prügel reg'nen,
mit Hieben, Stöß' und Dreschen
den Wuthesbrand zu löschen. —
Gott weiß, wie das geschah? —
Ein Kobold half wohl da!
Ein Glühwurm fand sein Weibchen nicht;

der hat den Schaden angericht'. —
Der Flieder war's: — Johannisnacht. — —
Nun aber kam Johannis-Tag: —
jetzt schau'n wir, wie Hans Sachs es macht,
daß er den Wahn fein lenken mag,
ein edler Werk zu thun;
denn läßt er uns nicht ruh'n,
selbst hier in Nürenberg,
so sei's um solche Werk',
die selten vor gemeinen Dingen,
und nie ohn' ein'gen Wahn gelingen. —

(Walther tritt unter der Kammerthüre ein. Er bleibt einen Augenblick dort stehen, und blickt auf Sachs. Dieser wendet sich, und läßt den Folianten auf den Boden gleiten.)

Sachs.

Grüß Gott, mein Junker! Ruh'tet ihr noch?
Ihr wachtet lang': nun schlieft ihr doch?

Walther
(sehr ruhig).

Ein wenig, aber fest und gut.

Sachs.

So ist euch nun wohl baß zu Muth?

Walther.

Ich hatt' einen wunderschönen Traum.

Sachs.

Das deutet gut's! Erzählt mir den.

Walther.

Ihn selbst zu denken wag' ich kaum;
ich fürcht' ihn mir vergeh'n zu seh'n.

Sachs.

Mein Freund, das grad' ist Dichters Werk,
daß er sein Träumen deut' und merk'.
Glaubt mir, des Menschen wahrster Wahn
wird ihm im Traume aufgethan:
all' Dichtkunst und Poeterei
ist nichts als Wahrtraum-Deuterei.

Was gilt's, es gab der Traum euch ein,
wie heut' ihr sollet Sieger sein?

Walther.

Nein, von der Zunft und ihren Meistern
wollt' sich mein Traumbild nicht begeistern.

Sachs.

Doch lehrt' es wohl den Zauberspruch,
mit dem ihr sie gewännet?

Walther.

Wie wähnt ihr doch, nach solchem Bruch,
wenn ihr noch Hoffnung kennet!

Sachs.

Die Hoffnung lass' ich mir nicht mindern,
nichts stieß sie noch über'n Haufen:
wär's nicht, glaubt, statt eure Flucht zu hindern,
wär' ich selbst mit euch fortgelaufen!
Drum bitt' ich, laßt den Groll jetzt ruh'n;
ihr habt's mit Ehrenmännern zu thun;
die irren sich und sind bequem,
daß man auf ihre Weise sie nähm'.
Wer Preise erkennt, und Preise stellt,
der will am End' auch, daß man ihm gefällt.
Eu'r Lied, das hat ihnen bang' gemacht;
und das mit Recht: denn wohl bedacht,
mit solchem Dicht- und Liebesfeuer
verführt man wohl Töchter zum Abenteuer;
doch für liebseligen Ehestand
man and're Wort' und Weisen fand.

Walther
(lächelnd).

Die kenn' ich nun auch, seit dieser Nacht:
es hat viel Lärm auf der Gasse gemacht.

Sachs
(lachend).

Ja, ja! Schon gut! Den Takt dazu,
den hörtet ihr auch! — Doch laßt dem Ruh';

und folgt meinem Rathe, kurz und gut,
faßt zu einem Meisterliede Muth.

Walther.

Ein schönes Lied, ein Meisterlied:
wie fass' ich da den Unterschied?

Sachs.

Mein Freund! In holder Jugendzeit,
wenn uns von mächt'gen Trieben
zum sel'gen ersten Lieben
die Brust sich schwellet hoch und weit,
ein schönes Lied zu singen
mocht' Vielen da gelingen:
der Lenz, der sang für sie.
Kam Sommer, Herbst und Winterzeit,
viel Noth und Sorg' im Leben,
manch' ehlich' Glück daneben,
Kindtauf', Geschäfte, Zwist und Streit:
denen's dann noch will gelingen
ein schönes Lied zu singen,
seht, Meister nennt man die. —

Walther.

Ich lieb' ein Weib und will es frei'n,
mein dauernd Eh'gemahl zu sein.

Sachs.

Die Meisterregeln lernt bei Zeiten,
daß sie getreulich euch geleiten,
und helfen wohl bewahren,
was in der Jugend Jahren
in holdem Triebe
Lenz und Liebe
euch unbewußt in's Herz gelegt,
daß ihr das unverloren hegt.

Walther.

Steh'n sie nun in so hohem Ruf,
wer war es, der die Regeln schuf?

Sachs.

Das waren hoch bedürft'ge Meister,
von Lebensmüh' bedrängte Geister:
in ihrer Nöthen Wildniß
sie schufen sich ein Bildniß,
daß ihnen bliebe
der Jugendliebe
ein Angedenken klar und fest,
dran sich der Lenz erkennen läßt.

Walther.

Doch, wem der Lenz schon lang' entronnen,
wie wird er dem aus dem Bild gewonnen?

Sachs.

Er frischt es an, so oft er kann:
drum möcht' ich, als bedürft'ger Mann,
will ich euch die Regeln lehren,
sollt ihr sie mir neu erklären. —
Seht, hier ist Dinte, Feder, Papier:
ich schreib's euch auf, diktirt ihr mir!

Walther.

Wie ich's begänne, wüßt' ich kaum.

Sachs.

Erzählt mir euren Morgentraum!

Walther.

Durch eu'rer Regeln gute Lehr',
ist mir's, als ob verwischt er wär'.

Sachs.

Grad' nehmt die Dichtkunst jetzt zur Hand:
Mancher durch sie das Verlor'ne fand.

Walther.

Dann wär's nicht Traum, doch Dichterei?

Sachs.

's sind Freunde beid', steh'n gern sich bei.

Walther.

Wie fang' ich nach der Regel an?

Sachs.

Ihr stellt sie selbst, und folgt ihr dann.
Gedenkt des schönen Traum's am Morgen;
für's And're laßt Hans Sachs nur sorgen!

Walther

(setzt sich zu Sachs, und beginnt, nach kurzer Sammlung, sehr leise).

„Morgenlich leuchtend in rosigem Schein,
von Blüth' und Duft
geschwellt die Luft,
voll aller Wonnen
nie ersonnen,
ein Garten lud mich ein
Gast ihm zu sein."

(Er hält etwas an.)

Sachs.

Das war ein Stollen: nun achtet wohl,
daß ganz ein gleicher ihm folgen soll.

Walther.

Warum ganz gleich?

Sachs.

Damit man seh',
ihr wähltet euch gleich ein Weib zur Eh'.

Walther

(fährt fort).

„Wonnig entragend dem seligen Raum
bot gold'ner Frucht
heilsaft'ge Wucht
mit holdem Prangen
dem Verlangen
an duft'ger Zweige Saum
herrlich ein Baum."

(Er hält inne.)

Sachs.

Ihr schlosset nicht im gleichen Ton:

das macht den Meistern Pein;
doch nimmt Hans Sachs die Lehr' davon,
im Lenz wohl müss' es so sein. —
Nun stellt mir einen Abgesang.

Walther.

Was soll nun der?

Sachs.

Ob euch gelang
ein rechtes Paar zu finden,
das zeigt sich an den Kinden.
Den Stollen ähnlich, doch nicht gleich,
an eig'nen Reim' und Tönen reich;
daß man's recht schlank und selbstig find',
das freut die Ältern an dem Kind:
und euren Stollen giebt's den Schluß,
daß nichts davon abfallen muß.

Walther
(fortfahrend).

„Sei euch vertraut
welch' hehres Wunder mir gescheh'n:
an meiner Seite stand ein Weib,
so schön und hold ich nie geseh'n;
gleich einer Braut
umfaßte sie sanft meinen Leib;
mit Augen winkend,
die Hand wies blinkend,
was ich verlangend begehrt,
die Frucht so hold und werth
vom Lebensbaum."

Sachs
(seine Rührung verbergend).

Das nenn' ich mir einen Abgesang:
seht, wie der ganze Bar gelang!
Nur mit der Melodei
seid ihr ein wenig frei;
doch sag' ich nicht, daß es ein Fehler sei;
nur ist's nicht leicht zu behalten,
und das ärgert uns're Alten! —

Jetzt richtet mir noch einen zweiten Bar,
damit man merk' welch' der erste war.
Auch weiß ich noch nicht, so gut ihr's gereimt,
was ihr gedichtet, was ihr geträumt.

Walther
(wie vorher).

„Abendlich glühend in himmlicher Pracht
verschied der Tag,
wie dort ich lag;
aus ihren Augen
Wonne zu saugen,
Verlangen einz'ger Macht
in mir nur wacht'. —
Nächtlich umdämmert der Blick sich mir bricht;
wie weit so nah'
beschienen da
zwei lichte Sterne
aus der Ferne
durch schlanker Zweige Licht
hehr mein Gesicht. —
Lieblich ein Quell
auf stiller Höhe dort mir rauscht;
jetzt schwellt er an sein hold Getön'
so süß und stark ich's nie erlauscht:
leuchtend und hell
wie strahlten die Sterne da schön:
zum Tanz und Reigen
in Laub und Zweigen
der gold'nen sammeln sich mehr,
statt Frucht ein Sternenheer
im Lorbeerbaum." —

Sachs
(sehr gerührt, sanft).

Freund, eu'r Traumbild wies euch wahr;
gelungen ist auch der zweite Bar.
Wolltet ihr noch einen dritten dichten,
des Traumes Deutung würd' er berichten.

Walther.

Wo fänd' ich die? Genug der Wort'!

Sachs
(aufstehend).

Dann Wort und That am rechten Ort! —
Drum bitt' ich, merkt mir gut die Weise;
gar lieblich d'rin sich's dichten läßt:
und singt ihr sie in weit'rem Kreise,
dann haltet mir auch das Traumbild fest.

Walther.

Was habt ihr vor?

Sachs.

Eu'r treuer Knecht
fand sich mit Sack' und Tasch' zurecht;
die Kleider, d'rin am Hochzeitfest
daheim bei euch ihr wolltet prangen,
die ließ er her zu mir gelangen; —
ein Täubchen zeigt' ihm wohl das Nest,
darin sein Junker träumt':
d'rum folgt mir jetzt in's Kämmerlein!
Mit Kleiden, wohlgesäumt,
sollen Beide wir gezieret sein,
wann's Stattliches zu wagen gilt:
d'rum kommt, seid ihr gleich mir gewillt!

(Er öffnet Walther die Thür, und geht mit ihm hinein.)

Beckmesser

(lugt zum Laden herein; da er die Werkstatt leer findet, tritt er näher. Er ist reich aufgeputzt, aber in sehr leidendem Zustande. Er hinkt, streicht und reckt sich; zuckt wieder zusammen; er sucht einen Schemel, setzt sich, springt aber sogleich wieder auf, und streicht sich die Glieder von Neuem. Verzweiflungsvoll sinnend geht er dann umher. Dann bleibt er stehen, lugt durch das Fenster nach dem Hause hinüber; macht Gebärden der Wuth; schlägt sich wieder vor den Kopf. — Endlich fällt sein Blick auf das von Sachs zuvor beschriebene Papier auf dem Werktische: er nimmt es neugierig auf, überfliegt es mit immer größerer Aufregung, und bricht endlich wüthend aus):

Ein Werbelied! Von Sachs? — Ist's wahr?
Ah! — Nun wird mir alles klar!

(Da er die Kammerthüre gehen hört, fährt er zusammen, und versteckt das Blatt eilig in seiner Tasche.)

Sachs
(im Festgewande, tritt ein, und hält an).

Sieh' da! Herr Schreiber? Auch am Morgen?
Euch machen die Schuh' doch nicht mehr Sorgen?
Laßt sehen! Mich dünkt, sie sitzen gut?

Beckmesser.

Den Teufel! So dünn war ich noch nie beschuht:
fühl' durch die Sohle den feinsten Kies!

Sachs.

Mein Merkersprüchlein wirkte dieß:
trieb sie mit Merkerzeichen so weich.

Beckmesser.

Schon gut der Witz'! Und genug der Streich'!
Glaubt mir, Freund Sachs, jetzt kenn' ich euch;
der Spaß von dieser Nacht,
der wird euch noch gedacht:
daß ich euch nur nicht im Wege sei,
schuft ihr gar Aufruhr und Meuterei!

Sachs.

's war Polterabend, laßt euch bedeuten:
eu're Hochzeit spukte unter den Leuten;
je toller es dahergeh',
je besser bekommt's der Eh'.

Beckmesser
(ausbrechend).

O Schuster voll von Ränken
und pöbelhaften Schwänken,
du war'st mein Feind von je:
nun hör' ob hell ich seh'!
Die ich mir auserkoren,
die ganz für mich geboren,
zu aller Wittwer Schmach,
der Jungfer stell'st du nach.
Daß sich Herr Sachs erwerbe
des Goldschmieds reiches Erbe,
im Meister-Rath zur Hand

16*

auf Klauseln er bestand,
ein Mägdlein zu bethören,
das nur auf ihn sollt' hören,
und, And'ren abgewandt,
zu ihm allein sich fand.
Darum, darum —
wär' ich so dumm? —
mit Schreien und mit Klopfen
wollt' er mein Lied zustopfen,
daß nicht dem Kind werd' kund
wie auch ein And'rer bestund.
Ja ja! — Ha ha!
Hab' ich dich da?
Aus seiner Schuster-Stuben
hetzt' endlich er den Buben
mit Knüppeln auf mich her,
daß meiner los er wär':
Au au! Au au!
Wohl grün und blau,
zum Spott der allerliebsten Frau,
zerschlagen und zerprügelt,
daß kein Schneider mich aufbügelt!
Gar auf mein Leben
war's angegeben!
Doch kam ich noch so davon,
daß ich die That euch lohn':
zieh't heut' nur aus zum Singen,
merkt auf, wie's mag gelingen;
bin ich gezwackt
auch und zerhackt,
euch bring' ich doch sicher aus dem Takt!

Sachs.

Gut Freund, ihr seid in argem Wahn!
Glaubt was ihr wollt daß ich's gethan,
gebt eure Eifersucht nur hin;
zu werben kommt mir nicht in Sinn.

Beckmesser.

Lug und Trug! Ich weiß es besser.

Sachs.

Was fällt euch nur ein, Meister Beckmesser?
Was ich sonst im Sinn, geht euch nichts an:
doch glaubt, ob der Werbung seid ihr im Wahn.

Beckmesser.

Ihr säng't heut' nicht?

Sachs.

Nicht zur Wette.

Beckmesser.

Kein Werbelied?

Sachs.

Gewißlich, nein!

Beckmesser.

Wenn ich aber d'rob ein Zeugniß hätte?

Sachs
(blickt auf den Werktisch).

Das Gedicht? Hier ließ ich's: — stecktet ihr's ein?

Beckmesser
(zieht das Blatt hervor).

Ist das eure Hand?

Sachs.

Ja, — war es das?

Beckmesser.

Ganz frisch noch die Schrift?

Sachs.

Und die Dinte noch naß!

Beckmesser.

's wär' wohl gar ein biblisches Lied?

Sachs.

Der fehlte wohl, wer darauf rieth.

Beckmesser.

Nun denn?

Sachs.

Wie doch?

Beckmesser.

Ihr fragt?

Sachs.

Was noch?

Beckmesser.

Daß ihr mit aller Biederkeit
der ärgste aller Spitzbuben seid!

Sachs.

Mag sein! Doch hab' ich noch nie entwandt,
was ich auf fremden Tischen fand: —
und daß man von euch auch nicht Übles denkt,
behaltet das Blatt, es sei euch geschenkt.

Beckmesser
(in freudigem Schreck aufspringend).

Herr Gott! .. Ein Gedicht! .. Ein Gedicht von Sachs? ..
Doch halt', daß kein neuer Schad' mir erwachs'! —
Ihr habt's wohl schon recht gut memorirt?

Sachs.

Seid meinethalb doch nur unbeirrt!

Beckmesser.

Ihr laßt mir das Blatt?

Sachs.

Damit ihr kein Dieb.

Beckmesser.

Und mach' ich Gebrauch?

Sachs.

Wie's euch belieb'.

Beckmesser.

Doch, sing' ich das Lied?

Sachs.

Wenn's nicht zu schwer.

Beckmesser.

Und wenn ich gefiel'?

Sachs.

Das wunderte mich sehr!

Beckmesser
(ganz zutraulich).

Da seid ihr nun wieder zu bescheiden:
ein Lied von Sachs, das will 'was bedeuten!
Und seht, wie mir's ergeht,
wie's mit mir Ärmsten steht!
Erseh' ich doch mit Schmerzen,
mein Lied, das Nachts ich sang, —
Dank euren lust'gen Scherzen! —
es machte der Pognerin bang.
Wie schaff' ich nun zur Stelle
ein neues Lied herzu?
Ich armer, zerschlag'ner Geselle,
wie fänd' ich heut' dazu Ruh'?
Werbung und ehlich' Leben,
ob das mir Gott beschied,
muß ich nur grad' aufgeben,
hab' ich kein neues Lied.
Ein Lied von euch, deß bin ich gewiß,
mit dem besieg' ich jed' Hinderniß:
soll ich das heute haben,
vergessen und begraben
sei Zwist, Hader und Streit,
und was uns je entzweit.
(Er blickt seitwärts in das Blatt: plötzlich runzelt sich seine Stirn.)
Und doch! Wenn's nur eine Falle wär'! —
Noch gestern war't ihr mein Feind:
wie käm's, daß nach so großer Beschwer'
ihr's freundlich heut' mit mir meint'?

Sachs.

Ich machte euch Schuh' in später Nacht:
hat man so je einen Feind bedacht?

Beckmesser.

Ja ja! recht gut! — Doch eines schwört:
wo und wie ihr das Lied auch hört,

daß nie ihr euch beikommen laßt,
zu sagen, es sei von euch verfaßt.

Sachs.

Das schwör' ich und gelob' euch hier,
nie mich zu rühmen, das Lied sei von mir.

Beckmesser
(sehr glücklich).

Was will ich mehr, ich bin geborgen!
Jetzt hat sich Beckmesser nicht mehr zu sorgen!
(Er reibt sich froh die Hände.)

Sachs.

Doch, Freund, ich führ's euch zu Gemüthe,
und rathe euch in aller Güte:
studirt mir recht das Lied!
Sein Vortrag ist nicht leicht:
ob euch die Weise gerieth',
und ihr den Ton erreicht!

Beckmesser.

Freund Sachs, ihr seid ein guter Poet;
doch was Ton und Weise betrifft, gesteht,
da thut's mir Keiner vor!
Drum spitzt nur fein das Ohr,
und: Beckmesser,
Keiner besser!
Darauf macht euch gefaßt,
wenn ihr ruhig mich singen laßt.
Doch nun memoriren,
schnell nach Haus!
Ohne Zeit verlieren
richt' ich das aus. —
Hans Sachs, mein Theurer!
Ich hab' euch verkannt;
durch den Abenteurer
war ich verrannt:
so einer fehlte uns bloß!
Den wurden wir Meister doch los! —
Doch mein Besinnen

läuft mir von hinnen:
bin ich verwirrt,
und ganz verirrt?
Die Sylben, die Reime,
die Worte, die Verse:
ich kleb' wie an Leime,
und brennt doch die Ferse.
Ade! Ich muß fort!
An and'rem Ort
dank' ich euch inniglich,
weil ihr so minniglich;
für euch nun stimme ich,
kauf' eure Werke gleich,
mache zum Merker euch:
doch fein mit Kreide weich,
nicht mit dem Hammerstreich!
Merker! Merker! Merker Hans Sachs!
Daß Nürnberg schusterlich blüh' und wachs'!
(Er hinkt, poltert und taumelt wie besessen fort.)

Sachs.

So ganz boshaft doch Keinen ich fand,
er hält's auf die Länge nicht aus:
vergeudet Mancher oft viel Verstand,
doch hält er auch damit Haus:
die schwache Stunde kommt für Jeden;
da wird er dumm, und läßt mit sich reden. —
Daß hier Herr Beckmesser ward zum Dieb,
ist mir für meinen Plan sehr lieb. —
(Er sieht durch das Fenster Eva kommen.)
Sieh', Evchen! Dacht' ich doch wo sie blieb'!

Eva

(reich geschmückt, und in glänzender weißer Kleidung, tritt zum Laden herein).

Sachs.

Grüß' Gott mein Evchen! Ei, wie herrlich,
wie stolz du's heute mein'st!
Du mach'st wohl Jung und Alt begehrlich,
wenn du so schön erschein'st.

Eva.

Meister! 's ist nicht so gefährlich:

und ist's dem Schneider geglückt,
wer sieht dann an wo's mir beschwerlich,
wo still der Schuh mich drückt?

Sachs.

Der böse Schuh! 's war deine Laun',
daß du ihn gestern nicht probirt.

Eva.

Merk' wohl, ich hatt' zu viel Vertrau'n:
im Meister hab' ich mich geirrt.

Sachs.

Ei, 's thut mir leid! Zeig' her, mein Kind,
daß ich dir helfe, gleich geschwind.

Eva.

Sobald ich stehe, will es geh'n:
doch will ich geh'n, zwingt's mich zu steh'n.

Sachs.

Hier auf den Schemel streck' den Fuß:
der üblen Noth ich wehren muß.
(Sie streckt den Fuß auf den Schemel beim Werktisch.)
Was ist's mit dem?

Eva.

Ihr seht, zu weit!

Sachs.

Kind, das ist pure Eitelkeit:
der Schuh ist knapp.

Eva.

Das sag' ich ja:
drum drückt er mir die Zehen da.

Sachs.

Hier links?

Eva.

Nein, rechts.

Sachs.

Wohl mehr am Spann?

Eva.

Mehr hier am Hacken.

Sachs.

Kommt der auch d'ran?

Eva.

Ach, Meister! Wüßtet ihr besser als ich,
wo der Schuh mich drückt?

Sachs.

Ei, 's wundert mich,
daß er zu weit, und doch drückt überall?

(Walther, in glänzender Rittertracht, tritt unter die Thüre der Kammer, und bleibt beim Anblicke Eva's wie festgebannt stehen. Eva stößt einen leisen Schrei aus und bleibt ebenfalls unverwandt in ihrer Stellung, mit dem Fuße auf dem Schemel. Sachs, der vor ihr sich gebückt hat, ist mit dem Rücken der Thüre zugekehrt.)

Aha! hier sitzt's! Nun begreif' ich den Fall!
Kind, du hast Recht: 's stak in der Nath: —
nun warte, dem Übel schaff' ich Rath.
Bleib' nur so steh'n; ich nehm' dir den Schuh
eine Weil' auf den Leisten: dann läßt er dir Ruh'.

(Er hat ihr sanft den Schuh vom Fuße gezogen; während sie in ihrer Stellung verbleibt, macht er sich mit dem Schuh zu schaffen, und thut als beachte er nichts Anderes.)

Sachs
(bei der Arbeit).

Immer Schustern! Das ist nun mein Loos;
des Nachts, des Tags — komm' nicht davon los! —
Kind, hör' zu! Ich hab's überdacht,
was meinem Schustern ein Ende macht:
am besten, ich werbe doch noch um dich:
da gewänn' ich doch 'was als Poet für mich! —
Du hör'st nicht drauf? — So sprich doch jetzt!
Hast mir's ja selbst in den Kopf gesetzt? —
Schon gut! — Ich merk'! — Mach deinen Schuh!...
Säng' mir nur wenigstens Einer dazu!
Hörte heut' gar ein schönes Lied: —
wem dazu ein dritter Vers gerieth'?

Walther
(immer Eva gegenüber in der vorigen Stellung).

„Weilten die Sterne im lieblichen Tanz?

So licht und klar
im Lockenhaar,
vor allen Frauen
hehr zu schauen,
lag ihr mit zartem Glanz
ein Sternenkranz. —
Wunder ob Wunder nun bieten sich dar:
zwiefachen Tag
ich grüßen mag;
denn gleich zwei'n Sonnen
reinster Wonnen,
der hehrsten Augen Paar
nahm ich nun wahr. —
Huldreichstes Bild,
dem ich zu nahen mich erkühnt:
den Kranz, vor zweier Sonnen Strahl
zugleich verblichen und ergrünt,
minnig und mild,
sie flocht ihn um's Haupt dem Gemahl.
Dort Huld-geboren,
nun Ruhm-erkoren,
gießt paradiesische Lust
sie in des Dichters Brust —
im Liebestraum." —

Sachs

(hat, immer mit seiner Arbeit beschäftigt, den Schuh zurückgebracht, und ist jetzt während der Schlußverse von Walther's Gesang darüber her, ihn Eva wieder anzuziehen).

Lausch', Kind! Das ist ein Meisterlied:
derlei hör'st du jetzt bei mir singen.
Nun schau', ob dabei mein Schuh gerieth?
Mein' endlich doch
es thät' mir gelingen?
Versuch's! Tritt auf! — Sag', drückt er dich noch?

(Eva, die wie bezaubert, bewegungslos gestanden, gesehen und gehört hat, bricht jetzt in heftiges Weinen aus, sinkt Sachs an die Brust und drückt ihn schluchzend an sich. — Walther ist zu ihnen getreten, und drückt Sachs begeistert die Hand. — Sachs thut sich endlich Gewalt an, reißt sich wie unmuthig los, und läßt dadurch Eva unwillkürlich an Walther's Schulter sich anlehnen.)

Sachs.

Hat man mit dem Schuhwerk nicht seine Noth!

Wär' ich nicht noch Poet dazu,
ich machte länger keine Schuh'!
Das ist eine Müh' und Aufgebot!
Zu weit dem Einen, dem Andern zu eng;
Von allen Seiten Lauf und Gedräng':
da klappt's,
da schlappt's,
hier drückt's,
da zwickt's!
Der Schuster soll auch Alles wissen,
flicken, was nur immer zerrissen;
und ist er nun Poet dazu,
läßt man am End' ihm auch da kein' Ruh':
doch ist er erst noch Wittwer gar,
zum Narren macht man ihn fürwahr;
die jüngsten Mädchen, ist Noth am Mann,
begehren, er hielte um sie an;
versteht er sie, versteht er sie nicht,
alleins ob ja, ob nein er spricht:
am Ende riecht er doch nach Pech,
und gilt für dumm, tückisch und frech!
Ei, 's ist mir nur um den Lehrbuben leid;
der verliert mir allen Respekt;
die Lene macht ihn schon nicht recht gescheit,
daß in Töpf' und Tellern er leckt!
Wo Teufel er jetzt wieder steckt?

(Er stellt sich, als wolle er nach David sehen).

Eva

(hält Sachs, und zieht ihn von Neuem zu sich).

O Sachs! Mein Freund! Du theurer Mann!
Wie ich dir Edlem lohnen kann!
Was ohne deine Liebe,
was wär' ich ohne dich,
ob je auch Kind ich bliebe,
erwecktest du nicht mich?
Durch dich gewann ich
was man preist,
durch dich ersann ich
was ein Geist!

Durch dich erwacht,
durch dich nur dacht'
ich edel, frei und kühn:
du ließest mich erblüh'n! —
O lieber Meister, schilt mich nur!
Ich war doch auf der rechten Spur:
denn, hatte ich die Wahl,
nur dich erwählt' ich mir:
du warest mein Gemahl,
den Preis nur reicht' ich dir! —
Doch nun hat's mich gewählt
zu nie gekannter Qual:
und werd' ich heut' vermählt,
so war's ohn' alle Wahl!
Das war ein Müssen, war ein Zwang!
Dir selbst, mein Meister, wurde bang.

Sachs.

Mein Kind:
von Tristan und Isolde
kenn ich ein traurig Stück:
Hans Sachs war klug, und wollte
nichts von Herrn Marke's Glück. —
's war Zeit, daß ich den Rechten erkannt:
wär' sonst am End' doch hineingerannt! —
Aha! Da streicht schon die Lene um's Haus.
Nur herein! — He, David! Komm'st nicht heraus?

(Magdalene, in festlichem Staate, tritt durch die Ladenthüre herein; aus der Kammer kommt zugleich David, ebenfalls im Festkleide, mit Blumen und Bändern sehr reich und zierlich ausgeputzt.)

Die Zeugen sind da, Gevatter zur Hand;
jetzt schnell zur Taufe; nehmt euren Stand!

(Alle blicken ihn verwundert an.)

Ein Kind ward hier geboren;
jetzt sei ihm ein Nam' erkoren.
So ist's nach Meister-Weis' und Art,
wenn eine Meisterweise geschaffen ward:
daß die einen guten Namen trag',
dran Jeder sie erkennen mag. —
Vernehmt, respektable Gesellschaft,

was euch hieher zur Stell' schafft!
Eine Meisterweise ist gelungen,
von Junker Walther gedichtet und gesungen;
der jungen Weise lebender Vater
lud mich und die Pognerin zu Gevatter:
weil wir die Weise wohl vernommen,
sind wir zur Taufe hieher gekommen.
Auch daß wir zur Handlung Zeugen haben,
ruf' ich Jungfer Lene, und meinen Knaben:
doch da's zum Zeugen kein Lehrbube thut,
und heut' auch den Spruch er gesungen gut,
so mach' ich den Burschen gleich zum Gesell'!
Knie' nieder, David, und nimm diese Schell'!

(David ist niedergekniet: Sachs giebt ihm eine starke Ohrfeige.)

Steh' auf, Gesell', und denk' an den Streich;
du merk'st dir dabei die Taufe zugleich.
Fehlt sonst noch 'was, uns Keiner drum schilt:
wer weiß, ob's nicht gar einer Nothtaufe gilt.
Daß die Weise Kraft behalte zum Leben,
will ich nur gleich den Namen ihr geben: —
„die selige Morgentraumdeut-Weise"
sei sie genannt zu des Meisters Preise. —
Nun wachse sie groß, ohn' Schad' und Bruch:
die jüngste Gevatterin spricht den Spruch.

Eva.

Selig, wie die Sonne
meines Glückes lacht,
Morgen voller Wonne,
selig mir erwacht!
Traum der höchsten Hulden,
himmlisch Morgenglüh'n!
Deutung euch zu schulden,
selig süß Bemüh'n!
Einer Weise mild und hehr,
sollt' es hold gelingen,
meines Herzens süß' Beschwer
deutend zu bezwingen.
Ob es nur ein Morgentraum?

Selig deut' ich mir es kaum.
Doch die Weise,
was sie leise
mir vertraut
im stillen Raum,
hell und laut,
in der Meister vollem Kreis,
deute sie den höchsten Preis!

Walther.

Deine Liebe, rein und hehr,
ließ es mir gelingen,
meines Herzens süß' Beschwer
deutend zu bezwingen.
Ob es noch der Morgentraum?
Selig deut' ich mir es kaum.
Doch die Weise,
was sie leise
dir vertraut
im stillen Raum,
hell und laut,
in der Meister vollem Kreis,
werbe sie um höchsten Preis!

Sachs.

Vor dem Kinde lieblich hehr,
mocht' ich gern wohl singen;
doch des Herzens süß' Beschwer
galt es zu bezwingen.
's war ein schöner Abendtraum:
dran zu deuten wag' ich kaum.
Diese Weise,
was sie leise
mir vertraut
im stillen Raum,
sagt mir laut:
auch der Jugend ew'ges Reis
grünt nur durch des Dichters Preis.

David.

Wach' oder träum' ich schon so früh?
Das zu erklären macht mir Müh'.
's ist wohl nur ein Morgentraum;
was ich seh', begreif' ich kaum.
Ward zur Stelle
gleich Geselle?
Lene Braut?
Im Kirchenraum
wir getraut?
's geht der Kopf mir, wie im Kreis,
daß ich bald gar Meister heiß'!

Magdalene.

Wach' oder träum' ich schon so früh?
Das zu erklären macht mir Müh',
's ist wohl nur ein Morgentraum?
Was ich seh', begreif ich kaum!
Er zur Stelle
gleich Geselle?
Ich die Braut?
Im Kirchenraum
wir getraut?
Ja, wahrhaftig! 's geht; wer weiß?
Bald ich wohl Frau Meist'rin heiß'!

(Das Orchester geht sehr leise in eine marschmäßige, heitere Weise über. — Sachs ordnet den Aufbruch an.)

Sachs.

Jetzt All' am Fleck! Den Vater grüß'!
Auf, nach der Wies' schnell auf die Füß'!

(Eva trennt sich von Sachs und Walther, und verläßt mit Magdalene die Werkstatt.)

Nun, Junker! Kommt! Habt frohen Muth! —
David, Gesell'! Schließ den Laden gut!

(Als David und Walther ebenfalls auf die Straße gehen, und David sich über das Schließen der Ladenthüre hermacht, wird im Proscenium ein Vorhang von beiden Seiten zusammengezogen, so daß er die Scene gänzlich schließt. — Als die Musik allmählig zu größerer Stärke angewachsen ist, wird der Vorhang nach der Höhe zu aufgezogen. Die Bühne ist verwandelt.)

Verwandlung.

(Die Scene stellt einen freien Wiesenplan dar, im ferneren Hintergrunde die Stadt Nürnberg. Die Pegnitz schlängelt sich durch den Plan; der schmale Fluß ist an den nächsten Punkten praktikabel gehalten. Buntbeflaggte Kähne setzen unablässig die ankommenden, festlich geschmückten Bürger der Zünfte, mit Frauen und Kindern, an das Ufer der Festwiese über. Eine erhöhte Bühne, mit Bänken darauf, ist rechts zur Seite aufgeschlagen; bereits ist sie mit den Fahnen der angekommenen Zünfte ausgeschmückt; im Verlaufe stecken die Fahnenträger der noch ankommenden Zünfte ihre Fahnen ebenfalls um die Sängerbühne auf, so daß diese schließlich nach drei Seiten hin ganz davon eingefaßt ist. — Zelte mit Getränken und Erfrischungen aller Art begränzen im Übrigen die Seiten des vorderen Hauptraumes.)

(Vor den Zelten geht es bereits lustig her: Bürger mit Frauen und Kindern sitzen und lagern daselbst. — Die Lehrbuben der Meistersinger, festlich gekleidet, mit Blumen und Bändern reich und anmuthig geschmückt, üben mit schlanken Stäben, die ebenfalls mit Blumen und Bändern geziert sind, in lustiger Weise das Amt von Herolden und Marschällen aus. Sie empfangen die am Ufer Aussteigenden, ordnen die Züge der Zünfte, und geleiten diese nach der Singerbühne, von wo aus, nachdem der Bannerträger die Fahne aufgepflanzt, die Zunftbürger und Gesellen nach Belieben sich unter den Zelten zerstreuen.)

(Unter den noch anlangenden Zünften werden die folgenden besonders bemerkt.)

Die Schuster
(indem sie aufziehen).

Sankt Crispin,
lobet ihn!
War gar ein heilig Mann,
zeigt' was ein Schuster kann.
Die Armen hatten gute Zeit,
macht' ihnen warme Schuh';
und wenn ihm Keiner Leder leiht,
so stahl er sich's dazu.
Der Schuster hat ein weit Gewissen,
macht Schuhe selbst mit Hindernissen;
und ist vom Gerber das Fell erst weg,
dann streck'! streck'! streck'!
Leder taugt nur am rechten Fleck.

Die Stadtpfeifer, Lauthen- u. Kinderinstrumentmacher
(ziehen, auf ihren Instrumenten spielend, auf. Ihnen folgen)

Die Schneider.

Als Nürenberg belagert war,
und Hungersnoth sich fand,
wär' Stadt und Volk verdorben gar,
war nicht ein Schneider zur Hand,
der viel Muth hat und Verstand:
hat sich in ein Bockfell eingenäht,
auf dem Stadtwall da spazieren geht,

und macht wohl seine Sprünge
gar lustig guter Dinge.
Der Feind, der sieht's und zieht vom Fleck:
der Teufel hol' die Stadt sich weg,
hat's drin noch so lustige Meck-meck-meck!
Meck! Meck! Meck!
Wer glaubt's, daß ein Schneider im Bocke steck'!

Die Bäcker

(ziehen dicht hinter den Schneidern auf, so daß ihr Lied in das der Schneider hineinklingt).

Hungersnoth! Hungersnoth!
Das ist ein gräulich Leiden!
Gäb' euch der Bäcker kein täglich Brod,
müßt' alle Welt verscheiden.
Beck! Beck! Beck!
Täglich auf dem Fleck!
Nimm uns den Hunger weg!

Lehrbuben.

Herr Je! Herr Je! Mädel von Fürth!
Stadtpfeifer, spielt! daß 's lustig wird!

(Ein bunter Kahn, mit jungen Mädchen in reicher bäuerischer Tracht, ist angekommen. Die Lehrbuben heben die Mädchen heraus und tanzen mit ihnen, während die Stadtpfeifer spielen, nach dem Vordergrunde. — Das Charakteristische des Tanzes besteht darin, daß die Lehrbuben die Mädchen scheinbar nur an den Platz bringen wollen; so wie die Gesellen zugreifen wollen, ziehen die Buben die Mädchen aber immer wieder zurück, als ob sie sie anderswo unterbringen wollten, wobei sie meistens den ganzen Kreis, wie wählend, ausmessen, und somit die scheinbare Absicht auszuführen anmuthig und lustig verzögern.)

David

(kommt vom Landungsplatze vor).

Ihr tanzt? Was werden die Meister sagen?

(Die Buben drehen ihm Nasen.)

Hört nicht? — Lass' ich mir's auch behagen!

(Er nimmt sich ein junges, schönes Mädchen, und geräth im Tanze mit ihr bald in großes Feuer. Die Zuschauer freuen sich und lachen.)

Ein paar Lehrbuben.

David! Die Lene! Die Lene sieht zu!

David

(erschrickt, läßt das Mädchen schnell fahren, faßt sich aber Muth, da er nichts sieht und tanzt nun noch feuriger weiter).

Ach! Laßt mich mit euren Possen in Ruh'!

17*

Gesellen
(am Landungsplatze).

Die Meistersinger! Die Meistersinger!

David.

Herr Gott! — Ade, ihr hübschen Dinger!

(Er giebt dem Mädchen einen feurigen Kuß, und reißt sich los. Die Lehrbuben unterbrechen alle schnell den Tanz, eilen zum Ufer, und reihen sich dort zum Empfange der Meistersinger. Alles macht auf das Geheiß der Lehrbuben Platz. — Die Meistersinger ordnen sich am Landungsplatze und ziehen dann festlich auf, um auf der erhöhten Bühne ihre Plätze einzunehmen. Voran Kothner als Fahnenträger; dann Pogner, Eva an der Hand führend; diese ist von festlich geschmückten und reich gekleideten jungen Mädchen begleitet, denen sich Magdalene anschließt. Dann folgen die übrigen Meistersinger. Sie werden mit Hutschwenken und Freudenrufen begrüßt. Als Alle auf der Bühne angelangt sind, Eva, von den Mädchen umgeben, den Ehrenplatz eingenommen, und Kothner die Fahne gerade in der Mitte der übrigen Fahnen, und sie alle überragend, aufgepflanzt hat, treten die Lehrbuben dem Volke zugewendet feierlich vor der Bühne in Reih' und Glied.)

Lehrbuben.

Silentium! Silentium!
Laßt all' Reden und Gesumm'!

(Sachs erhebt sich und tritt vor. Bei seinem Anblicke stößt sich Alles an und bricht sofort unter Hut- und Tücherschwenken in großen Jubel aus.)

Alles Volk.

Ha! Sachs! 's ist Sachs!
Seht! Meister Sachs!
Stimmt an! Stimmt an! Stimmt an!

(Mit feierlicher Haltung.)

„Wach' auf, es nahet gen dem Tag,
„ich hör' singen im grünen Hag
„ein' wonnigliche Nachtigal,
„ihr' Stimm' durchklinget Berg und Thal:
„die Nacht neigt sich zum Occident,
„der Tag geht auf von Orient,
„die rothbrünstige Morgenröth'
„her durch die trüben Wolken geht." —
Heil Sachs! Hans Sachs!
Heil Nürnberg's theurem Sachs!

(Längeres Schweigen großer Ergriffenheit. Sachs, der unbeweglich, wie geistesabwesend, über die Volksmenge hinweggeblickt hatte, richtet endlich seine Blicke vertrauter auf sie, verneigt sich freundlich, und beginnt mit ergriffener, schnell aber sich festigender Stimme.)

Sachs.

Euch wird es leicht, mir macht ihr's schwer,
gebt ihr mir Armen zu viel Ehr':

such' vor der Ehr' ich zu besteh'n,
sei's, mich von euch geliebt zu seh'n!
Schon große Ehr' ward mir erkannt,
ward heut' ich zum Spruchsprecher ernannt:
und was mein Spruch euch künden soll,
glaubt, das ist hoher Ehre voll!
Wenn ihr die Kunst so hoch schon ehrt,
da galt es zu beweisen,
daß, wer ihr selbst gar angehört,
sie schätzt ob allen Preisen.
Ein Meister, reich und hochgemuth,
der will euch heut' das zeigen:
sein Töchterlein, sein höchstes Gut,
mit allem Hab und Eigen,
dem Singer, der im Kunstgesang
vor allem Volk den Preis errang,
als höchsten Preises Kron'
er bietet das zum Lohn.
Darum so hört, und stimmet bei:
die Werbung steht dem Dichter frei.
Ihr Meister, die ihr's euch getraut,
euch ruf' ich's vor dem Volke laut:
erwägt der Werbung selt'nen Preis,
und wem sie soll gelingen,
daß der sich rein und edel weiß,
im Werben, wie im Singen,
will er das Reis erringen,
das nie bei Neuen noch bei Alten
ward je so herrlich hoch gehalten,
als von der lieblich Reinen,
die niemals soll beweinen,
daß Nürenberg mit höchstem Werth
die Kunst und ihre Meister ehrt.

(Große Bewegung unter Allen. — Sachs geht auf Pogner zu, der ihm gerührt die Hand drückt.)

Pogner.

O Sachs! Mein Freund! Wie dankenswerth!
Wie wißt ihr, was mein Herz beschwert!

Sachs.

's war viel gewagt! Jetzt habt nur Muth!

(Er wendet sich zu Beckmesser, der schon während des Einzuges, und dann fortwährend, immer das Blatt mit dem Gedicht heimlich herausgezogen, memorirt, genau zu lesen versucht, und oft verzweiflungsvoll den Schweiß sich von der Stirn gewischt hat.)

Herr Merker! Sagt, wie steht es? Gut?

Beckmesser.

O, dieses Lied! — Werd' nicht draus klug,
und hab' doch dran studirt genug!

Sachs.

Mein Freund, 's ist euch nicht aufgezwungen.

Beckmesser.

Was hilft's? — Mit dem meinen ist doch versungen;
's war eure Schuld! — Jetzt seid hübsch für mich!
's wär' schändlich, ließet ihr mich im Stich!

Sachs.

Ich dächt', ihr gäbt's auf.

Beckmesser.

Warum nicht gar?
Die And'ren sing' ich alle zu paar'!
Wenn ihr nur nicht singt.

Sachs.

So seht, wie's geht!

Beckmesser.

Das Lied — bin's sicher — zwar Keiner versteht:
doch bau' ich auf eure Popularität.

(Die Lehrbuben haben vor der Meistersinger-Bühne schnell von Rasenstücken einen kleinen Hügel aufgeworfen, fest gerammelt, und reich mit Blumen überdeckt.)

Sachs.

Nun denn, wenn's Meistern und Volk beliebt,
zum Wettgesang man den Anfang giebt.

Kothner
(tritt vor).

Ihr ledig' Meister, macht euch bereit!

Der Ältest' sich zuerst anläßt: —
Herr Beckmesser, ihr fangt an! 's ist Zeit!

Beckmesser

(verläßt die Singerbühne, die Lehrbuben führen ihn zu dem Blumenhügel: er strauchelt darauf, tritt unsicher und schwankt).

Zum Teufel! Wie wackelig! Macht das hübsch fest!

(Die Buben lachen unter sich, und stopfen an dem Rasen.)

Das Volk

(unterschiedlich, während Beckmesser sich zurecht macht).

Wie der? Der wirbt? Scheint mir nicht der Rechte!
An der Tochter Stell' ich den nicht möchte. —
Er kann nicht 'mal steh'n:
Wie wird's mit dem geh'n? —
Seid still! 's ist gar ein tücht'ger Meister!
Stadtschreiber ist er: Beckmesser heißt er. —
Gott, ist der dumm!
Er fällt fast um! —
Still! Macht keinen Witz:
der hat im Rathe Stimm' und Sitz.

Die Lehrbuben

(in Aufstellung).

Silentium! Silentium!
Laßt all' Reden und Gesumm'!

Beckmesser

(macht, ängstlich in ihren Blicken forschend, eine gezierte Verbeugung gegen Eva).

Kothner.

Fanget an!

Beckmesser

(singt mit seiner Melodie, verkehrter Prosodie, und mit süßlich verzierten Absätzen, öfters durch mangelhaftes Memoriren gänzlich behindert, und mit immer wachsender ängstlicher Verwirrung).

„Morgen ich leuchte in rosigem Schein,
voll Blut und Duft
geht schnell die Luft; —
wohl bald gewonnen,
wie zerronnen, —
im Garten lud ich ein —
garstig und fein.“ —

Die Meister
(leise unter sich).

Mein! Was ist das? Ist er von Sinnen?
Woher mocht' er solche Gedanken gewinnen?

Volk
(ebenso).

Sonderbar! Hört ihr's? Wen lud er ein?
Verstand man recht? Wie kann das sein?

Beckmesser
(nachdem er sich mit den Füßen wieder gerichtet, und im Manuscript heimlich nachgelesen).

„Wohn' ich erträglich im selbigen Raum, —
hol' Gold und Frucht —
Bleisaft und Wucht: —
mich holt am Pranger —
der Verlanger, —
auf luft'ger Steige kaum —
häng' ich am Baum." —

(Er sucht sich wieder zurechtzustellen, und im Manuscript zurechtzufinden).

Die Meister.

Was soll das heißen? Ist er nur toll?
Sein Lied ist ganz von Unsinn voll!

Das Volk
(immer lauter).

Schöner Werber! Der find't seinen Lohn:
bald hängt er am Galgen; man sieht ihn schon.

Beckmesser
(immer verwirrter).

„Heimlich mir graut —
weil hier es munter will hergeh'n: —
an meiner Leiter stand ein Weib, —
sie schämt' und wollt' mich nicht beseh'n.
Bleich wie ein Kraut —
umfasert mir Hanf meinen Leib; —
Die Augen zwinkend —
der Hund blies winkend —
was ich vor lagem, verzehrt, —

wie Frucht, so Holz und Pferd —
vom Leberbaum."

(Hier bricht Alles in lautes, schallendes Gelächter aus.)

Beckmesser

(verläßt wüthend den Hügel, und eilt auf Sachs zu).

Verdammter Schuster! Das dank' ich dir! —
Das Lied, es ist gar nicht von mir:
von Sachs, der hier so hoch verehrt,
von eurem Sachs ward mir's bescheert!
Mich hat der Schändliche bedrängt,
sein schlechtes Lied mir aufgehängt.

(Er stürzt wüthend fort und verliert sich unter dem Volke.)
(Großer Aufstand.)

Volk.

Mein! Was soll das? Jetzt wird's immer bunter!
Von Sachs das Lied? Das nähm' uns doch Wunder!

Die Meistersinger.

Erklärt doch, Sachs! Welch' ein Skandal!
Von euch das Lied? Welch' eig'ner Fall!

Sachs

(der ruhig das Blatt, welches ihm Beckmesser hingeworfen, aufgehoben hat).

Das Lied fürwahr ist nicht von mir:
Herr Beckmesser irrt, wie dort so hier!
Wie er dazu kam, mag er selbst sagen;
doch möcht' ich mich nie zu rühmen wagen,
ein Lied, so schön wie dieß erdacht,
sei von mir, Hans Sachs, gemacht.

Meistersinger.

Wie? Schön dieß Lied? Der Unsinn-Wust!

Volk.

Hört, Sachs macht Spaß! Er sagt's zur Lust.

Sachs.

Ich sag' euch Herrn, das Lied ist schön:
nur ist's auf den ersten Blick zu erseh'n,
daß Freund Beckmesser es entstellt.
Doch schwör' ich, daß es euch gefällt,

wenn richtig die Wort' und Weise
hier Einer säng' im Kreise.
Und wer das verstünd', zugleich bewies',
daß er des Liedes Dichter,
und gar mit Rechte Meister hieß',
fänd' er geneigte Richter. —
Ich bin verklagt und muß besteh'n·
drum laßt meinen Zeugen mich ausersch'n! —
Ist Jemand hier, der Recht mir weiß,
der tret' als Zeug' in diesen Kreis!

Walther
(tritt aus dem Volke hervor).
(Allgemeine Bewegung.)

Sachs.

So zeuget, das Lied sei nicht von mir;
und zeuget auch, daß, was ich hier
hab' von dem Lied gesagt,
zu viel nicht sei gewagt.

Die Meister.

Ei, Sachs! Gesteht, ihr seid gar fein! —
So mag's denn heut' geschehen sein.

Sachs.

Der Regel Güte daraus man erwägt,
daß sie auch 'mal 'ne Ausnahm' verträgt.

Das Volk.

Ein guter Zeuge, schön und kühn!
Mich dünkt, dem kann 'was Gut's erblüh'n.

Sachs.

Meister und Volk sind gewillt
zu vernehmen, was mein Zeuge gilt.
Herr Walther von Stolzing, singt das Lied!
Ihr Meister, les't, ob's ihm gerieth.
(Er giebt den Meistern das Blatt zum Nachlesen.)

Die Lehrbuben.

Alles gespannt, 's giebt kein Gesumm';
da rufen wir auch nicht Silentium!

Walther
(der kühn und fest auf den Blumenhügel getreten).

„Morgenlich leuchtend in rosigem Schein,
von Blüth' und Duft
geschwellt die Luft,
voll aller Wonnen
nie ersonnen,
ein Garten lud mich ein, —

(Die Meister lassen hier ergriffen das Blatt fallen; Walther scheint es — unmerklich — gewahrt zu haben, und fährt nun in freier Fassung fort:)

dort unter einem Wunderbaum
von Früchten reich behangen,
zu schau'n im sel'gen Liebestraum,
was höchstem Lustverlangen
Erfüllung kühn verhieß —
das schönste Weib,
Eva im Paradies." —

Das Volk
(leise unter sich).

Das ist 'was And'res! Wer hätt's gedacht?
Was doch recht Wort und Vortrag macht!

Die Meistersinger
(leise für sich).

Ja wohl! Ich merk'! 's ist ein ander Ding,
ob falsch man oder richtig sing'.

Sachs.

Zeuge am Ort!
Fahret fort!

Walther.

„Abendlich dämmernd umschloß mich die Nacht;
auf steilem Pfad
war ich genaht
wohl einer Quelle
edler Welle,
die lockend mir gelacht:
dort unter einem Lorbeerbaum,
von Sternen hell durchschienen,
ich schaut' im wachen Dichtertraum,

mit heilig holden Mienen
mich netzend mit dem Naß,
das hehrste Weib —
die Muse des Parnaß."

Das Volk

(immer leiser, für sich).

So hold und traut, wie fern es schwebt,
doch ist's als ob man's mit erlebt!

Die Meistersinger.

's ist kühn und seltsam, das ist wahr:
doch wohlgereimt und singebar.

Sachs.

Zum dritten, Zeuge wohl erkiest!
Fahret fort, und schließt!

Walther

(mit größter Begeisterung).

„Huldreichster Tag,
dem ich aus Dichters Traum erwacht!
Das ich geträumt, das Paradies,
in himmlisch neu verklärter Pracht
hell vor mir lag,
dahin der Quell lachend mich wies:
die, dort geboren,
mein Herz erkoren,
der Erde lieblichstes Bild,
zur Muse mir geweiht,
so heilig hehr als mild,
ward kühn von mir gefreit,
am lichten Tag der Sonnen
durch Sanges Sieg gewonnen
Parnaß und Paradies!"

Volk

(sehr leise den Schluß begleitend).

Gewiegt wie in den schönsten Traum,
hör' ich es wohl, doch fass' es kaum!

Reich' ihm das Reis!
Sein der Preis!
Keiner wie er zu werben weiß!

Die Meister.

Ja, holder Sänger! Nimm das Reis!
Dein Sang erwarb dir Meisterpreis.

Pogner.

O Sachs! Dir dank' ich Glück und Ehr'!
Vorüber nun all' Herzbeschwer!

Eva

(die vom Anfange des Auftrittes her in sicherer, ruhiger Haltung verblieben, und bei allen Vorgängen wie in seliger Geistesentrücktheit sich erhalten, hat Walther unverwandt zugehört; jetzt, während am Schlusse des Gesanges Volk und Meister, gerührt und ergriffen, unwillkürlich ihre Zustimmung ausdrücken, erhebt sie sich, schreitet an den Rand der Singerbühne, und drückt auf die Stirn Walther's, welcher zu den Stufen herangetreten ist und vor ihr sich niedergelassen hat, einen aus Lorbeer und Myrthen geflochtenen Kranz, worauf dieser sich erhebt und von ihr zu ihrem Vater geleitet wird, vor welchem Beide niederknieen; Pogner streckt segnend seine Hände über sie aus).

Sachs
(deutet dem Volke mit der Hand auf die Gruppe).

Den Zeugen, denk' es, wählt' ich gut:
tragt ihr Hans Sachs drum üblen Muth?

Volk
(jubelnd).

Hans Sachs! Nein! Das war schön erdacht!
Das habt ihr einmal wieder gut gemacht!

Mehrere Meistersinger.

Auf, Meister Pogner! Euch zum Ruhm,
Meldet dem Junker sein Meisterthum.

Pogner
(eine goldene Kette mit drei Denkmünzen tragend).

Geschmückt mit König David's Bild,
nehm' ich euch auf in der Meister Gild'.

Walther
(zuckt unwillkürlich heftig zurück).

Nicht Meister! Nein!
Will ohne Meister selig sein!

Die Meister
(blicken in großer Betretenheit auf Sachs).

Sachs
(Walther fest bei der Hand fassend).

Verachtet mir die Meister nicht,
und ehrt mir ihre Kunst!
Was ihnen hoch zum Lobe spricht,
fiel reichlich euch zur Gunst.
Nicht euren Ahnen, noch so werth,
nicht euren Wappen, Speer noch Schwert,
daß ihr ein Dichter seid,
ein Meister euch gefreit,
dem dankt ihr heut' eu'r höchstes Glück.
Drum, denkt mit Dank ihr dran zurück,
wie kann die Kunst wohl unwerth sein,
die solche Preise schließet ein? —
Daß uns're Meister sie gepflegt,
grad' recht nach ihrer Art,
nach ihrem Sinne treu gehegt,
das hat sie ächt bewahrt:
blieb sie nicht adlig, wie zur Zeit,
wo Höf' und Fürsten sie geweiht,
im Drang der schlimmen Jahr'
blieb sie doch deutsch und wahr;
und wär' sie anders nicht geglückt,
als wie wo Alles drängt' und drückt',
ihr seht, wie hoch sie blieb in Ehr':
was wollt ihr von den Meistern mehr?
Habt Acht! Uns drohen üble Streich': —
zerfällt erst deutsches Volk und Reich,
in falscher wälscher Majestät
kein Fürst bald mehr sein Volk versteht;
und wälschen Dunst mit wälschem Tand
sie pflanzen uns in's deutsche Land.
Was deutsch und ächt wüßt' Keiner mehr,
lebt's nicht in deutscher Meister Ehr'.
Drum sag' ich euch
ehrt eure deutschen Meister,
dann bannt ihr gute Geister!

Und gebt ihr ihrem Wirken Gunst,
zerging' in Dunst
das heil'ge röm'sche Reich,
uns bliebe gleich
die heil'ge deutsche Kunst!

(Alle fallen begeistert in den Schlußvers ein. — Eva nimmt den Kranz von Walther's Stirn und drückt ihn Sachs auf; dieser nimmt die Kette aus Pogner's Hand, und hängt sie Walther um. — Walther und Eva lehnen sich zu beiden Seiten an Sachsens Schultern; Pogner läßt sich, wie huldigend, auf ein Knie vor Sachs nieder. Die Meistersinger deuten mit erhobenen Händen auf Sachs, als auf ihr Haupt. Während die Lehrbuben jauchzend in die Hände schlagen und tanzen, schwenkt das Volk begeistert Hüte und Tücher.)

Volk.

Heil Sachs! Hans Sachs!
Heil Nürnberg's theurem Sachs!

(Der Vorhang fällt.)

Das Wiener Hof-Operntheater.

Wien. 1863.

Dem mir befreundeten Redakteur des „Botschafter“ war vor längerer Zeit schon näher bekannt geworden, wie angelegentlich ich mich mit Reformplänen für das Theater überhaupt trug, als eine neuerliche vertraute Unterhaltung uns Veranlassung gab, im Besonderen die Möglichkeiten einer gedeihlichen Wirksamkeit des kaiserlichen Hofoperntheaters in Betracht zu ziehen: meine Ansichten und Rathschläge dünkten meinem Freunde so leichtverständlich und praktisch, daß er wünschte, ich möchte das Gesagte schriftlich für den „Botschafter“ näher ausführen. Ich versprach dieß; doch auch seitdem verging eine geraume Zeit. — Es ist immer mislich für den Sachverständigen, sich nicht gegen die kompetenten Behörden, die etwa seine Meinung über einen vorliegenden Fall zu hören verlangten, sondern publizistisch auf das Gerathewohl über Dinge auszusprechen, die, weil sie auf eine bedenkliche Weise dem Gefallen oder Nichtgefallen aller Welt offen liegen, jeder verdorbene Litterat, Musikant, oder sonstige Praktikant ebenso gut und besser als er zu verstehen glaubt. Immer bleibt dieß aber der einzige Weg zur Übermittelung seiner Meinung an das Urtheil der Wenigen, welche auch einem anscheinend frivolen Gegenstande eine ernste Untersuchung zuzuwenden sich gewöhnt haben, da diese, wie es sich nun einmal oft fügt, den kompetenten Behörden, namentlich bei Theaterangelegenheiten, am wenigsten zugesellt werden, und daher nur durch einen Griff in die Allgemeinheit des lesenden Publikums zu erfassen und zu finden sind.

In dieser üblen Stellung, die dem ernsten Künstler oder Kunstfreunde bereitet ist, liegt, genau betrachtet, die ganze Verurtheilung der bisherigen Wirksamkeit, namentlich unseres Operntheaters enthalten. Diese zu überwachen, und über sie zu stimmen, ist einzig Leuten überlassen, die keine eigentliche Kenntniß und Erfahrung von der Sache haben, und in dieser Hinsicht konstatire ich, um genau zu bezeichnen, was ich meine, z. B. den Umstand, daß von Seiten der Redaktionen der großen Journale, während im politischen Theile mit Sorgfalt nach bestimmten Normen der Parteistellung verfahren wird, das Theater, und namentlich die Musik, gänzlich ohne Berücksichtigung der sonstigen Tendenz des Blattes allermeistens in der Weise preisgegeben wird, daß der leichtsinnigste Schwätzer und Witzling gerade am liebsten dort zugelassen ist. Genau genommen bekümmert, außer Diesem, sich aber Niemand um die Wirksamkeit der Theater, und namentlich ist es auffallend, daß man nie daran denkt, den obersten Verwaltungsbehörden der subventionirten Theater wirklich Sachverständige beizugeben, welche die Wirksamkeit des Theaters in dem Sinne zu überwachen hätten, in welchem andererseits einzig Subventionen gerechtfertigt sein können.

Hier dünkt mich nämlich zu allererst ein großer Unterschied darin zu bestehen, was man von der Wirksamkeit eines subventionirten, und der eines nicht-subventionirten Theaters zu fordern hat. Alles was der ernstere Kunstfreund im Hinblick auf die Wirksamkeit des Theaters bedauert, kann sich verständiger Weise wohl nur auf die höheren Ortes subventionirten Theater erstrecken. Ein nicht-subventionirtes Theater ist dagegen zunächst eine gewerbliche Anstalt, deren Ausbeuter, sobald die Polizei gegen ihr Treiben nichts einzuwenden hat, im Grunde genommen, Niemand als ihren Kunden verantwortlich sind: das Kommen oder Ausbleiben der Theaterbesucher ist das Kriterium ihrer Leistungen; und zu den Geschmackskundgebungen ihres Publikums steht die Wirksamkeit der gewöhnlichen Theaterrezensenten in ganz richtigem Verhältniß; beide gleichen sich vollständig aus, denn hier herrschen nicht die Forderungen der Kunst, sondern die des persönlichen Beliebens. Daß es nun ganz ebenso auch mit den subventionirten Theatern steht, ist eben das Traurige; noch trauriger ist es aber, daß es hier dadurch noch schlimmer recht: denn die Subvention dient hier nur dazu, den dort unerläßlichen geschärften Sinn für spekulative Thätigkeit und Initiative zu schwächen, da die Nothwendigkeit des Geldgewinnes nicht mit dazu antreibt.

Ersichtlich findet also hier ein großer Fehler statt: es sollte nämlich mit der Ertheilung der Subvention klar und bestimmt auch ausbedungen werden, worin sich die Wirksamkeit dieses Theaters von derjenigen der nicht-subventionirten Theater zu unterscheiden habe; den höheren Verwaltungsbehörden sollte es aber einzig zufallen, die genaue Einhaltung dieser Bedingungen zu überwachen. Je seltener wirklicher Geist und wahrer Kunstverstand sind, je weniger demnach darauf zu rechnen ist, zu jeder Zeit diejenigen Männer zu finden, welche ganz aus eigenem Ermessen jene gemeinte höhere Überwachung ausüben könnten, desto sorgfältiger müßten diese höheren Forderungen selbst berathen und in der Form klarer, leichtverständlicher Institutionen festgestellt werden. Wenn ich nun hier im Sinne habe, meiner Erfahrung und Kenntniß gemäß, solche Institutionen speziell für das k. k. Hofoperntheater in Vorschlag zu bringen, so habe ich zur Feststellung des obersten Grundsatzes für dieselben glücklicherweise nur die Restitution desjenigen nöthig, welche eben ein erlauchter österreichischer Kunstfreund, der Kaiser Joseph II., für die Führung des Theaters einst feststellte. Es ist nicht möglich, diesen Grundsatz umfassender und zugleich schärfer auszudrücken, als es der erhabene Gründer der beiden kaiserlichen Hoftheater that, indem er die geforderte Wirksamkeit derselben einzig darein setzte:

„Zur Veredelung der Sitten und des Geschmackes der Nation beizutragen".*)

Kommt es nun, sobald dieser Grundsatz auch für das Hofoperntheater ernstlich wiederhergestellt werden sollte, darauf an, diejenigen Institutionen festzustellen, welche diesen Grundsatz für alle Zeiten stützen könnten, und habe ich im Sinne, diese hiermit aufzuzeichnen, so glaube ich zunächst in Kürze den Zustand beleuchten zu müssen, in welchen dieses Theater durch Aufgeben jenes obersten Grundsatzes gelangt ist: ich darf hoffen,

*) Vergl. Ed. Devrient's Geschichte der deutschen Schauspielkunst.

daß aus der Aufhebung der üblen Maximen, nach welchen es gegenwärtig geleitet wird, dann einfach die Feststellung der gemeinten heilsamen Institutionen sich ergeben werde.

Betrachten wir die Wirksamkeit eines der allerersten musikalisch-dramatischen Kunstinstitute Deutschlands, des k. k. Hofoperntheaters, von außen, so haben wir ein buntes, wirres Durcheinander von Vorführungen der allerverschiedensten Art, aus den Gebieten der entgegengesetztesten Stylarten, vor uns, von denen sich zunächst nur das Eine klar herausstellt, daß keine der Aufführungen in irgend welcher Hinsicht den Stempel der Korrektheit an sich trägt, den Grund, weshalb sie zu Stande kommt, somit gar nicht in sich, sondern in einer äußeren fatalen Nöthigung zu haben scheint. Es ist unmöglich eine Aufführung nachzuweisen, in welcher sich Zweck und Mittel vollkommen in Übereinstimmung gefunden hätten, in welcher daher nicht das mangelhafte Talent, die fehlerhafte Ausbildung, oder die ungeeignete Verwendung einzelner Sänger, ungenügende Vorbereitung und daraus entstehende Unsicherheit anderer, rohe und charakterlose Vortragsmanieren der Chöre, grobe Fehler in der scenischen Darstellung, meist gänzlich mangelnde Anordnung in der dramatischen Aktion, rohes und sinnloses Spiel Einzelner, endlich große Unrichtigkeiten und Fahrlässigkeiten in der rein musikalischen Auffassung und Wiedergabe, Vernachlässigungen in der Nüancirung, Unübereinstimmung des Vortrages des Orchesters mit dem der Sänger, — irgend wo mehr oder minder störend und gar verletzend hervorgetreten wären. Die meisten dieser Aufführungen tragen den Charakter eines rücksichtslosen Sichgehenlassens, gegen welches dann das Bemühen einzelner Sänger, durch gewaltsames Heraustreten aus dem künstlerischen Rahmen besonderen Beifall für Einzelnheiten ihrer Leistungen zu gewinnen, desto widerwärtiger absticht, und dem Ganzen etwas geradezu Lächerliches giebt. — Sollte das Publikum, zu sehr an den Charakter dieser Aufführungen gewöhnt, endlich gar nichts mehr hiervon gewahren, so daß die von mir verklagte Eigenschaft derselben von Opernbesuchern geläugnet werden sollte, so wären dagegen nur die Sänger und Musiker des Theaters selbst zu befragen, und von Allen würde man bestätigt hören, wie demoralisirt sie sich vorkommen, wie sie den üblen Charakter ihrer gemeinsamen Leistungen sehr wohl selbst kennen,

18*

und mit welchem Unmuthe sie meistens an solche Aufführungen gehen, welche, ungenügend vorbereitet, voraussichtlich fehlerhaft ausfallen müssen.

Denn, betrachten wir nun dieses Theater von innen, so erstaunen wir plötzlich, überall da, wo wir Trägheit und Bequemlichkeit anzutreffen glaubten, im Gegentheil eine ganz fabrikmäßige Überthätigkeit, Überarbeit und bei vollkommener Ermüdung oft sogar bewunderungswürdige Ausdauer, uns entgegentreten zu sehen. — Ich glaube, daß der Misbrauch, welcher an einem solchen Operntheater mit künstlerischen Kräften getrieben wird, mit gar nichts Ähnlichem verglichen werden kann; und zu den allerschmerzlichsten Erinnerungen meines Lebens gehören die Erfahrungen, die ich selbst hiervon an mir, und namentlich an den Musikern des Orchesters, unter ähnlichen Umständen machte. Man erwäge, daß das Personal eines vorzüglichen Orchesters zu einem nicht geringen Theile aus den einzig wirklich musikalisch Gebildeten eines Operntheaters besteht; man bedenke, was dieses wiederum eben bei deutschen Musikern heißt, denen die Blüthe aller musikalischen Kunst, in den Werken eben unserer deutschen großen Meister, innig vertraut und erschlossen ist, und daß nun gerade diese es sind, welche zu den niedrigsten Kunsthandwerks-Verrichtungen, zu hundertfältig wiederholten Proben der musikalisch inhaltslosesten Opern, bloß zur mühseligen Unterstützung unmusikalischer und schlecht eingeübter Sänger verwendet werden! Ich für meinen Theil gestehe, daß ich in solcher gezwungenen Wirksamkeit zu seiner Zeit, selbstleidend und mitleidend, oft der Höllenqualen des Dante zu spotten lernte.

Vorzügliche Mitglieder des Gesangspersonales finden sich oft wohl auch ähnlichen Peinen ausgesetzt: doch sind diese bereits so sehr darauf angewiesen, sich außerhalb des Rahmens der Gesammtleistung zu stellen, daß sie weniger von diesen gemeinsamen Leiden betroffen werden; gemeiniglich verschlingt die persönliche Beifallssucht bei ihnen Alles, und selbst eben die Besseren gewöhnen sich, bei dem üblen Zustande der Gesammtleistung, endlich daran, sich um das Ganze nicht mehr zu kümmern, sich darüber hinwegzusetzen, wie um sie herum gesungen und gespielt wird, und einzig darauf Bedacht zu nehmen, gut oder übel ihre Sache für sich allein zu machen. Hierin werden sie vom Publikum unterstützt, welches, bewußt oder unbewußt, von der Gesammtleistung sich abwendet, und einzig der Leistung dieses oder jenes bevorzugten Sängers seine Aufmerksamkeit widmet. Zunächst ergiebt sich nun hieraus, daß das Publikum immer mehr den Sinn für das vorgeführte Kunstwerk verliert, und die Leistung des einzelnen Virtuosen allein beachtet, womit denn der ganze übrige Apparat einer Opernaufführung zum überflüssigen Beiwerk herabsinkt. Demzufolge stellt sich aber nun noch der weitere Übelstand heraus, daß der einzelne Sänger, der statt des Ganzen allein beachtet wird, zu dem Institut und der Direktion wiederum in die anmaßende Stellung gelangt, welche zu jeder Zeit als Primadonnen-Tyrannei, und ähnlich, bekannt worden ist. Die Ansprüche des Virtuosen (und bei uns genügt es ja schon eine erträgliche Stimme zu haben, um als solcher zu gelten!) treten jetzt als neues zerstörendes Element in den Organismus des Theaters. Bei dem geringen Talente der Deutschen für den Gesang, und namentlich bei dem großen Mangel an Stimmen, ist an und für sich die Noth der Direktion schon größer wie anderswo, besonders da es zu viel deutsche Theater sogenannten ersten Ranges (nämlich was reichliche Dotirung betrifft) giebt, um für jedes einigermaßen genügende Gesangskräfte zu finden. — Unfähig, in der Gesammtleistung aller künstlerischen Faktoren den Anziehungspunkt für das Publikum zu gewinnen, sieht die Direktion sich genöthigt, Alles an den Erwerb einzelner Sänger zu setzen; und wiederum die Schwierigkeit, die Summen hierfür aufzubringen, zwingt sie alle Segel der Spekulation selbst auf den schlechtesten Geschmack einzusetzen, und vor Allem der sorgsamen Pflege des Ensemble's Das zu entziehen, was dort verschwendet wird. Als Hauptübel der hieraus folgenden Desorganisation tritt nun aber eben der Verlust alles Gemeingefühles bei den Mitgliedern des Operntheaters hervor: Keiner hat Sinn für das Ganze, weil er keine Achtung vor der Leistung des Ganzen hat. Er sieht wie es eben hergeht, daß Alles nur unter dem Gesetze der gemeinen Tagesnoth sich bewegt, daß fast jede Aufführung nur eine Aushilfe in der Verlegenheit ist, und diese Verlegenheiten geflissentlich zu seinem Vortheile auszubeuten, nämlich durch Kostbarmachung seiner Aushilfe sie zu vermehren, wird endlich zur einzigen Richtschnur des Verhaltens eines Jeden gegen die Direktion. Dieser

Tendenz der Einzelnen gegenüber sieht die Direktion, die jeden Halt im künstlerischen Gemeingefühle verloren hat, sich wiederum einzig zum Ergreifen materieller Gegenmaßregeln genöthigt. Der Wirksamkeit der Sänger versichert sie sich durch Geldstipulationen, und, sollte in Einzelnen noch künstlerischer Sinn bestanden haben, so weicht er nun gänzlich der Berechnung des rein finanziellen Interesses in der Weise, daß ein Sänger Leistungen, von denen er weiß, daß er ihnen überhaupt, oder unter den obwaltenden Umständen nicht gewachsen ist, oder daß sie durch ein übel vorbereitetes Ensemble verdorben werden, bloß aus Furcht vor Geldeinbuße dennoch übernimmt.

Hieraus ergiebt sich, daß, von einer Direktion verlangen, sie solle in der täglichen Abwehr der auf diesem Wege erwachsenden Nöthen, höhere Kunstziele in das Auge fassen, eine Ungereimtheit ist, die nur von Denjenigen begangen werden kann, welchen nie die Grundlage klar geworden ist, von welcher aus überhaupt Kunstziele in das Auge gefaßt werden können. Wie die Verhältnisse gegenwärtig sich gestaltet haben, muß es einem Nachdenkenden ersichtlich werden, daß der Fehler nicht in der Person des Direktors, nicht darin, ob dieser ein deutscher Kapellmeister, ein italienischer Gesangslehrer, ein französischer Balletmeister, oder sonst etwas ist, sondern zunächst in einem Gebrechen der Organisation des Institutes selbst liegt. Dieses Gebrechen beruht prinzipiell offenbar darin, daß ein höheres Kunstziel dem Operntheater gar nicht gesteckt ist; und es spricht sich dieses negative Gebrechen einfach in der gestellten positiven Forderung aus, nach welcher dieses Theater alltäglich Vorstellungen geben soll. —

Vom ersten Funktionär bis zum letzten Angestellten herab weiß das gesammte Personal des Operntheaters, daß der Grund aller Nöthen, Verwirrungen und Mangelhaftigkeiten in den Vorstellungen desselben fast einzig in der Nöthigung, jeden Tag zu spielen, liegt, und Jeder begreift auf der Stelle, daß ein allergrößter Theil dieser Kalamitäten verschwinden würde, wenn diese Vorstellung etwa um die Hälfte vermindert würden.

Offenbar ist unter gar keinen Umständen an eine gedeihlichere Wirksamkeit des Operntheaters zu denken, wenn nicht in der bezeichneten Forderung eine große Reduktion eintritt. Wenn in Paris das Théâtre Français und in Wien das Hofburgtheater der Forderung, täglich zu spielen, erträglich und ohne zu stark ersichtlichen Schaden für ihre Leistungen, nachkommen können, so liegt der Grund hiervon darin, daß 1) dem rezitirenden Drama eine unendlich größere Anzahl von Stücken, selbst von guten und vorzüglichsten Stücken, zu Gebote steht, als einem Operntheater; daß 2) diese Stücke in genau geschiedene Genre's sich theilen, für welche, wenn die finanziellen Mittel hier wie dort ausreichend sind, besondere Gruppen von Schauspielern angestellt werden können; und daß 3) die Leistungen eines Schauspielpersonales zum großen Theile auf dem Privatstudium der Einzelnen beruhen, der einfachere Hergang einer Schauspielvorstellung aber verhältnißmäßig weniger Ensembleproben benöthigt. — Ganz anders verhält es sich aber hierin bei einem Operntheater, namentlich wenn dieses das sogenannte große Genre repräsentiren soll, und ganz richtig hat dagegen die große Oper in Paris (wie auch in Berlin) bloß drei-, und nur ausnahmsweise viermal die Woche zu spielen, wobei das Gesangspersonal immer noch mit dem Balletpersonal für ganze Vorstellungen abwechselt. Denn 1) ist die Anzahl vorhandener guter Opern unverhältnißmäßig geringer als die guter Stücke; 2) ist das im Schauspiel so aushilfsreiche Genre des Lustspieles, namentlich für das deutsche Repertoir als komische Oper, fast gar nicht vorhanden, und demzufolge sind besondere Sängergruppen hierfür nicht leicht zusammenzustellen; 3) erfordert das musikalische Studium, wie die komplizirte scenische Vorbereitung einer Oper, eine unverhältnißmäßig größere Anzahl gemeinschaftlicher Proben.

Es ist somit bei der gegenwärtigen Konstituirung des kaiserlichen Hofoperntheaters ein Fehler begangen worden, welchen man vermieden hätte, wenn die sehr wohl erwogenen Statuten der Pariser großen Oper zum Muster genommen worden wären. Die üblen Folgen hiervon, schon für die Geschäftsführung allein, habe ich bereits, wie sie aller Welt in die Augen springen und von jedem Mitgliede dieses Theaters gekannt sind, vorgeführt. Welcher unselige Einfluß auf den öffentlichen Kunstgeschmack hiervon aber wiederum ausgeht, werde ich noch genauer kennzeichnen, wenn ich zuvor die Vortheile einer starken Reduktion der Vorstellungen des Operntheaters, mit Festhaltung der von Kaiser Joseph II. gestellten Grundaufgabe, auf Veredelung des öffentlichen Kunstgeschmackes zu wirken, näher bezeichnet habe.

Ich kann hierzu nicht besser gelangen, als durch eine nähere Prüfung der Forderung, welche eben jene den kaiserlichen Theatern von ihrem erhabenen Gründer gestellte Hauptaufgabe enthält.

„Das Theater soll zur Veredelung der Sitten und des Geschmackes der Nation beitragen.“

Für die praktische Anwendung würde dieser Satz vielleicht noch bestimmter so formulirt werden müssen: — es solle durch Veredelung des Geschmackes auf die Hebung der Sitten der Nation gewirkt werden. Denn offenbar kann die Kunst nur durch das Medium der Geschmacksbildung auf die Sittlichkeit wirken, nicht unmittelbar. Die Einwirkung theatralischer Leistungen auf den Geschmack des Publikums haben wir daher zuerst und fast einzig in das Auge zu fassen; denn, daß ein Operntheater, namentlich bei seiner bisherigen Wirksamkeit, in einen günstigen unmittelbaren Bezug zur öffentlichen Sittlichkeit zu bringen wäre, möchte an sich schon manchem ernsten Volksfreunde mehr als problematisch erscheinen. Gestehen wir sogar alsbald ein, daß die Oper ihrem Ursprunge, wie ihrem ganzen Charakter nach, ein wirklich bedenkliches Kunstgenre ist, und daß bei seiner Pflege und Weiterbildung gar nicht genug darauf Bedacht genommen werden kann, diesen bedenklichen Charakter zu verwischen, und die in ihm enthaltenen guten und schönen Anlagen dagegen mit ganz besonderer Energie zu entwickeln.

Um mich für dießmal in keine schwierigen Erörterungen über diesen, Vielen zwar noch höchst unklaren Gegenstand zu verlieren, bezeichne ich, der praktischen Tendenz meiner Vorschläge gemäß, als das nächste einzige Mittel zur Erreichung des zuletzt dargelegten Zweckes gute Aufführungen.

Das Publikum hält sich, und mit Recht, nur an die Aufführung, an den theatralischen Vorgang, der unmittelbar zu seinem Gefühle spricht, und nur durch die Art und Weise, wie durch die Aufführung zu ihm gesprochen wird, versteht es, was zu ihm gesprochen wird. Das Publikum kennt weder die Dichtkunst, noch die Musik, sondern die theatralische Vorstellung, und was Dichter und Musiker wollen, erfährt es nur durch das Medium der unmittelbar von ihm erfaßten Darstellung. Diese muß daher deutlich und verständlich sein: jede Unklarheit setzt das Publikum in Verwirrung, und diese Verwirrung ist der Grund all' der unfreien und schiefen Geschmacksrichtungen, die wir im Urtheile des Publikums antreffen. Von einer Bildung des Geschmackes kann daher gar nicht die Rede sein, ehe nicht Das, woran der Geschmack sich zu üben und worüber er sich zu entscheiden hat, klar und faßlich vorgeführt ist. Das höchste Problem der Oper liegt jedenfalls in der zu erzielenden Übereinstimmung ihrer dramatischen und ihrer musikalischen Tendenz; wird diese nirgends nur eigentlich klar, so ist das Ganze, gerade der Anhäufung der angewandten Kunstmittel wegen, ein sinnloses Chaos der allerverwirrendsten Art: denn eben daran, daß auch die Musik als solche in der Oper nicht rein wirken kann, sobald die Aktion des Drama's ganz unklar bleibt, erweist es sich, daß die einzige künstlerische Wirksamkeit dieses Kunstgenre's nur in der Übereinstimmung beider zu sichern sei; und diese Übereinstimmung ist daher als der Styl der Oper festzustellen.

Bestimmen wir daher, daß das Operntheater ein Kunstinstitut sein soll, welches zur Veredelung des öffentlichen Geschmackes, durch unausgesetzt gute und korrekte Aufführungen musikalisch-dramatischer Werke beizutragen hat. Da hierzu, dem sehr komplizirten Charakter solcher Aufführungen angemessen, mehr Vorbereitungen und Zeitaufwand gehören, als zu den Aufführungen des rezitirenden Drama's, so soll die Zahl der Vorstellungen des kaiserlichen Hofoperntheaters auf die Hälfte der bisherigen zurückgeführt werden, und es soll selbst von diesen ein Theil nur der Oper, der andere dagegen dem Ballet zufallen.

Natürlich müßte durch Statuten nun dafür gesorgt sein, daß der wahre Zweck dieser Reduktion auch erfüllt werde. Läugnen wir nicht, daß die bloße gegebene Möglichkeit stets nur vorzüglicher Aufführungen noch nicht die Gewährleistung dafür enthält. Allerdings ist es schon wichtig, jeder Zeit an der mit goldenen Lettern dem Theater einzugrabenden obersten Weisung Kaiser Joseph's II. gegen zuwiderlaufende Anforderungen einen schützenden Anhalt zu haben; dennoch müßten auch sonst in der Verfassung des Theaters geeignete Garantieen gegeben sein. Daß dieß nicht bloß befehlende oder verbietende

Statuten sein könnten, ist ersichtlich; denn es handelt sich hier um künstlerischen Sinn und Geschmack, die sich nun einmal nicht durch Befehle erzwingen lassen. Wohl aber giebt es Veranstaltungen zum Appell an die Gewissenhaftigkeit, zum Anspornen des Ehrgeizes, und diese sind einfach in dem Verhältniß der bestellten künstlerischen Beamten zu einander zu begründen.

Es ist auffallend, wie wenig in diesem Sinne bei der Konstituirung ähnlicher Theater in Deutschland zweckmäßig verfahren worden ist. Die ganze Last der künstlerischen Verantwortlichkeit für die unmittelbaren Leistungen eines Operntheaters ist hier eigentlich dem sogenannten Kapellmeister zugetheilt, d. h. demjenigen angestellten Musiker, welcher schließlich die musikalische Ausführung des Orchesters leitet, und die Begleitung desselben mit dem Vortrage der Sänger und Chöre in Übereinstimmung zu halten hat. Das Publikum hat sich allerdings längst entwöhnt, für unrichtige Besetzung der Partieen, sowie für die inkorrekten Leistungen der Sänger, den Kapellmeister verantwortlich zu machen; und dieser hat sich dagegen gewöhnt, dem Sänger gegenüber sich als völlig einflußlos zu betrachten und seine Macht über ihn einzig auf das Einhelfen zu beschränken. — Zum Unglück werden die deutschen Kapellmeister nur aus einer Gattung von Musikern gewählt, die ganz abseits vom Theater eine spezifisch musikalische Ausbildung gewonnen haben, somit Partitur lesen, etwas Klavier spielen und dem Orchester den Takt schlagen können, und daher z. B. bei kirchlichen Instituten, Gesangsakademieen und Musikvereinen vortreffliche Dienste zu leisten im Stande sind, — von der Anwendung der Musik auf eine dramatische Vorstellung aber gar keinen Begriff haben. Wie fern überhaupt diese Richtung den deutschen Musikern liegt, erweist sich einfach aus ihrer so auffallenden Unfähigkeit zur dramatischen Komposition, und zeigt sich in dem üblen Vorurtheile, welches man gemeinhin gegen sogenannte Kapellmeisteropern hat. Daß nun aber gerade diesen Musikern die ganze musikalische Leitung eines Operninstitutes einzig und allein übergeben ist, wie in Deutschland es besteht, ist kein geringer Grund der großen Unvollkommenheit des deutschen Opernwesens. Während dagegen der französische Musiker, bei übrigens gern zugestandener weniger gründlichen Kenntniß der spezifischen

Musik, anerkannt mehr Sinn und Geschick für die dramatische Musik hat, ist man aber gerade in Frankreich darauf gekommen, die dem deutschen Kapellmeister allein überlassenen Funktionen zu theilen, und zwei unterschiedenen Personen zu übergeben. Ein besonders hierzu geeigneter und ausgewählter Gesangsdirigent (chef du chant) studirt den Sängern ihre Partieen ein: er ist für ihre richtige Auffassung, ihre reine Intonation, gute Aussprache und Deklamation, sowie überhaupt für ihre entsprechende und korrekte Vortragsweise, in der Art verantwortlich, daß er eine ernste Aufsicht über ihre Studien auszuüben befugt ist. Diese Anstellung gilt in der Pariser großen Oper so ehrenvoll, daß ich seiner Zeit den bereits durch seine besten Werke berühmt gewordenen Halévy damit bekleidet antraf. Sein besonderes Verdienst, somit aber auch sein besonderer Ehrgeiz beruht in der von ihm geleiteten fehlerlosen Einübung und Wiedergebung der Gesangspartieen: zu den von ihm am Klaviere abgehaltenen Gesangsproben, stellt sich der Orchesterdirigent (chef d'orchestre), sowie endlich der Regisseur ein; hier wird im Verein nach jeder Seite hin das darzustellende Werk besprochen, nöthige Änderungen oder Aneignungen festgesetzt, das Tempo geregelt, und dem technischen Plane nach die ganze Aufführung vorausgeordnet, bis dann die Leitung der Proben an den Regisseur, zur genauen Einübung der scenischen Darstellung und ihrer dramatischen Situationen übergeht, in deren entsprechendste Wiedergebung dieser Regisseur nunmehr sein Verdienst und seinen Ehrgeiz setzt. Während der Gesangsdirigent auch diese Proben stets in seinem Sinne überwacht, und z. B. das Recht ausübt, den Gang der scenischen Proben durch eingeschobene Gesangsproben zur Verbesserung eingeschlichener Fehler im Gesange zu unterbrechen, findet nun auch der Orchesterdirigent, welcher diesen Proben ebenfalls mit der Partitur beiwohnt, volle Gelegenheit mit dem dramatischen und scenischen Charakter der Oper, bis in die feinsten Nüancen hin, sich bekannt zu machen, und seine Partitur sich in dem Sinne anzueignen, daß sie zunächst nichts Anderes als eine getreue Wiedergabe des dramatischen Vorganges, in stetem Bezuge zu diesem, sein soll. Mit diesen Kenntnissen ausgestattet, studirt er nun zunächst wiederum seinem Orchester die Musik ein; er gewinnt hierbei volle Gelegenheit, seine besonderen Kenntnisse und

Fähigkeiten rein als Musiker zu bewähren, ist nun aber auch einzig in den Stand gesetzt, dieß im Sinne einer wirklichen dramatischen Aufführung zu vollbringen.

Unverkennbar verdankt dieser Institution die große Oper zu Paris die große Korrektheit und Vorzüglichkeit ihrer Aufführungen, durch welche selbst Werke von sehr zweifelhaftem Werthe, einfach weil sie die Grundlage einer ganz für sich redenden, fesselnden dramatisch-musikalischen Vorstellung abgeben, zu einer anscheinenden Bedeutung gelangen. Dieser Erfolg ergiebt sich aus einem zweckmäßig geregelten Zusammenwirken zweckmäßig getheilter Funktionen.

Hiergegen protestirt zwar der deutsche Kapellmeister: abgesehen von dem Schaden, der ihm hierdurch für seine Autorität entstünde, glaubt er die nöthige Einheit der Auffassung, somit die Möglichkeit, für das Gelingen des Ganzen schließlich persönlich haften zu können, in Frage gestellt. Sehr richtig müßte auch die vorzüglichste Leistung in diesem Fache von Demjenigen ausgehen, der alle Kenntnisse und Fähigkeiten des Gesangsdirektors, des Regisseurs und des Orchesterdirigenten in sich vereinigte: da aber der hierfür gleichmäßig Befähigte und Gebildete nur außerordentlich selten anzutreffen sein dürfte, so treten eben für ein Institut, welches nicht auf kontinuirlichen Besitz von Genie's rechnen darf, Institutionen ein, um die Wirksamkeit eines solchen möglichst zu ersetzen. Wo diese nun fehlen, ereignet sich aber, was bei allen deutschen Operntheatern sich zuträgt, und wovon der Hergang einfach folgender ist. Der absolute Musiker, genannt Kapellmeister, der zwar an jedem Theater (namentlich wenn er bereits recht lange dort ist) als Genie angesehen, und deshalb auch gewöhnlich „unser genialer" N. N. genannt wird, nur aber von der dramatischen Gesangsaufgabe der Sänger nichts versteht, spielt in den Klavierproben diesen ihre Noten so lange vor, bis sie sie treffen und endlich auswendig lernen; er findet daher meistens, daß diese sehr untergeordnete Leistung ebenso gut auch einem gewöhnlichen Korrepetitor zufallen könnte, weshalb denn auch wirklich ganz untergeordnete Musiker oft hierfür bestellt werden. Sind die Sänger so weit, so hält nun der Regisseur, der wiederum gar nichts von der Musik weiß, eine oder zwei Arrangirproben, für welche er keine andere Anleitung als das Textbuch hat; seine Thätigkeit ist ganz untergeordneter Art, und bezieht sich meist nur auf das Kommen und Gehen der Aktoren und des Chores, welchem letzteren er besonders, nach stehender Opernkonvention, seine beliebten unfehlbaren Stellungen anweist, was so klar und einfach befunden wird, daß man den Regisseur sich zuweilen auch ganz erspart und mit einem sogenannten Inspizienten hierfür ebenso gut auskommt. Die Funktionen des Regisseurs sind daher vom Kapellmeister dermaßen verachtet, daß er von ihnen rein gar keine Notiz nimmt, sondern die durch dessen Anordnungen herbeigeführten Unterbrechungen geradesweges als eigentlich unstatthafte Störungen der sogenannten Orchesterproben ansieht; denn darein, daß das Orchester ordentlich zusammenspielt, setzt schließlich der Kapellmeister seinen eigentlichen und einzigen Ehrgeiz, wobei er die Vorgänge der Scene meistens erst während der abendlichen Aufführung, wenn er beim Einhelfen der Sänger von der Partitur aufblickt, wie in blitzartiger Beleuchtung gewahr wird.

Dieß ist bei deutschen Theatern der normale Hergang bei Opernproben, und hieraus schließe man auf den Charakter der so vorbereiteten Aufführung einer Oper, deren Wirkung auf den Erfolg eines sachverständigen Studiums, wie es durch die Pariser Institutionen gewährleistet wird, berechnet war. Es liegt auf der Hand, daß selbst der rein musikalische Theil dem Kapellmeister, der von dem Zusammenhange der Musik mit der Scene nichts weiß, sehr häufig ganz unverständlich bleiben muß, wofür die oft unbegreiflichen Irrungen im Tempo allein schon lautes Zeugniß ablegen.

Sollte der hier aufgedeckte fundamentale Fehler in der Organisation aller deutschen Operntheater erkannt, und mit besonderem Hinblick auf die Zukunft des kaiserlichen Hofoperntheaters eine Verbesserung unerläßlich nöthig befunden werden, so wäre hierzu einfach die Annahme der bezeichneten Pariser Institutionen vorzuschlagen. Die bisherigen „Kapellmeister", deren Name schon gegenwärtig und bei einem Theater sinnlos ist, und deren für nöthig erachtete Pluralität bereits Zeugniß von der zwecklosen Überarbeit an diesem Theater giebt, würden in Zukunft verschwinden: für sie würden ein Gesangsdirektor und ein Orchesterdirektor, jeder mit einem Substituten, bestellt werden; der Anstellung eines Regisseurs, oder Bühnendirigenten, würde aber eine bisher gänzlich aus der Acht gelassene Sorgfalt zu widmen sein, so daß in ihm ein Mann bestellt wird, welcher den beiden anderen Dirigenten gleichberechtigt zur Seite stehen, und in dieser Stellung, in der oben angegebenen Weise, gemeinschaftlich mit ihnen wirken kann.

Den Erfolg ihrer gemeinschaftlichen Leistungen dahin zu prüfen, ob er der dem Theater gestellten hohen Anforderung in dem näher ausgeführten Sinne entspreche, wäre dann die Aufgabe des eigentlichen Direktors; dieser würde die Gelegenheit hierzu in einem genauen Verfolge der Aufführungen selbst nehmen, und, da ihm hierfür ein erfahrenes, sachkennerisches Urtheil zu eigen sein muß, so wäre für diese wichtige Stellung stets ein Mann zu wählen, der etwa eine der drei Hauptfunktionen der eigentlichen Operndirigenten bereits der Art verwaltet hat, daß er hierbei bewiesen, daß ihm auch die Funktionen der anderen Dirigenten, dem Prinzipe und der Wesenheit nach, geläufig geworden sind, — somit ein Mann von wirklicher praktischer Kunsterfahrung und gebildetem Geschmack. Die Wahl des Direktors könnte mit um so größerer Freiheit, nur unter Berücksichtigung der soeben genannten artistischen Qualitäten, bewerkstelligt werden, als, in Folge der vorgeschlagenen Reduktion der Vorstellungen, nothwendig auch die eigentliche Geschäftsführung sich der Art vereinfacht, daß der Entscheidung des Direktors meistens nur Maaßregeln vorbehalten bleiben, deren Vorbereitung sehr leicht von einem wirklichen praktischen Geschäftsführer, an welchen artistische Anforderungen nicht zu stellen sind, besorgt werden kann.

Der Ausführung weiterer Details für meine Organisationsvorschläge mich enthaltend, glaube ich mit der Bezeichnung der hier für die artistische Leitung des Operntheaters berechneten einfachen Institutionen zugleich auch die einzig mögliche Gewährleistung für die Ausführung der in Kaiser Joseph's II. Grundsatz enthaltenen Forderungen an die Wirksamkeit des Theaters festgestellt zu haben, da weitere spezifische Maximen hierfür unnöthig sind, sobald für ihre Befolgung nicht gesorgt werden kann: diese muß aber immer dem Geschmacke und dem Gewissen der bestellten Sachverständigen überlassen bleiben; nur aber ein hierauf bezügliches zweckmäßig geordnetes allgemeines Verhalten der Funktionäre zu einander kann hierfür in das Auge gefaßt werden.

Um jedoch meine Darstellung, und die daran sich knüpfenden Vorschläge nicht unvollständig abzuschließen, habe ich sogleich noch auf Einwände zu entgegnen, die um so leichter voraus zu sehen sind, als das Theater, und namentlich das Operntheater, gewöhnlich nur den Vorstellungen der gemeinen Routine offen liegt, nach welcher man in ihm vor Allem nur eine halbgewerbliche Unterhaltungsanstalt ersieht. Es könnte zunächst nämlich gefragt werden, wie der durch die Reduktion der Vorstellungsabende entstehende Ausfall an Kasseneinnahmen gedeckt werden sollte?

Meiner Meinung nach würde für das finanzielle Interesse der Verwaltung dieser Ausfall zuerst durch die Unterstützung der bei weitem geräumigeren Lokalität des zukünftigen neuen Opernhauses beträchtlich gemindert werden. Der vermuthlich nahe an die doppelte Zuschauerzahl fassende Saal würde bei jeder der nun seltener gewordenen Aufführungen vollständiger besetzt sein, als der bisherige kleinere Saal bei täglichen Vorstellungen. Jedenfalls hebt aber auch die vorgeschlagene Reduktion der Vorstellungen die Nöthigung zur Unterhaltung eines doppelten Opernpersonales, wie es zur Bestreitung der bisherigen täglichen Repertoirbedürfnisse erforderlich befunden wurde, auf. Wie für die Vorzüglichkeit der Aufführungen durch Zeitgewinn gesorgt wird, kann für ganz denselben Zweck zugleich durch Vereinfachung der Verwaltungskosten auch Geldersparniß herbeigeführt werden. Sollte jedoch die Deckung des Ausfalles auf diesem Wege sich nicht vollständig ergeben, so wäre zu beherzigen, daß ja eben hier der Fall einträte, in welchem die reiche, der Munificenz Sr. Majestät des Kaisers verdankte Subvention, eine der Würde des Institutes entsprechende Verwendung erst fände. Diese Subvention kann ja nur den Sinn haben, zum Zwecke der Aufrechthaltung einer höheren Tendenz dieses Theaters, der industriellen Tendenz der gewöhnlichen Theaterunternehmungen gegenüber, angewendet zu werden: es darf daher von den Sachverständigen nur zu erörtern sein, durch welche, an sich kostspielige, und dem industriellen Unternehmen unergreifbare Maaßregel, jener Zweck zu erreichen sei, und in dem besprochenen Falle liegt eben ersichtlich vor, daß die, zur Versicherung stets vorzüglicher Aufführungen nöthige Zeit es ist, zu deren Vergütung besondere, dem nicht subventionirten Theater unerschwingbare, Opfer bestritten werden müssen. Daß bisher die oft sehr reichliche Subvention der fürstlichen Hoftheater, nach ihrer gewöhnlichen Verwendung für kostbare Ausstattung an sich schlechter Aufführungen, für enorme Gehalte einzelner Sänger, welche ganz ebenso gut für die Hälfte ihres Gehaltes singen würden, sowie für Unterhaltung vieler unnützer, die Direktionsverlegenheiten nur noch durch bureaukratische Umständlichkeit vermehrender Beamten, der theatralischen Kunst dagegen förderlich gewesen sein soll, müßte erst nachgewiesen werden.

Ein anderer Einwand würde aber vielleicht aus der Ansicht entstehen, daß die kaiserliche Subvention es eben dem Operntheater ermöglichen soll, alle Abende zu spielen, weil — dießmal nicht vom künstlerischen, sondern vom gesellschaftlichen Gesichtspunkte aus betrachtet — diese allabendlichen Unterhaltungen eine Nothwendigkeit für die Sozietät einer so großen und volkreichen Hauptstadt, wie Wien, geworden seien. — Es wäre gewiß vergebene Mühe, hiergegen einzig vom Standpunkte der Reinheit und Würde der Kunst aus remonstriren zu wollen; denn dieß eben ist ja eines der üblen Ergebnisse der bisherigen Wirksamkeit, namentlich der Operntheater, daß ihre Leistungen als eine Mischart von Kunstgenuß und oberflächlicher Vergnügung, keine Beachtung als wirkliche Kunstleistungen gefunden haben. Ich muß daher darauf denken, meinen Gegnern für die ausfallenden Opernabende Ersatz zu bieten, und schlage ihnen dafür — nicht etwa Gesangsakademieen, oder Orchesterkonzerte, sondern gerade Dasjenige, was sie eigentlich am meisten in das Theater zieht, nämlich — italienische Oper vor. Durch diese Abfindung würde zugleich eine immerhin bedenkliche Last dem nach meinen Vorschlägen konstituirten Hofoperntheater auf eine recht schickliche Weise abgenommen. Ich glaube nämlich, wir brauchen die italienische Oper nicht. Ist auch der Vorrath guter musikalisch-dramatischer Werke keinesweges groß, und würde daher auch die zukünftige Direktion des Theaters genöthigt sein, manche Oper ausländischer Komponisten (wie ich aber hoffe, dann in tadellosen Übersetzungen) zu geben, so würde dieß dort fast einzig aus dem Repertoir der französischen, und zwar der sogenannten großen Oper sein können, weil diese der deutschen Richtung und namentlich der Spezialität des deutschen Gesangstalentes ungleich näher liegt, als besonders die moderne italienische Oper. Seien wir deßhalb keinesweges unempfindlich gegen die verlockende Klangschönheit des italienischen Gesanges; erkennen wir namentlich auch die natürliche Fülle der italienischen Gesangsorgane an, und seien wir gerecht gegen den Fleiß, welchen die italienischen Sänger auf deren Ausbildung, gegen den Eifer und die Genauigkeit, welche sie auf die Einübung ihrer Gesangspartieen, auf die Übereinstimmung im Gesangsensemble verwenden: nur gestehen wir zu, daß, besonders auch mit dem Hinwegfall der Unterstützung der über Alles klangvollen italienischen Sprache, alle diese der Wirkung der italienischen Opernmusik förderlichen Eigenschaften verloren gehen, sobald diese von deutschen Sängern und in deutscher Sprache ausgeführt wird.

Schon im Sinne des guten Geschmackes muß daher den Freunden der italienischen Oper höchlich empfohlen werden, die Werke derselben sich lediglich durch italienische Sänger und in italienischer Sprache vorführen zu lassen. Für die ihnen hierdurch gebotene jedenfalls reinere Freude an diesem Genre, würden sie sich uns nun dadurch erkenntlich erweisen, daß die italienischen Virtuosen 1) aus dem deutschen Operntheater entfernt bleiben, und 2) auf ihre, der italienischen Opernfreunde Kosten, in Wien bewirthet werden. — Ich scheue mich, weil ich leicht als chimärischer Phantast erscheinen könnte, so sehr, Vorschläge ganz aus eigener Erfahrung zu thun, daß es mir lieb ist, auch für diesen Wunsch das lang bewährte Beispiel anderer Orte anführen zu können, und auch in diesem Bezug mich auf die Pariser Einrichtung berufen zu dürfen, nach welcher die französische große Oper außerordentlich reichlich, die italienische aber gar nicht dotirt ist, — worin man gewiß keine nationale Einseitigkeit zu erkennen hat, sondern einfach eine praktische Gerechtigkeit, da es sich gefunden, daß die italienische Oper dermaßen der Liebling der hohen und reichen Gesellschaft ist, daß jeder Impresario, einfach auf dem Wege der Spekulation auf diese Liebhaberei, stets die besten Geschäfte macht, und deshalb gar keiner Subvention bedarf. Die Gründe dieser andauernden, und für uns z. B. eben nicht sehr ermuthigenden Erscheinung zu beleuchten, würde hier zu weit führen; es sei deshalb nur das Phänomen selbst eben konstatirt, und darauf hingewiesen, daß nicht nur in Paris und London, sondern selbst auch hier in Wien Theaterdirektoren nicht besser spekuliren zu können glauben, als durch

Anwerbung und Vorführung italienischer Truppen, wie das Erscheinen einer solchen für nächstes Frühjahr schon verheißungsvoll von einem Wiener Vorstadttheater angekündigt ist.

Während es daher durchaus unnöthig erscheint, eine italienische Oper auch für Wien besonders zu subventioniren, dagegen es billig und unerläßlich dünken muß, die ganze Kraft der Subvention auf ein Institut zu konzentriren, welchem eine höhere und höchste Aufgabe im Sinne des erhabenen Gründers desselben gestellt bleibt, und welches, in Folge bisheriger Vernachlässigung dieser Aufgabe, seinem der Masse unkenntlich gewordenen, somit von keiner Seite unterstützten Ziele mit besonderer Anstrengung sich zu nähern hat, — wäre demungeachtet eine zweckmäßige Fürsorge für die italienische Oper im Sinne einer verständigen Berücksichtigung der Interessen aller Theile des Publikums der großen Residenzstadt dadurch zu erweisen, daß die Konzession eines der unabhängigen Theater Wiens, dessen Lage und Konstruktion sich hierzu eignet, in Zukunft an den betreffenden Unternehmer nur unter der Bedingung, eine gute italienische Oper zu halten, vergeben würde. Es brauchte dieß vielleicht nur für die Dauer derjenigen Saison ausbedungen zu werden, welche für den Besuch der italienischen Oper als die günstigste sich erweist; abwechselnd mit der italienischen Truppe könnte dann vielleicht eine französische Gesellschaft für die leichtere französische Spiel-Oper in dem gleichen Theater auftreten; und da man nicht füglich Verpflichtungen auferlegen kann, ohne selbst verbindlich sich zu erweisen, so dürfte dem Direktor dieses Theaters eine gewisse mäßige Summe, von der Subvention des Hofoperntheaters abgezogen, als verpflichtendes Pfand zügewiesen werden. — Auf diese Weise wäre jedenfalls sehr zweckmäßig für das Publikum, wie für die Kunst selbst gesorgt. Diejenigen Operngenre's, welche von deutschen Sängern nur entstellt, und nie entsprechend wiedergegeben werden können, würden den Künstlern des Hofoperntheaters abgenommen sein, und ihnen hierdurch die Aufgabe, zur Aneignung und Ausbildung eines wirklichen Kunststyles für das ihnen allein entsprechende Genre zu gelangen, wesentlich erleichtert, ja einzig ermöglicht werden. Demjenigen Theile des Publikums aber, welcher die italienische oder die französische leichte Spiel-Oper vorzüglich liebt, werden diese Genre's in der einzig ihnen entsprechenden und sie wirklich repräsentirenden Weise vorgeführt, so daß auch nach dieser abliegenderen Seite hin mindestens die Korrektheit des Geschmackes gewahrt wird. Von der Neigung dieses Theiles des Publikums für diese Genre's hängt es aber ab, ob ihre Vorführungen Bestehen haben; das höhere Kunstinteresse, welches wir im Sinne der edlen Maxime Kaiser Joseph's II. verfolgen, kennt keine weiteren und besonderen Verpflichtungen nach dieser Seite hin.

Das Ballet wäre nach meinem Vorschlage dem Hofoperntheater vollständig erhalten. — Einerseits muß dem Geschmacke des Publikums einer modernen großen Hauptstadt willig das Zugeständniß gemacht werden, im Theater neben der ernsteren und anregenden, auch die gefällige und angenehm zerstreuende Unterhaltung zu finden: dieser Neigung verdanken wir ja zu allernächst das Bestehen und die Unterstützung des Theaters. Demnach habe ich bei meinen Reformvorschlägen nicht eigentlich gegen diese Tendenz, sondern einzig dafür Bedacht genommen, daß ihr auf eine Geschmack bildende Weise entsprochen werde. Ich habe das Unvollkommene, Inkorrekte, Unentsprechende, somit Verwirrende und Geschmackverderbliche in den Leistungen des Operntheaters, sowie die Ursachen hiervon aufgedeckt und auf Abhilfe dafür hingewiesen, das Genre der Kunstleistungen, ihrem inneren ästhetischen Gehalte nach, aber ganz unberührt gelassen, da meine Untersuchung dießmal nicht der dramatischen oder musikalischen Litteratur, sondern einzig der theatralischen Kunst, dem scenischen Darstellungsmomente galt. Bloß, ob Das, was man giebt, gut oder schlecht gegeben wird, habe ich in Betracht gezogen und glaube daran sehr weislich gethan zu haben, selbst auch der innerlich ersehnten Veredelung jener Litteraturzweige dadurch am förderlichsten gewesen zu sein, daß ich allen Accent nur auf die Darstellungsweise lege, sowohl weil ich hiermit nur allgemein Verständliches berühre, als auch, weil ich mir bewußt bin, auf diesem Wege, der Versicherung korrekter und stylvoller Aufführungen, ganz von selbst und einzig erfolgreich der Veredelung der dramatisch-musikalischen Produktion selbst vorzuarbeiten. In diesem Sinne, das heißt nur die Darstellungsweise des Vorgeführten kritisirend, kann ich dem Ballet um so weniger feindselig entgegentreten, als ich vielmehr seine Aufführungen, namentlich auch hier im Operntheater, für Korrekt-

19*

heit, Sicherheit, Präzision und Lebhaftigkeit, den Aufführungen der Oper geradezu als Muster vorhalten muß. Gewiß ist die, jeder dramatischen Aufführung gestellte Aufgabe, dem Ballet leichter zu erreichen, weil sie unverkennbar tiefer steht als die der Oper: hierfür ist schon der Umstand, daß alle Anordnung von einem einzigen artistischen Dirigenten, dem Balletmeister, auszugehen hat, von entscheidender Gunst. Dem entsprechend ist Alles in Harmonie, Zweck und Mittel decken sich vollkommen, und gute Balletaufführungen, wie wir sie hier am Hofoperntheater sehen können, lassen uns nie im Unklaren über den Charakter des vorgeführten Kunstwerkes; man hat sich einzig darüber zu entscheiden, ob man für diese Art anmuthig unterhaltender Zerstreuung bei Laune ist, oder ob unsere Stimmung einen tieferen Gehalt und eine mannigfaltigere Form verlange, für welchen Fall wir uns dann allerdings nicht am rechten Platze erkennen müßten. —

Ich fühle mich jetzt mit dem Bewußtsein, mich so human über das Ballet ausgesprochen zu haben, und nachdem ich dessen fortgesetzte Vereinigung mit der Oper vorschläglich gern angenommen habe, auf der heiteren Höhe, mit einiger Aussicht auf Erfolg und gute Aufnahme meiner Reformpläne von einem sehr wichtigen Theile meiner gewünschten Leser mich zu trennen. In Wahrheit darf ich mich rühmen, durchaus nur praktisch ausführbare Reformen, keineswegs aber einen Umsturz in Vorschlag gebracht zu haben, daher mit den Tendenzen des neuen Oesterreichs und seiner erleuchteten Regierung mich auf ganz gleichem Boden zu wissen. Ich vermeide daher auch sorgfältig, auf die von mir innerlichst veranschlagten ferneren Erfolge der proponirten einfachen Verwaltungs=Verbesserungen hinzudeuten, weil ich damit gewiß Vielen zu kühn und utopistisch erscheinen könnte, und begnüge mich dagegen, bei meinen rein praktischen Vorschlägen es bewenden zu lassen.

Während ich mich demnach enthalte, ein Gemälde der von mir verhofften bedeutungsvollen, und dem besten Streben des deutschen Geistes angemessenen Erfolge für die musikalisch=dramatische Kunst selbst, wie sie meiner Meinung nach aus einer gründlichen Verbesserung der Wiener Operntheater=Verhältnisse hervorgehen würden, zu entwerfen, kann ich mir es jedoch nicht versagen, dagegen schließlich ein Streiflicht auf den thatsächlichen

Erfolg des von mir gerügten fehlerhaften Verwaltungswesens der hiesigen Oper zu werfen.

Es wäre nämlich denkbar, vielleicht ist es sogar voraussichtlich, daß man auf Alles, was ich vorbrachte, einfach erwiderte: „Was Du willst, wollen wir Alles gar nicht; wir wollen einem Operntheater gar keine andere Wirksamkeit zugetheilt wissen, als die gegenwärtig von ihm erfüllte; wir empfinden gar keinen Mangel; das Durcheinander seiner Leistungen ist uns ganz recht; gutes oder schlechtes Geschäft hängt dabei lediglich von Zufällen ab, die jetzt einmal ungünstig, ein anderes Mal günstig sein können: im Ganzen aber finden wir uns ganz nach Bequemlichkeit dabei, und jedenfalls werden prinzipelle Reformen nichts nützen."

In Wahrheit bin ich selbst auch der Meinung, daß es, bei der Stellung, die ihm in unseren sozialen Verhältnissen angewiesen bleibt, mit dem Theater überhaupt eine misliche Sache ist, und daß es für einen Menschen, der etwas Ernstes vor hat, im Grunde besser ist, sich gar nicht damit zu befassen. Was dann nun speziell das Wiener Hofoperntheater betrifft, so ist auch wirklich gar nicht in Abrede zu stellen, daß ihm zu Zeiten schon günstige Umstände zu Statten gekommen sind, welche da, wo man gar nichts von seinen Leistungen mehr erwarten konnte, plötzlich wieder hoffnungsreiche Erscheinungen zu Tage förderten. So war es der Fall, als ein kunstgebildeter deutscher Musiker, Herr Eckert, eine kurze Zeit zur Direktion berufen war, und eifrig benützte günstige Umstände es fügten, daß ihm eine Anzahl ganz vorzüglicher Sänger in der Blüthe ihrer Kraft zur Verwendung gestellt waren, durch deren geeignetes Zusammenwirken er für Wien Epoche machende Aufführungen zu Stande brachte. Wie schnell sich dieß Alles wieder verloren hat, ist leider aber auch ersichtlich, und daraus erkennbar, wie wenig für die Dauer eines komplizirten Institutes das *bloße Glück* hilft. — Wie trefflich dagegen *zweckmäßige Institutionen* selbst gegen die Ungunst des Glückes Gewähr leisten, kann man mit einiger Besonnenheit aus dem Bestande der großen Oper in Paris entnehmen. Die artistische Tendenz dieses Theaters ist längere Zeit durch die Einmischung der frivolsten Interessen seiner tonangebenden Besucher schmachvoll entstellt worden: ihm fehlt eben als leitender Grundsatz die schöne Tendenz Kaiser Joseph's II.! Nichtsdestoweniger geben seine ihm verbliebenen praktischen Institutionen, während sie den seichtesten Werken eine über ihren Werth selbst täuschende Aufführung sichern, jeder Zeit Demjenigen, der in ernster, edler Absicht mit diesem Theater sich befassen wollte, den sofort wirksamen Anhalt, um für seine Absicht die entsprechende Ausführung zu erreichen; und wenn die französische Oper jetzt unfruchtbar für edle Produktion ist, so ist dieß nur, weil keine Produzenten von edler Tendenz sich vorfinden. Es ist die Hervorbringung schöpferischer Künstler von dieser Tendenz immerhin eine seltene Gunst der Zeiten. Sie könnte nun aber bei uns eintreten; ein musikalisch-dramatischer Autor von edlem, ernstem Streben, könnte dem Operntheater seine Absichten zur Verwirklichung übergeben wollen: nirgends fände er da einen nur möglichen Anhalt; man würde ihn mit Ängstlichkeit von sich fern zu halten suchen, ihn willig der Verhöhnung aussetzen, oder mit schmachvoller Bescheidenheit eingestehen, daß man weder Zeit noch Mittel zur Befriedigung seiner Ansprüche zur Verfügung habe. Dagegen mußte es unter dem Gesetze der Verlegenheit, des einzigen wahren Direktors des jetzigen Operntheaters — dieser Verlegenheit, welche allen Sinn selbst für die Ehre verwirrt —, dahin kommen, daß Wien, welches einst Paris seinen Gluck sandte, zu Zeiten mit allem im In- und Auslande abgesetzten Operunrath in der Art sich behilft, daß französische Gäste, welche in der Heimath der von ihnen so hochgestellten deutschen Musik durch die hier erwarteten edlen Kunstgenüsse für die heutige Seichtigkeit der Pariser dramatisch-musikalischen Leistungen sich zu entschädigen hoffen, erstaunt sind, in der unmittelbaren Umgebung Gluck's, Mozart's und Beethoven's gerade die leersten Produkte der gemeinsten Pariser Routine wiederum anzutreffen.

Sollte die eigenthümliche Schmach, die dadurch, daß das erste lyrische Theater Deutschlands, welches der Ausgangspunkt edelster deutscher Kunstproduktion sein sollte, auf diese Weise sich behelfen muß, vom Wiener Publikum nicht empfunden werden, so kann man doch sicher sein, daß sie von den Künstlern des Theaters, von den Musikern und Dirigenten derselben, desto empfindlicher gefühlt wird. Wie ohne Pflege des Ehrgefühles im Kunstkörper selbst aber künstlerische Zwecke, welche nur einigermaßen als Vorwand für den von einem so reich subventionirten Theater gemachten Aufwand dienen können, erreicht werden sollen, muß jedem Nachdenkenden ein Räthsel bleiben. Die Verantwortung für solchen Misbrauch werden sehr gewiß die hohen Verwalter der kaiserlichen Subvention nicht übernehmen wollen, weshalb, wenn eine gründliche Reform nicht beliebt werden dürfte, jedenfalls rathsam wäre, dem Operntheater jede Subvention ganz zu entziehen. Was Wien auf dem Wege des höheren Ortes nicht subventionirten, rein spekulativen Verkehres mit einem phantasievoll gemüthlichen und lebenslustigen Publikum, ganz von sich aus auch für die Kunst hervorzubringen vermag, bezeugen zwei der originellsten und liebenswürdigsten Erscheinungen auf dem Gebiete der öffentlichen Kunst: die Raymundischen Zauberdramen und die Straußischen Walzer. Wollt Ihr nicht Höheres, so laßt es bei diesem bewenden: es steht an und für sich bereits wahrlich nicht tief, und ein einziger Straußischer Walzer überragt, was Anmuth, Feinheit und wirklichen musikalischen Gehalt betrifft, die meisten der oft mühselig eingeholten ausländischen Fabriksprodukte, wie der Stephansthurm die bedenklichen hohlen Säulen zur Seite der Pariser Boulevards.

Dieß Alles, wie ich sagte, wird von den eigentlichen künstlerischen Mitgliedern des Hofoperntheaters mit Scham empfunden, und die Entmuthigung und Niedergeschlagenheit unter ihnen ist bereits so weit gediehen, daß ein wirkliches Mitgefühl mit ihren Leiden das letzte entscheidende Motiv für mich war, meine Ideen zur Reform dieses Theaters zu veröffentlichen, wie ich es, trotz manchem inneren Widerstreben, hiermit gethan habe. — Möge zunächst wenigstens diese humanistische Tendenz meines Aufsatzes einigermaßen gewürdigt werden; denn, wenn ich mich auch auf leichtsinnige Entgegnungen gefaßt mache, so nehme ich doch sicherlich an, daß ein Appell an das Ehrgefühl meiner Leser nicht spurlos verhallen werde.

Gegenüberstellung der Seitenzahlen der ersten und zweiten Auflage des siebenten Bandes.

(Die angegebenen Seitenzahlen der ersten Auflage entsprechen den bez. Seitenanfängen.)

I.	II.	I.	II.	I.	II.	I.	II.	I.	II.	I.	II.
I.	I.	25.	17.	53.	36.	81.	57.	109.	78.	137.	99.
II.	II.	26.	17.	54.	37.	82.	58.	110.	79.	138.	100.
III.	III.	27.	18.	55.	38.	83.	59.	111.	80.	139.	101.
IV.	IV.	28.	19.	56.	39.	84.	59.	112.	80.	140.	102.
1.	1.	29.	20.	57.	39.	85.	60.	113.	82.	141.	103.
2.	1.	30.	20.	58.	40.	86.	61.	114.	82.	142.	103.
3.	1.	31.	21.	59.	41.	87.	62.	115.	82.	143.	104.
4.	2.	32.	21.	60.	42.	88.	62.	116.	82.	144.	105.
5.	2.	33.	22.	61.	43.	89.	63.	117.	83.	145.	106.
6.	3.	34.	23.	62.	43.	90.	64.	118.	84.	146.	107.
7.	4.	35.	24.	63.	44.	91.	65.	119.	85.	147.	108.
8.	5.	36.	24.	64.	45.	92.	66.	120.	86.	148.	109.
9.	5.	37.	25.	65.	46.	93.	66.	121.	87.	149.	110.
10.	6.	38.	26.	66.	46.	94.	67.	122.	87.	150.	110.
11.	7.	39.	27.	67.	47.	95.	68.	123.	87.	151.	111.
12.	7.	40.	28.	68.	48.	96.	69.	124.	87.	152.	112.
13.	8.	41.	28.	69.	49.	97.	70.	125.	89.	153.	113.
14.	9.	42.	29.	70.	49.	98.	70.	126.	89.	154.	114.
15.	9.	43.	30.	71.	50.	99.	71.	127.	90.	155.	115.
16.	10.	44.	30.	72.	51.	100.	72.	128.	91.	156.	116.
17.	11.	45.	31.	73.	52.	101.	72.	129.	92.	157.	116.
18.	12.	46.	31.	74.	52.	102.	73.	130.	93.	158.	117.
19.	12.	47.	32.	75.	53.	103.	74.	131.	94.	159.	118.
20.	13.	48.	33.	76.	54.	104.	75.	132.	95.	160.	119.
21.	14.	49.	33.	77.	55.	105.	75.	133.	95.	161.	120.
22.	15.	50.	34.	78.	56.	106.	76.	134.	96.	162.	121.
23.	15.	51.	35.	79.	56.	107.	77.	135.	97.	163.	122.
24.	16.	52.	36.	80.	57.	108.	77.	136.	98.	164.	123.

I.	II.	I.	II.	I.	II.	I.	II.	I.	II.	I.	II.
165.	123.	204.	154.	243.	182.	281.	209.	319.	237.	357.	265.
166.	124.	205.	154.	244.	183.	282.	210.	320.	238.	358.	266.
167.	125.	206.	155.	245.	183.	283.	211.	321.	238.	359.	267.
168.	126.	207.	156.	246.	184.	284.	211.	322.	239.	360.	267.
169.	127.	208.	157.	247.	185.	285.	212.	323.	240.	361.	268.
170.	128.	209.	157.	248.	186.	286.	213.	324.	241.	362.	269.
171.	129.	210.	158.	249.	186.	287.	214.	325.	241.	363.	270.
172.	129.	211.	159.	250.	187.	288.	214.	326.	242.	364.	270.
173.	130.	212.	159.	251.	188.	289.	215.	327.	243.	365.	272.
174.	131.	213.	160.	252.	189.	290.	216.	328.	243.	366.	272.
175.	132.	214.	161.	253.	189.	291.	217.	329.	244.	367.	272.
176.	133.	215.	162.	254.	190.	292.	217.	330.	245.	368.	272.
177.	134.	216.	162.	255.	191.	293.	218.	331.	246.	369.	273.
178.	135.	217.	163.	256.	191.	294.	219.	332.	246.	370.	274.
179.	136.	218.	164.	257.	192.	295.	220.	333.	247.	371.	275.
180.	136.	219.	165.	258.	192.	296.	220.	334.	248.	372.	276.
181.	138.	220.	165.	259.	193.	297.	221.	335.	249.	373.	277.
182.	138.	221.	166.	260.	194.	298.	222.	336.	249.	374.	278.
183.	138.	222.	167.	261.	194.	299.	223.	337.	250.	375.	279.
184.	139.	223.	168.	262.	195.	300.	223.	338.	251.	376.	279.
185.	139.	224.	168.	263.	196.	301.	224.	339.	252.	377.	280.
186.	140.	225.	169.	264.	197.	302.	225.	340.	252.	378.	281.
187.	141.	226.	170.	265.	197.	303.	226.	341.	253.	379.	282.
188.	142.	227.	170.	266.	198.	304.	226.	342.	254.	380.	283.
189.	143.	228.	171.	267.	199.	305.	227.	343.	255.	381.	284.
190.	144.	229.	172.	268.	200.	306.	228.	344.	256.	382.	285.
191.	145.	230.	172.	269.	200.	307.	229.	345.	256.	383.	285.
192.	146.	231.	173.	270.	201.	308.	229.	346.	257.	384.	286.
193.	147.	232.	174.	271.	202.	309.	230.	347.	258.	385.	287.
194.	147.	233.	175.	272.	202.	310.	230.	348.	258.	386.	288.
195.	148.	234.	175.	273.	203.	311.	231.	349.	259.	387.	289.
196.	149.	235.	176.	274.	204.	312.	231.	350.	260.	388.	290.
197.	150.	236.	177.	275.	205.	313.	232.	351.	261.	389.	291.
198.	150.	237.	177.	276.	205.	314.	233.	352.	261.	390.	292.
199.	151.	238.	178.	277.	206.	315.	234.	353.	262.	391.	292.
200.	151.	239.	179.	278.	207.	316.	235.	354.	263.	392.	293.
201.	152.	240.	180.	279.	208.	317.	235.	355.	264.	393.	294.
202.	152.	241.	180.	280.	208.	318.	236.	356.	264.	394.	295.
203.	153.	242.	181.								

Druck von C. G. Röder in Leipzig.

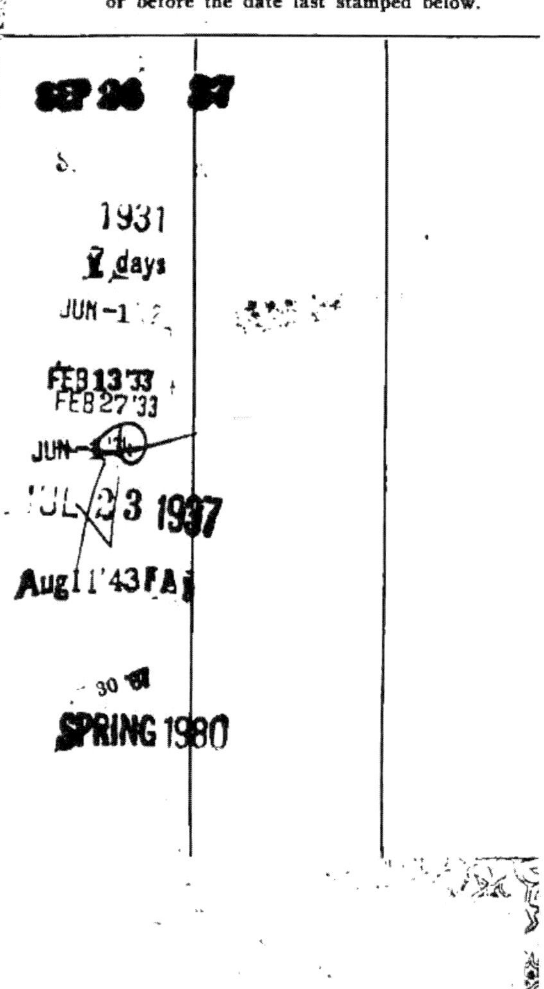
1931
7 days
JUN -1
FEB 13 '33
FEB 27 '33
JUL 23 1937
Aug 11 '43 FA
SPRING 1980